本书由扬州大学出版基金资助出

宅基地流转与农户生计：

理论、实证和政策研究

曹守慧◎著

中国矿业大学出版社
·徐州·

图书在版编目(C I P)数据

宅基地流转与农户生计:理论、实证和政策研究/
曹守慧著. —徐州 :中国矿业大学出版社,2024.12.
ISBN 978-7-5646-6170-0

Ⅰ. F321.1;F325.1

中国国家版本馆 CIP 数据核字第 2024F02B36 号

书　　名	宅基地流转与农户生计:理论、实证和政策研究	
著　　者	曹守慧	
责任编辑	夏　然	
出版发行	中国矿业大学出版社有限责任公司	
	(江苏省徐州市解放南路　邮编 221008)	
营销热线	(0516)83885370　83884103	
出版服务	(0516)83884895　83884920	
网　　址	http://www.cumtp.com　E-mail:cumtpvip@cumtp.com	
印　　刷	江苏凤凰数码印务有限公司	
开　　本	787 mm×1092 mm　1/16　印张 14.75　字数 219 千字	
版次印次	2024 年 12 月第 1 版　2024 年 12 月第 1 次印刷	
定　　价	46.00 元	

(图书出现印装质量问题,本社负责调换)

前　言

　　孟子有云："诸侯之宝三：土地，人民，政事。"处理好土地与人民的关系，是治国理政的头等大事，古今中外，概莫如是。自新中国成立以来，党和国家一直高度重视农村土地制度改革问题，党的二十大强调："深化农村土地制度改革，赋予农民更加充分的财产权益。"其中，相较于农村"三块地"改革中的土地征收与集体经营性建设用地入市，以宅基地及农房使用权流转（简称宅基地流转，本书特指宅基地转出）为核心的宅基地制度改革能够释放出更大的改革红利。当前，探索宅基地"三权分置"有效实现形式、加快宅基地有序流转也是中国新一轮农村土地制度改革的重点任务。

　　根据可持续生计分析框架，宅基地流转作为农户的一种生计策略选择，势必直接或间接地从不同方面以不同方式对农户生计（本书特指生计结果，包括收入、消费、金融脆弱性三个维度）发展状况带来不同程度的影响。因此，为了有效识别农村宅基地制度改革过程中可能存在的潜在风险，维护并提高农户生计发展水平，有必要基于农户微观调查数据系统评估宅基地流转对农户生计产生的后果，以期为加快宅基地制度改革、提高农户生计水平并最终实现农民农村共同富裕的政策措施制定提供微观层面的基础证据和决策参考。

　　本书以系统评估宅基地流转对农户生计的影响作为核心研究目标，基于中国家庭金融调查与研究中心 2015—2019 年在全国范围内收集的大规模微观追踪调查数据（CHFS），综合运用文献研究法、演绎推理法、历史比较法与计量分析法等研究方法，以可持续生计理论、农户行为理论、土地产权理论、制度变迁理论为理论基础，在构建宅基地流转对农户生计影响的概念框架基础上，围绕"宅基地流转对农户收入的影响""宅基地流转对农户消费的影响""宅基地流转对农户家庭金融脆弱性的影响"三个具体议题及其内在关联展开实证分析,以检验概念框架中提出的研究假说。

具体而言,本书涉及的研究内容主要包括五个部分:第一部分为绪论,旨在阐述本书的研究背景与意义,明确研究目标与内容,介绍拟采用的研究方法与数据,界定相关核心概念,并指出研究的创新点与不足,属于提纲挈领的部分。第二部分是第一章,脱离特定历史背景的研究是无法真正理解问题本质、掌握发展规律并得出正确结论的,剖析宅基地流转与农户生计关系并探寻宅基地制度改革方向的研究,也应从回顾过去开始。因此本部分主要从两条主线展开回顾,一是对现有学术文献展开综述与评述,二是对新中国成立以来有关宅基地流转的政策文本(也称政策文献)进行回顾与梳理。第三部分是第二章,该部分起到承上启下的核心作用,缺乏理论支撑的概念框架难以准确评估宅基地流转对农户生计的影响,因此,本部分先对相关理论基础进行介绍,然后结合导论中提出的研究目标,理论构建宅基地流转对农户生计影响的概念框架,后续章节的实证分析都将在这一框架的范畴内展开。第四部分是第三章至第六章,对概念框架中核心考查指标的科学选取与量化,是进一步实证检验宅基地流转对农户生计影响的关键。因此,第三章首先介绍宅基地流转与农户生计的测度指标、测度方法及其测度结果;第四章至第六章依次实证检验了宅基地流转对农户收入、消费、家庭金融脆弱性带来的生计后果,并着重分析了影响方向、影响路径、异质性以及内在关联。第五部分是本书的第七章研究结论与政策建议,主要对全文内容及结论进行总结凝练,提出推动中国宅基地制度改革和促进农户生计发展并最终实现共同富裕的政策建议;此外,也对宅基地功能定位转换与城乡要素"双向奔赴"等有关问题展开了讨论。

通过上述系统研究,本书发现宅基地流转能够有效提高农户收入、消费,并降低家庭金融脆弱性,缓解农户内部不平等,即宅基地流转有助于提高农户生计发展水平,促进农民农村共同富裕。所以,本书的基本价值判断是强化宅基地财产价值属性、加快推动宅基地有序流转,这也是中国宅基地流转政策的基本走向,同时,也符合党的二十大提出的"深化农村土地制度改革,赋予农民更加充分的财产权益"的改革主张。

本书的具体结论如下:第一,新中国成立以来宅基地流转政策历经 4 个阶段的迂回演进历程,顺应宅基地功能定位从居住保障功能向财产价值功能转变,是宅基地流转政策变迁的一条内在逻辑主线。第二,宅基地流转能够提高农户收入、降低农户收入不平等,其中对工资性收入的提升作用很大一部分(占比达 36.36%)是通过劳动力转移来实现的。第三,宅基地流转能够有效提升农户消费水平,促进消费提档升级、降低消费不平等;宅基地流转的这种作用不仅通过收入间接传导,还通过"劳动力转移—农户收入"的途径链式传导。第四,宅基地流转能够有效缓解农户家庭金融脆弱性,这种缓解作用不仅通过收入指标间接传导,还通过"劳动力转移—金融素养"的途径链式传导。第五,宅基地流转对不同代际、不同区域、不同收入水平农户生计的影响存在显著差异,即宅基地流转对农户生计的影响具有明显异质性。第六,人力资本变量对农户生计也具有重要影响,其中受教育程度能够有效提升农户生计水平,但少儿与老年抚养比与农户收入具有显著负向关系,并加剧收入不平等,尤其是少儿抚养比对家庭金融脆弱性具有显著正向影响,即人口负担会增加农户的家庭金融脆弱性。

基于上述研究结论,本书提出了相应政策建议:第一,多渠道促进宅基地流转,在新一轮要素市场化改革和宅基地改革试点的背景下,积极探索宅基地"三权分置"及盘活利用模式,可以通过出租、入股、合作、转让、互换、有偿退出乃至在政策法规允许范围内入市交易等途径,让中国 3000 万亩闲置宅基地的财产属性得以显化,有效发挥其资产效应与财富效应。第二,警惕宅基地流转带来新的发展不平衡问题,职能部门在推进宅基地流转的过程中,要十分注重保障低收入家庭的生计发展水平不降低,以及东、中、西部地区发展的平衡性,防止不同群体间发展不平衡的加剧。第三,重视农户就业能力培养,增加非农就业岗位,推动农户家庭剩余劳动力的顺利转移,例如大力鼓励、引导和扶持乡镇及县域产业的发展和升级,为农户提供更多非农就业机会;积极搭建创业平台进行资源的整合,提高农户创业就业能力。第四,多渠道提升人力资本质量,提高农户金融素养,借助农户易于接受的手机 App(如快手、抖音)、微信公众号等现代方式,利用非正式教育途径提高人力资本质量,对宅基地流转户开展更多的金融知识普及教育活动。第五,完善社会保障体系,缓解家庭人口负担对农户生计的影响,在现阶段国家推行三孩生育政策("三胎"政策)的同时,各级部门要建立完善生育支持政策体系尤其是婴幼儿照护支持体系,努力营造"少儿友好型"的社会发展环境,着力做好促进人口长期均衡发展的一揽子、全过程配套支持措施。

相较于已有研究,本书的创新点主要体现在三个方面:首先,加快推进宅基地流转是中国新一轮土地制度改革的重点,而提高农户收入与消费、降低家庭金融脆弱性是实施乡村振兴战略背景下促进农民农村共同富裕的内在要求,本书紧扣中国农村宅基地制度改革和农户生计发展存在短板的时代背景,系统评估宅基地流转对农户收入、消费与家庭金融脆弱性的影响,选题有新意。其次,基于经典的可持续生计分析框架和农户行为理论等基础理论,提出了新的概念框架,并采用全国微观调查数据 CHFS 实证检验宅基地流转与农户生计之间的直接关系及其内在关联,深入探讨影响效应的异质性及其作用机制,研究视角更为全面。最后,从生存保障、基础社交保障、债务负担等多个维度选取代表家庭金融脆弱性的指标,并通过熵值法全面测度从短期到长期以及意外时期受到外部风险冲击时的家庭金融脆弱性状况,得到的指标结果更具合理性。

诚然,历来越是重要领域和关键环节的改革往往争议也就越大,作为最能释放改革红利但改革进程却十分迟缓的领域,宅基地制度改革亦难例外。不可否认的是,本书主要研究结论与基本价值判断仍无法彻底全面消除对宅基地持"禁止或限制流转说"者的忧虑。因此在最后的余论部分,本书从农民非理性、乡土依恋之情浓厚与宅基地居住保障功能三个维度对宅基地功能定位转换与城乡要素"双向奔赴"展开了全面深入的讨论,认为破除制度壁垒及观念束缚,让农民有效流转居住保障功能已明显弱化的"命根子"、换为"钱袋子",才能使农民快步摘掉"穷帽子"、走向"共富路"。当然,至于当下如何更好地权衡和协同宅基地的居住保障功能与财产价值功能,基于典型地区、典型农户的案例纵深分析会否得到更为鞭辟入里的研究结果,以及宅基地流转对转入户或对农户生计结果中其他系列指标的影响效应如何,这些都是后续研究仍需进一步探讨的重要议题。

著 者

2024 年 6 月

目　录

绪　论

> 诸侯之宝三：土地，人民，政事。
>
> ——《孟子·尽心下》

第一节　研究背景和意义

一、研究背景

（一）探索宅基地"三权分置"实现形式、加快宅基地有序流转是中国新一轮农村土地制度改革的重点任务

农村土地制度是国家最重要的生产关系安排，自新中国成立以来，党和国家一直高度重视农村土地制度改革问题（张学博和丁卉，2019）。当前，在乡村振兴战略与新型城镇化战略向纵深发展、农业转移人口市民化①加速推进的背景下，中国新一轮农村土地制度改革不仅事关国家经济社会发展大局和乡村振兴战略目标的顺利实现，更是关乎广大农户的切身利益（殷一

---

① 党的十八大报告首次使用"农业转移人口"替代"农民工"。在 2022 年国家发展改革委印发的《2022 年新型城镇化和城乡融合发展重点任务》中，进一步把"推进农业转移人口市民化"作为新时期实施新型城镇化战略的首要任务。此外，在 2021 年十三届全国人大四次会议表决通过的"十四五"规划和 2022 年中国银保监会、中国人民银行联合印发的《关于加强新市民金融服务工作的通知》中，也开始使用"新市民"一词指代农民工群体。

博,2019;朱冬亮,2020)。党的二十大报告中强调:"深化农村土地制度改革,赋予农民更加充分的财产权益",其中,相较于农村"三块地"改革①中的土地征收与集体经营性建设用地入市制度,宅基地制度改革能够释放出更大的改革红利(乔陆印,2022;曹守慧等,2023)②。但由于宅基地制度的特殊性③及其涉及面较广,在改革过程中存在因农村产权治理结构缺陷引发的制度性风险,所以,一直以来宅基地制度改革进程较为迟缓(刘守英,2015;林津等,2022;乔陆印,2022)。

确权颁证是消弭农村产权治理结构缺陷、加快宅基地制度改革进程的基础。为贯彻落实中国第一部以界定、确认和保护产权为根本任务的基本法律《中华人民共和国物权法》,2008年国土资源部印发了《关于进一步加快宅基地使用权登记发证工作的通知》,要求有条件的地区应"查清宅基地的权属、界址和面积","加快推进宅基地使用权登记发证工作"。2018年中央"一号文件"在全面部署乡村振兴战略顶层设计中首次提出,要"探索宅基地所有权、资格权、使用权'三权分置'",由此确立了"三权分置"成为农村宅基地制度改革的未来方向。继农村承包地确权登记颁证工作基本完成后④,2020年中央深改委审议通过的《深化农村宅基地制度改革试点方案》和2021年十三届全国人大四次会议表决通过的"十四五"规划,再次明确提出

---

① 农村土地制度三项改革试点,即农村土地征收、集体经营性建设用地入市、宅基地制度改革,俗称农村"三块地"改革。

② 数据显示,中国至少有3000万亩宅基地和7000万套农房处于闲置浪费状态,仅仅依靠单一的农房出租方式每年便可盘活3500亿元资产价值。参见常钦.让闲置农房成为促农增收的"黄金屋"[N].人民日报,2018-07-08(10);张振中."共享住宅"唤醒闲置农房[N].农民日报,2018-06-11(7)。

③ 在刘守英(2015)看来,宅基地制度是中国农村土地制度中最特殊的制度安排,宅基地制度的特殊性主要体现在权利安排的特殊性、取得方式的特殊以及社会目标的特殊性等三个方面。中共中央政策研究室原副主任郑新立也指出,"十四五"期间"农村最大的增长点是宅基地"。参见广西创新发展研究院网站.中央政策:十四五期间,宅基地改革是乡村振兴最大红利[EB/OL].[2021-04-22].https://cfy.gxu.edu.cn/info/1301/2574.htm。

④ 据农业农村部数据显示,截至2020年11月,全国2838个县(市、区)、3.4万个乡镇、55万多个行政村已基本完成承包地确权登记颁证工作,将15亿亩承包地确权给2亿农户,并颁发土地承包经营权证书。全国农村承包地颁证率超过96%。参见农业农村部网站.农村承包地确权登记颁证工作基本完成[EB/OL].[2020-11-02].http://www.moa.gov.cn/xw/zwdt/202011/t20201102_6355609.htm。

"积极探索落实宅基地集体所有权、保障宅基地农户资格权①和农民房屋财产权、适度放活宅基地和农民房屋使用权的具体路径和方法",强调要"加快房地一体的宅基地确权颁证"。在 2022 年国务院印发的《"十四五"推进农业农村现代化规划》中,进一步将加快建立权属清晰与流转有序的农村宅基地制度、探索宅基地"三权分置"有效实现形式列为"十四五"时期农村土地制度改革的三大重点任务之一,并将开展"农村宅基地改革试点"作为新一轮农村改革的五大推进工程之一。显然,在确权颁证、明晰产权的基础上,探索宅基地"三权分置"有效实现形式、加快宅基地有序流转已经成为当前中国新一轮农村土地制度改革的重点任务。

(二)提高农户生计发展水平是乡村振兴战略背景下促进农民农村共同富裕的内在要求

农户生计分析是探讨农民问题的重要窗口。根据可持续生计分析框架,收入、消费与脆弱性是评价农户生计发展水平的核心指标(Scoones,1998;DFID,1999;阿马蒂亚·森等,2008,2015)。尤其在中国特色社会主义市场经济开放程度和农业生产社会化程度②快速发展的背景下,每个农户都不可避免地被卷入到金融市场的旋涡之中,农户家庭金融脆弱性水平的高低已然成为保障农户生计的关键所在。当前,继打赢脱贫攻坚战、全面建成小康社会后,中国"三农"工作重心转变为全面推进乡村振兴,其中,全面推进乡村振兴的战略导向与根本出发点是促进农民农村共同富裕③。而农户生计是农民农村共同富裕的题中应有之义,因此,提高农户生计发展水平也是乡村振兴战略背景下促进农民农村共同富裕的内在要求。

---

① 宅基地资格权最早出现在浙江省义乌市 2016 年出台的宅基地管理文件中,此后,义乌市对农村每户宅基地进行确权登记,并颁发了资格权证书。参见郭忠兴,王燕楠,王明生.基于"人-地"二分视角的宅基地资格权探析[J].中国农村观察,2022(1):2-15。

② 农业生产社会化是指农业生产由分散、封闭、自给型传统小农生产方式,转变为协作广泛、分工细密的开放型社会化大生产的过程。

③ "中国要富,农民必须富",一直以来,促进"农民富裕"始终是开展"三农"工作的核心问题。直到 2021 年召开的中央财经委员会第十次会议上,"农民农村共同富裕"一词才首次正式提出,并被列为新发展阶段下扎实推进共同富裕的六大关键举措之一;2022 年国务院印发的《"十四五"推进农业农村现代化规划》中,又首次从国家政策层面将"促进农民农村共同富裕"列为新时期全面推进乡村振兴的重要战略导向。

从全球视野来看,联合国等国际组织也历来重视发展落后的农业农村与农户生计问题(杨永恒等,2019)。从《联合国千年宣言》确定的千年发展目标(MDGs),到联合国《2030年可持续发展议程》确定的2030年可持续发展目标(SDGs),贫困农户在收入、消费与金融脆弱性等方面的生计发展状况一直是国际社会的关注焦点。具体到中国而言,诸如2023年中央"一号文件"、国家"十四五"规划纲要、商务部等12部门联合印发的《关于提振大宗消费重点消费促进释放农村消费潜力若干措施的通知》、中国人民银行印发的《关于建立消费者金融素养问卷调查制度(试行)的通知》及其年度《消费者金融素养调查分析报告》等,都分别将促进农户收入持续增长作为实施乡村振兴战略的目标任务[1],将推动农户消费梯次升级作为构建新发展格局的重要抓手,将降低国民金融脆弱性[2]的关键群体聚焦于农村居民。所以,农户收入、消费以及金融脆弱性等生计发展水平已经成为推动国家社会经济发展与农民农村共同富裕过程中的焦点,在此背景下研究农户生计发展问题有着重要意义。

(三)宅基地流转对农户生计具有复杂的影响

推进新一轮农村土地制度改革,要以处理好农民和土地关系为主线,以守住农民利益不受损为底线。换言之,在推进宅基地"三权分置"与流转的过程中,要以维护宅基地使用权主体即农户的生计发展水平不降低为核心目标。近年来,宅基地流转与农户生计之间的关系得到学术界广泛关注,大量理论分析及利用不同地区农户微观调查数据的实证检验表明,宅基地流转对农户生计具有复杂影响,但宅基地流转是否能够有效提高农户生计水平仍存在较大分歧。此外,基于全国层面农户微观调查数据的研究还很缺乏。

---

① 2023年2月14号,在国务院新闻办公室举行的全面推进乡村振兴重点工作新闻发布会上,中央农村工作领导小组办公室专职副主任、农业农村部党组成员吴宏耀在回答有关记者提问时指出:"增加农民收入是三农工作的中心任务,尤其是财产性收入还有很大的潜力和空间可以挖掘,未来将深化农村土地制度改革,有序实现活权,赋予农民更加充分的财产权益。"参见国新网. 国新办举行"权威部门话开局"系列主题新闻发布会 介绍2023年全面推进乡村振兴重点工作[EB/OL]. [2023-02-14]. http://www.scio.gov.cn/xwfbh/xwbf-bh/wqfbh/49421/49562/wz49564/Document/1736381/1736381.htm.

② 有关金融脆弱性的具体定义以及宅基地流转与其之间的关系,详见后文的概念界定与理论框架部分。

　　维护或提高农户家庭生计发展水平,不仅是政府实施宅基地制度改革的落脚点,同时也是农户的主要追求目标。新华社《半月谈》记者在全国8省24村的蹲点采访调查发现,积极探索宅基地制度改革、扩大宅基地交易(流转)半径已然成为目前广大农户的热切期盼①。在中国农村不断探索宅基地"三权分置"实现形式、加快宅基地有序流转的背景下,农户宅基地流转这一生计策略势必会直接或间接地从不同方面以不同方式对农户收入、消费、金融脆弱性等生计发展状况带来不同程度的影响。因此,为有效识别农村宅基地制度改革过程中可能存在的潜在风险,维护并提高农户生计发展水平,有必要对宅基地流转政策进行梳理并基于全国层面的农户微观调查数据系统评估宅基地流转对农户生计产生的后果,以期为加快宅基地制度改革、提高农户生计水平并最终实现农民农村共同富裕的政策措施制定提供微观层面的现实依据与决策参考。

二、研究意义

　　本研究的理论意义在于:一是丰富并拓展了可持续生计理论的研究成果。本书主要以可持续生计理论为基础,构建了农户宅基地流转这一生计策略与其生计结果(农户收入、农户消费以及金融脆弱性)关系的概念框架,系统评估了宅基地流转对农户不同维度生计结果的影响,从而丰富并拓展了可持续生计理论的研究成果。二是建设具有中国特色、中国风格、中国气派的哲学社会科学,必须立足中国实践、中国经验,用中国实践升华中国理论(谢伏瞻,2019,2022),本书聚焦于中国土地制度改革中最复杂、最特殊的宅基地制度,通过对新中国成立以来宅基地政策发展演变历程的梳理,理清宅基地流转政策的变迁逻辑,这对全面认识中国土地尤其是宅基地问题,丰富土地产权理论与制度变迁理论具有重要意义。

　　本研究的现实意义在于:在新一轮农村土地制度改革与新型城镇化战略向纵深发展、农业转移人口市民化②加快推进的背景下,本书基于全国微

---

　　①　参见新华网.乡村振兴"十二盼"! 来自8省24村的蹲点报告[EB/OL].[2022-03-12].http://www.news.cn/politics/2022/03/12/c_1128463773.htm。

　　②　在2022年国家发展改革委印发的《2022年新型城镇化和城乡融合发展重点任务》中,把"推进农业转移人口市民化"作为新时期实施新型城镇化战略的首要任务。

观层面的实地调研数据实证检验宅基地流转与农户收入、消费和金融脆弱性之间的关系及其内在关联，可以为加快推进宅基地制度改革、提高农户生计水平并最终实现农民农村共同富裕的政策措施制定提供决策参考。

第二节　研究目标和内容

一、研究目标

本书以提高农户生计发展水平为立足点，以宅基地流转户为研究对象，基于土地产权理论、制度变迁理论、农户行为理论与可持续生计理论等构建的概念框架，研究宅基地流转对农户收入、消费以及金融脆弱性等方面的影响。研究目标可概括为以下几点：

研究总目标：系统评估宅基地流转对农户生计的影响，从微观层面为推动中国新一轮宅基地制度改革、促进农户生计发展并最终实现农民农村共同富裕相关政策措施的制定提供基础证据支持。

子目标一：构建宅基地流转对农户生计影响的分析框架。

子目标二：刻画宅基地流转与农户生计的发展现状。

子目标三：实证检验宅基地流转对农户生计的影响方向、异质性以及影响机制。

子目标四：提出推动中国新一轮宅基地制度改革与促进农户生计发展的政策建议。

上述目标体系可用图 0-1 表示。

二、研究内容

为实现上述研究目标，本书设计的技术路线如图 0-2 所示，并将具体的研究内容划分为五个部分进行阐述。

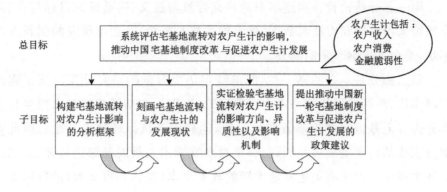

图 0-1　研究目标分解

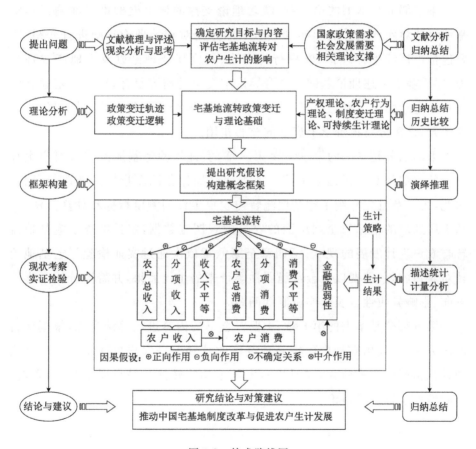

图 0-2　技术路线图

第一部分绪论旨在阐述本书的研究背景与意义,明确研究目标与内容,介绍拟采用的研究方法与数据,界定相关核心概念,并指出研究的创新点与不足,是全书提纲挈领的部分。

第二部分是本书的第一章,脱离特定历史背景的研究是无法真正理解问题本质、掌握发展规律并得出正确结论的,剖析宅基地流转与农户生计关系并探寻宅基地制度改革方向的研究,同样应该从回顾过去开始。因此本部分主要从两条主线展开回顾,一是对现有学术文献展开综述与评述,二是对新中国成立以来有关宅基地流转的政策文本(也称政策文献)进行回顾与梳理。

第三部分是本书的第二章,缺乏理论支撑的概念框架难以准确评估宅基地流转对农户生计的影响,因此,本部分先对相关理论基础进行介绍,主要包括可持续生计理论、农户行为理论、制度变迁理论以及土地产权理论等;然后基于上述理论基础并结合导论中提出的研究目标,构建宅基地流转对农户生计影响的概念框架。后续章节的实证分析都将在这一框架的范畴内展开,该部分发挥着承上启下的核心作用。

第四部分是本书的第三章至第六章,实证检验宅基地流转对农户生计影响的关键是对分析框架中核心考查变量操作化测度指标的选取与量化。因此,第三章首先介绍了宅基地流转与农户生计的测度指标和计算方法,并基于所选取的指标与全国层面的农户微观调查数据,定量考查了宅基地流转与农户生计发展的现状;第四章至第六章依次通过实证检验了宅基地流转对农户收入、消费以及金融脆弱性等带来的生计后果,并着重分析了影响方向、影响异质性以及影响机制等问题。

第五部分是本书的第七章,主要对全书的内容进行总结凝练,根据所得的研究结论,提出推动中国宅基地制度改革和促进农户生计发展并最终实现共同富裕的政策建议,同时也对宅基地功能转换与城乡要素"双向奔赴"等问题作了进一步讨论。

第三节　研究方法和数据

一、研究方法

本书以系统全面评估宅基地流转对农户生计的影响为出发点,利用经济学、统计学等相关学科的理论观点与工具方法展开研究。具体研究方法归纳如下:

(一)文献研究法

文献研究法是开展科学研究的基础。对已有文献进行归纳总结,从而把握研究领域的基本脉络与最新动态。研究者正是通过回顾梳理以及归纳总结国内外土地制度改革、宅基地流转与农户生计关系的相关文献与资料,才确定了本书的研究选题、核心概念与分析框架等内容,并在系统学习与思考过程中洞悉已有研究的不足之处,以期在本研究中予以补充完善。

(二)演绎推理法

演绎推理是从已知的一般定理、理论出发,通过逻辑推导将其应用于某一特殊的具体的研究对象,并由此提出研究假说的一种方法。本研究基于产权经济理论、农户行为理论以及可持续生计理论等多个学科的相关理论,运用演绎推理法,构建了宅基地流转对农户生计影响的理论分析框架,分析了宅基地流转这一生计策略对农户收入、消费与金融脆弱性的影响效应和机制。

(三)历史比较法

历史比较法是按照时间顺序对同一社会内部的社会现象或事物的相似性与差异性进行解释的纵向比较法。该方法为本书梳理宅基地流转政策的演进过程提供了基础指导。通过对新中国成立以来宅基地流转政策的纵向考察,对不同时期宅基地流转政策的特点进行比较分析,本研究归纳总结出宅基地流转政策变化过程中的逻辑主线,从而为之后的制度改革提供有益借鉴。

(四)计量分析法

计量分析法是以经济理论与统计资料为基础,运用数学和统计模型进行经济分析的方法,主要利用估算得到的参数值模型对所代表的变量依存关系进行考察,便于了解和解释相关经济现象。该方法是本书利用 CHFS 数据实证检验宅基地流转对农户生计影响的关键,为保证估计结果的准确性与可靠性,具体采用 OLS 模型、Logit 模型、随机效应模型、倾向得分匹配法、工具变量法、中介分析法等模型与手段,实证检验宅基地流转对农户收入、消费以及金融脆弱性等带来的生计后果。

二、研究数据

本研究使用的是中国家庭金融调查与研究中心 2015—2019 年在全国范围内收集的大规模微观追踪调查数据(CHFS)。该数据调查项目主要采用三阶段、分层以及 PPS[①] 三种方法进行抽样,在样本范围上,覆盖了全国 29 个省市区(新疆、西藏、港澳台未统计),343 个区县,1360 个村(居)委会[②],3 万余个家庭,样本代表性较高;在调查内容上,涵盖了样本家庭的人口学特征(个人基本信息、就业情况等)、资产与负债、保险与保障、收入与消费、金融知识及风险态度等微观层面的个人与家庭信息,为本书从微观视角探讨宅基地流转对农户生计的影响提供了重要的数据支持。

该调查在样本选取时将全国所有家庭纳入样本框中抽样,没有宅基地的家庭也在调查范围之内。而本书评估宅基地流转对农户生计影响的前提条件是农户拥有宅基地,因此需要对总样本进行筛选。具体而言,以 2015 年数据为基准[③],通过 CHFS 问卷中"您家是否拥有宅基地?"这一问题剔除没有宅基地的样本农户,然后分别将 2017 年、2019 年的数据与 2015 年的进行匹配,得到三期连续追踪农户的数据。

同时,为保证研究样本的"清洁性"、提高研究结果的可靠性,本书根据样本数据中的个人特征与家庭特征等指标分别对三期数据进行清洗,剔除

---

① PPS 抽样调查法(Probability Proportionate to Size Sampling)是指按规模大小成比例的概率进行抽样。

② 此处区、县、村(居)委会的数量为 2019 年的数据,2015 年与 2017 年的数量更多。

③ 由于 CHFS 中有关农户宅基地流转的问题仅在 2015 年的问卷中有所涉及,所以此处以 2015 年的数据库为基准,2017 年与 2019 年的宅基地流转数据通过与 2015 年匹配合并所得。

户主年龄小于 18 岁、收入和消费小于等于 0 以及相关变量缺失严重的样本,并按照农户总收入、总消费、总资产等前后缩尾 1‰。经过多轮筛选,最终获得 4 894 个有效观测样本(其中 2015 年有 2 598 个样本,2017 年有 1 615 个样本,2019 年有 681 个样本),构成三期非平衡面板数据。

第四节　核心概念

一、宅基地流转

在科学界定"宅基地流转"这一核心概念前,首先需厘清"宅基地"的具体内涵及外延。宅基地是极具中国特色的本土概念(赵意焕,2022;程同顺和郭鑫,2022)。梳理相关文献可以发现,不同学者对宅基地的概念界定各有侧重。部分学者侧重于从权利属性的视角出发,认为宅基地是农村集体经济组织内部符合规定的成员,在法律法规的约束下使用、建造自己居住房屋的土地(梁慧星,1998;刘津池,2021)。换言之,宅基地是农户以其集体经济组织成员权从村集体分配得到的财产,并且能够在流转过程中发挥财产属性,获得收益(刘卫柏和贺海波,2012)。另有部分学者则侧重于从使用范围的视角对宅基地进行界定,认为宅基地是农村居民使用集体土地建造住宅及其他附属物的土地(杨亚楠,2008;杨英法;2016),附属物主要包括辅助用房、小庭院和房前屋后的绿化用地(张清勇和刘守英,2021)。

在具体的政策实践中,较早发布实施的国家标准《土地基本术语》(GB/T 19231—2003,标准状态:现行)对宅基地使用权进行了界定,将其定义为"经依法审批,由农村集体经济组织分配给其成员用于建筑住宅及其他有关附属物的、无使用期限限制的集体土地建设用地使用权"[①]。2020 年 3 月,农业农村部农村合作经济指导司编印的《农村宅基地管理法律政策问答》(以下简称《问答》)中对"什么是农村宅基地?"作出了进一步明确规定,指出

[①]　国家标准化管理委员会网站. 土地基本术语[EB/OL]. [2003-07-01]. https://open-std. samr. gov. cn/bzgk/gb/newGbInfo? hcno=3AB4B9B06C33263F16A49359EAE4F3D4。

"宅基地是农村村民用于建造住宅及其附属设施的集体建设用地,包括住房、附属用房和庭院等用地,不包括与宅基地相连的农业生产性用地、农户超出宅基地范围占用的空闲地等土地。"并且,《问答》也强调了"从土地性质和用途上来说,农村宅基地属于集体建设用地","农民集体拥有宅基地所有权,农村集体经济组织成员拥有宅基地使用权,符合条件的农户具有分配宅基地的资格(权)"①。

探索宅基地所有权、资格权、使用权"三权分置"是中国新一轮宅基地制度改革的主要目标与方向,具体而言,现阶段的宅基地制度改革要"积极探索落实宅基地集体所有权、保障宅基地农户资格权和农民房屋财产权、适度放活宅基地和农民房屋使用权的具体路径和办法"②"鼓励农村集体经济组织及其成员盘活利用闲置宅基地和闲置房屋"③。综上,本书认为宅基地流转是指在坚持宅基地集体所有权的基础上,农户将其拥有的宅基地及其附属房屋使用权进行流转的一种生计策略,是"经济人"假设下农户为了实现家庭利益最大化、盘活家庭闲置宅基地和闲置房屋而采取的一种经济行为④。在具体实践中,宅基地流转主要包括出租、抵押、入股、转让等方式。需要说明的是,不同于耕地流转,"房地一体"⑤、难以分割的宅基地多以"处"

---

① 广东省农业农村厅网站. 农业农村部编印《农村宅基地管理法律政策问答》(附54问)[EB/OL]. [2021-09-02]. http://dara. gd. gov. cn/fzdt/content/post_3502584. html。

② 中国政府网. 习近平主持召开中央全面深化改革委员会第十四次会议强调:依靠改革应对变局开拓新局 扭住关键鼓励探索突出实效[EB/OL]. [2020-06-30]. http://www. gov. cn/xinwen/2020-06/30/content_5522993. htm。

③ 中国政府网. 中共中央 国务院关于建立健全城乡融合发展体制机制和政策体系的意见[EB/OL]. [2019-05-05]. http://www. gov. cn/zhengce/2019-05-05/content_5388880. htm。

④ 在此需要说明的是,可能有人认为宅基地流转没有得到法律明确支持,流转行为不存在或者不合理,但自宅基地试点改革以来,试点地区的农户进行宅基地流转是合法合规的行为,这一部分人必然也会被纳入到本书的调查样本中。此外,国土资源部组织的"中国农村宅基地使用权实况调查"课题也提供了重要资料,项目组成员走访调查的28个省、334个市(县)、840个乡镇、1083个自然村得到的一手数据显示,当问及"你村买卖宅基地的人多吗"这一问题时,只有17%的人回答没有,这也说明当前宅基地的流转行为在农村是存在的,本书的研究是有必要且具现实意义的。

⑤ 自然资源部门在开展宅基地使用权确权登记颁证工作中,也是按照"房地一体"的原则。参见广东省农业农村厅网站. 农业农村部编印《农村宅基地管理法律政策问答》(附54问)[EB/OL]. [2021-09-02]. http://dara. gd. gov. cn/fzdt/content/post_3502584. html。

为计量单位,农户在实际流转过程中一般也会整处流转。

二、农户生计

"生计(Livelihood)"一词最早出现在 20 世纪 90 年代的国外,随着研究的深入与拓展,逐渐成为学者们研究农户家庭生活状况的常用概念,以及分析农户问题的重要窗口(唐丽霞,2013;潘华英,2017)。在生计的经典定义中,Chambers and Conway(1992)认为,生计是个体或家庭建立在资本(Assets)(包括存货、资源、要求权和使用权等)、能力(Capabilities)和活动(Activities)基础之上的维持生活所需的谋生方式。1998 年,Scoones 从可持续的角度出发,进一步指出生计是由生活所需的资本(包括有形资本和无形资本)、能力和活动组成,当受到外部压力或者冲击时,农户生计能够在压力与冲击之下得到恢复,并且在不破坏自然资源基础的情况下维持或者提升能力与资本,这种生计被认为是可持续性生计。综合以上研究可以发现,家庭维持生活的关键生计要素主要包括能力、资本与活动。而在此基础上,英国国际发展部(DFID,1999)将农户的能力与资本细分为人力资本、自然资本、金融资本、物质资本与社会资本五种具体的生计资本,并提出了具有深远影响的可持续生计分析框架(Sustainable Livelihoods Framework,SLF)。具体地,DFID 将脆弱性环境、结果转换与过程(包括制度、政策等)的影响引入了可持续生计框架中,并进一步使用生计策略来反映生计要素中的活动,SLF 将农户视为在脆弱环境中谋生,且容易遭受外部冲击的分析对象,重点分析在不同生计资本组合或外部冲击的背景下,农户为谋生所采取的某种生计策略及其产生的生计结果。其中,生计结果主要包括增加收入、改善福利、提高能力并低脆弱性等多个维度,是农户生计目标的最终实现。

本书基于可持续生计框架,从农户实现生计目标的角度出发,将生计定义为:农户基于家庭资本禀赋所采取不同配置与管理方式而实现的生计目标,即农户采取某种生计策略而产生的生计结果,本书的生计结果特指农户收入、消费以及家庭金融脆弱性三个方面。下面将依次对以上三个概念进行界定。

三、农户收入

农户收入是一个十分宽泛的范畴(孙飞,2020),从农村生产经营方式来看,农户收入可划分为包含种植业与养殖业的农业生产性收入、从事工业或商业等二三产业的非农经营性收入、外出务工的工资性收入以及转移性收入和财产性收入。本书根据调查问卷的访问内容并结合国家统计局对农户总收入的界定,认为农户收入为家庭所有成员在问卷调查期内(本书使用的问卷调查期为一年)通过各种渠道获得的收入总和。按照收入来源的不同,将农户收入进一步划分为经营性收入、工资性收入、财产性收入与转移性收入。其中经营性收入又可以划分为农业经营性收入和工商经营性收入。

经营性收入是指农户以家庭为单位从事生产经营活动所获得的收入。根据具体经营活动可分为种植业、林业、畜牧业、养殖业即常说的农林牧副渔业,此外还有工业、批发零售业、餐饮业、交通运输业、社会服务业以及其他经营领域,其中前四项的收入之和即为农业经营性收入,后几项收入之和即为工商经营性收入。工资性收入是指农户家庭成员受雇于某个社会生产个体或单位所得到的工资、奖金、补贴和其他各种福利。财产性收入指农户家庭成员将所拥有的金融资产和非生产性有形资产提供给其他机构以及单位和个人支配所获得的回报收入。具体地,金融资产的回报主要包括利息、红利等收入;有形资产的回报主要包括土地租金收入、房屋租金收入等其他固定资产的出租转让收入。转移性收入是指农户不需要付出对应劳动或者资产也可能得到的一类收入,一般来自政府财政或惠农政策的二次分配,还包括退休金以及社会团体的救急救助金等。

四、农户消费

消费作为一切社会生产的最终目的(阿马蒂亚·森等,2008,2015;李井奎,2018),是评估农户福利的重要标准(Jones and Klenow,2016),能够准确反映农户的生计水平(刘浩,2021)。本书的农户消费主要指家庭成员在问卷调查期内用于满足生活所需的相关商品与服务开支,具体包括食品支出、衣着支出、居住支出、生活用品及服务支出、教育娱乐支出、交通通信支出以及其他支出等。在具体研究与分析中,本书结合消费层次结构理论和现有研究文献常用的分类标准(李江一和李涵,2016;孙飞和陈玉萍,2019,曹守慧等,2023),将消费进一步划分为生存型消费、发展型消费和享受型消费三类。

生存型消费主要包括食品、衣着和居住三方面的支出。具体地,食物支出主要为家庭的伙食费支出,包括在外就餐以及购买的即食食品、外卖熟食和蔬菜,对于消费自己农产品的农户,将按照市场价格估算价值,计入食品支出;衣着支出主要包括所有家庭成员购买或保养衣类、鞋类的开支;居住支出主要包括房租、管理费、水电费以及维修费等方面。发展型消费包括教育支出、非家庭成员的红白喜事等关系支出以及交通通讯支出(赵剑治和陆铭,2010),其中教育支出具体包含小孩早教、幼儿园、学龄阶段的学费、教材、学习用品以及承担高等教育和职业技能培训等方面的支出。文化娱乐支出以及生活服务支出均属于享受型消费,其中文化娱乐支出既包含有线电视费、影剧票、游乐场、健身锻炼等文化娱乐费,也包括购买与维修音响、相机、游戏机、健身器材等文化娱乐消费品的支出;生活服务支出则主要包括美容美发、雇佣保姆或小时工以及其他类型的家政服务等。

五、家庭金融脆弱性

脆弱性(Vulnerability)是可持续生计分析框架中生计结果的核心指标,降低脆弱性或强化抵抗脆弱性是保障农户生计安全的内在要求(DFID,1999;Guo and Wang;2021),其中,金融脆弱性是分析农户家庭福祉、金融风险与脆弱性水平的重要研究视角(Ramli et al.,2022;张凯和李容,2022)。尤其在中国以及世界市场经济与金融市场开放程度快速发展的背景下,每一个农户都不可避免地被卷入金融市场的旋涡之中,而家庭部门风险又具有典型"灰犀牛"[①]特征(张凯和李容,2022),因此,对农户的金融脆弱性问题

---

① "灰犀牛"是一个金融新词语,来源于古根海姆学者奖获得者米歇尔·渥克的《灰犀牛:如何应对大概率危机》一书。主要指那些经常被提示却又屡屡被忽视的大概率风险事件,因为在发酵前没得到重视,而错失了最好的处理或控制风险的时机,最后可能导致严重后果。

应予以高度关注,然而现有研究中关于金融脆弱性的界定并没有达成共识。有关脆弱性的概念可追溯至 20 世纪 60 年代,当时多应用于工程、气象、地质和水文等领域的研究,直到 1982 年,美国经济学家 Minsky 才提出金融脆弱性(Financial Vulnerability,FV)的概念,但其界定范围仅局限于宏观层面金融机构或金融体系脆弱性。近年来,金融危机频繁发生,家庭金融风险被认为是金融危机的重要影响因素(张冀等,2020),学者们开始从家庭层面对金融脆弱性展开深入研究。Jappelli et al.(2013)认为家庭金融脆弱性是家庭违约率对负债情况的敏感度;Terraneo(2018)将家庭金融脆弱性定义为家庭遭遇冲击可能陷入金融财务困境的情况,甚至存在无法维持正常生活的风险(Anderloni et al.,2012),并且这种风险在拥有高收入或者高财富家庭中同样存在(O'Connor et al.,2019);而 Brunetti et al.(2016)认为,当家庭出现"资不抵债",或收入水平不足以抵抗意外冲击所带来的债务负担时(Albacete and Lindner,2013)应被视为脆弱的。综上可以发现,研究者更倾向于把家庭金融脆弱性定义为一种风险。

不可否认,将家庭金融脆弱性定义为风险冲击是合理的,但相较于风险,部分学者(Lusardi and Mitchell,2006;张冀等,2020)认为更应该关注农户应对风险冲击的能力。原因在于风险是客观存在且无法彻底消除的,但通过提升能力来降低风险所带来的冲击是现实可行的。如果农户应对风险冲击的能力较强,当面临较大的冲击时,依然可以降低或不提高家庭金融风险;相反,若能力较弱,小的风险冲击也会加剧农户金融风险,降低生计水平。因此,农户应对风险冲击的能力更能体现家庭金融脆弱性的程度。综合已有研究(Lusardi and Mitchell,2006;张冀等,2020;杨友智,2021),本书将家庭金融脆弱性定义为农户陷入生活困境的概率,即家庭遇到风险冲击时,能够尽快调整家庭资源配置,获取相关资金来减少陷入高度脆弱的概率。其中风险对家庭所带来的冲击维度可以分为生存保障、社交能力、债务负担以及意外支出。

第五节　创新与不足

一、本书的创新点

在新一轮农村土地制度改革与新型城镇化战略向纵深发展、农业转移人口市民化加速推进的背景下，本书以推进宅基地制度改革、全面提高农户生计发展水平为立足点，以宅基地流转户为研究对象，基于土地产权理论、制度变迁理论、农户行为理论与可持续生计理论等构建的概念框架，全面系统评估宅基地流转对农户生计产生的后果。本书的创新点主要体现在以下几个方面。

第一，选题的新颖性。加快推进宅基地流转是中国新一轮土地制度改革的重点，而提高农户收入与消费，降低金融脆弱性是实施乡村振兴战略背景下促进农民农村共同富裕的内在要求。尤其在中国特色社会主义市场经济与金融市场开放程度快速发展的背景下，每一个农户都不可避免地被卷入金融市场的旋涡之中，宅基地流转在影响农户收入的同时也势必直接或间接地从不同方面对农户家庭消费与金融脆弱性产生重要影响。本书紧扣时代脉搏，系统评估宅基地流转对农户收入、消费与金融脆弱性的影响，选题具有新意。

第二，研究视角的全面性。以往仅从单一或者部分视角评估宅基地流转对农户生计的影响，不利于我们全面认识并科学评判宅基地流转给农户生计带来的不同维度的系统冲击，无法为有关政策措施的制定提供系统科学指导。基于此，本书突破现有研究的局限，将代表农户生计结果的收入、消费以及反映家庭潜在风险的金融脆弱性指标纳入统一研究范畴，在理论构建宅基地流转对农户生计影响的分析框架基础上，采用全国微观调查数据 CHFS 实证检验宅基地流转与农户生计之间的直接关系及其内在关联，深入探讨影响效应的异质性及其作用机制，研究视角更具全面性，研究层次也更具逻辑性。此外，中国幅员辽阔，各地区发展差异较大，但现有研究大多以一个或多个宅基地改革试点地区为研究对象，样本量较小且代表性不足。为突破现有研究的局限，本书选用全国微观调查数据（CHFS）"开展研究，在研究过程中从代际划分、地域划分等角度展开异质性分析，这也是本书的创新点之一。

第三，指标测度的合理性。家庭金融脆弱性是反映微观家庭金融风险的重要指标，但现有研究中关于家庭金融脆弱性的具体测度体系与方法并没有得到统一。在测度体系上，多选用家庭负债、收入支出以及应对意外冲击等1～2个指标进行测度，测度方法也多采用单一阈值将其划分为离散型变量进行测度，虽然能够判断家庭是否因超过某一临界值而出现脆弱性的情况，但无法判断超过临界值后的脆弱程度，而且指标选取较为单一，若采用多维度指标通过熵值法赋权加总为连续变量的方法，则可以有效克服这一不足。因此，本书从生存保障、基础社交保障、债务负担等多个维度构建评价指标体系，全面测度从短期到长期以及意外时期受到外部风险冲击时的家庭金融脆弱性状况，得到的指标结果更具合理性。

二、存在的不足

虽然本书在研究选题、研究视角、实证策略等方面具有一些创新之处，但囿于研究能力与研究数据的限制，不可否认还存在一些不足或有待改进之处，具体体现在以下几个方面。

首先，研究的广度与深度不足。虽然在研究过程中，本书将农户的收入、消费与金融脆弱性纳入统一的概念框架，并深入探讨了宅基地流转对农户生计的影响效应以及影响机制，但研究的广度与深度仍待进一步拓展。具体而言，首先，根据DFID的可持续生计分析框架，农户的食物安全与自然资源的可持续利用等也属于农户生计结果的重要组成部分，宅基地流转后，农户在生活、居住环境上都会受到一定程度的影响，其自产自用的食物可能会减少，由此给农户的食物安全（主要通过饮食多样性、营养素摄入量等指标测度）带来冲击。但囿于研究数据的限制，本书未能将食物安全、自然资源的可持续利用等指标纳入研究范畴，研究的广度不够。其次，虽然本书实证探讨了宅基地流转与农户收入、消费、金融脆弱性之间的内在关联及作用机制，但不可否认，在宅基地流转过程中，地方政府的管理制度以及村集体组织的各项条件(领导干部的学历等内在能力、村庄位置等外在条件)必将对农户收入、消费与金融脆弱性发挥重要作用;同样,受到数据、方法与工具的限制,本书未能将政府干预等相关变量纳入实证模型中,研究的深度不够,在今后研究中有待进一步深化。

其次,研究数据的空间精准度不够。宅基地制度改革试点是有效盘活闲置宅基地,提高农民生活水平的关键举措,考查试点地区与非试点地区或者比较不同试点地区间的宅基地流转对农户生计的影响差异,有助于制定科学合理的宅基地流转政策。虽然本书使用的中国家庭金融调查与研究数据的样本范围覆盖全国大部分地区,但受数据保密性、样本追踪完整性等的限制,研究数据在空间上仍有不足,主要表现为无法精准识别宅基地制度改革试点地区与非试点地区样本,难以开展深入的对比研究。此外,本书未能对流转类型做进一步细致的划分,主要是受到数据的关键限制,而且本书研究的关注重点是农户生计结果,引入流转类型这一变量后,会导致内容繁杂,无法聚焦,但不可否认,后续研究中应进一步精准研究范围,提升研究质量。

第一章 文献综述与宅基地流转政策梳理

> 对土地问题的研究与政策主张关乎人们的生计和命运,不能有半点浪漫主义色彩。
>
> ——刘守英《土地制度与中国发展》

在新一轮农村土地制度改革与新型城镇化战略向纵深发展、农业转移人口市民化加速推进的背景下,本书拟定的研究主题是系统评估宅基地流转对农户生计产生的后果。在农村土地制度改革中,宅基地因其产权与功能的复杂性和特殊性,使得宅基地制度改革成为顶层设计、法律修改、政策制定以及学术研究中尤为谨慎的领域[①]。首先,宅基地承载着维系社会稳定的特殊功能,是农民安身立命之本,如果宅基地改革过于激进抑或出现偏差,可能会使那些在城市尚无稳定就业和收入的农业转移人口丧失返乡退路[②],其生计发展水平极易受到诸如金融危机、疫情等外部不确定因素的冲击,进而危及社会稳定大局。其次,根据现行宅基地制度的政策框架,宅基

[①] 目前,国家对于宅基地制度改革主要采用"稳慎推进""积极稳妥"的表述。

[②] 习近平总书记指出,"经济一有波动,首当其冲受影响的是农民工""在(金融危机爆发或新冠肺炎疫情冲击、国际经济下行)这种情况下,社会大局能够保持稳定,没有出什么乱子,关键是农民在老家还有块地、有栋房",并强调"全面建设社会主义现代化国家是一个长期过程,农民在城里没有彻底扎根之前,不要急着断了他们在农村的后路,让农民在城乡间可进可退"。参见习近平. 坚持把解决好"三农"问题作为全党工作重中之重,举全党全社会之力推动乡村振兴[J]. 求是,2022(7):4-17。

地所有权归集体所有,农民并不享有宅基地"权利束"中的完整权能,广大农民仅仅以其"失而难以复得"的集体经济组织成员权从村集体无偿取得宅基地的分配权、占有权和房屋所有权,"理性"的农民不会轻易放弃"免费"获得的宅基地。所以,对于涉及广大农民切身权益、"牵一发而动全身"的宅基地制度改革(夏沁,2023),我们要保持足够的历史耐心①。

脱离特定历史背景的研究是无法真正理解问题本质、掌握发展规律并得出正确结论的,而剖析宅基地流转与农户生计之间的关系并探寻宅基地制度改革方向的研究,也应从回顾过去开始。本部分主要围绕两方面展开回顾,一方面是从学术文献的视角系统回顾总结宅基地流转如何"牵一发"而动农民"全身",即对有关宅基地制度研究以及宅基地流转对农户生计(包括农户收入、消费、金融脆弱性)影响的研究文献进行全面综述与评述,以了解和洞悉本选题的研究现状、存在不足及改进方向。另一方面,政策文本分析不仅是追溯和观察政策过程的一个重要途径(郑新曼和董瑜,2021),同时也是文献综述的题中应有之义。因此,在对有关学术文献进行综述的基础上,进一步对新中国成立以来有关宅基地流转的政策文本进行回顾与梳理。

第一节　文献回顾与评述

一、宅基地制度研究

宅基地制度是中国特色土地制度的重要组成部分,其核心是维护农村土地集体所有权并保障农民基本居住权利,其中,宅基地的产权与管理又是稳定与发展乡村的重要内容(刘守英和熊雪锋,2019)。新中国成立以来,宅

---

① 2021年2月22日,在国务院新闻办公室举行的全面推进乡村振兴加快农业农村现代化新闻发布会上,农业农村部党组成员兼中央农办秘书局局长吴宏耀在回答有关记者提问时指出:"宅基地制度改革涉及农民的切身利益,十分敏感和复杂,必须按照中央的要求,要保持足够的历史耐心"。参见国新网. 国新办举行全面推进乡村振兴加快农业农村现代化发布会[EB/OL]. [2021-02-22]. http://www.scio.gov.cn/xwfb/gwyxwbgsxwfbh/wqfbh_2284/2021n_2711/2021nozyzzr/。

基地制度的总体框架已基本形成①,但由于宅基地制度的特殊性(权利制度安排、获得与分配的独特性以及功能的特殊性),加之宅基地制度改革涉及面广、潜在风险大,导致中国宅基地制度改革的进路抉择一直有所犹豫,改革既想在权利制度上有所突破,又想在管理制度上往前走(刘守英,2015)。鉴于此,本部分主要聚焦宅基地产权制度与管理制度两方面进行文献回顾。

(一)宅基地产权制度的研究

土地产权制度的设计不仅在土地所有权权属、权益的配置以及社会制度和社会形态上具有决定性作用,其背后更是包含着国家与农民关系构建的基本原则(朱冬亮,2020)。当前,土地产权不完备、不发达是中国农村土地市场和农村经济不发达的主要原因之一(Huang and Du,2018),而宅基地作为土地类别中最为特殊的存在,其产权界定更具复杂性,因此宅基地制度的研究一直是学术界争议的焦点。众所周知,我国的宅基地产权制度经历了一系列的改革,有学者(杨英法,2016)对产权改革的必要性进行了阐释。针对产权制度的变迁过程,范传棋和毛运意(2020)基于宅基地产权细分的视角,以法律和政策调整为脉络,将新中国成立以来宅基地产权制度的动态演进划分为四个阶段,分别为"政治激励下宅基地农民私有的产权制度(1949—1956年)"、"公有制改造后宅基地两权分离的产权制度(1956—1982年)"、"严管政策下宅基地权能管制的产权制度(1982—2018年)"以及"乡村振兴背景下宅基地'三权分置'的产权制度(2018年至今)"。时磊和赵姚阳(2020)同样从产权安排的视角切入,认为中国宅基地制度改革依次经历了产权开放、产权限制和产权有限开放三个阶段。也有学者(公茂刚和吕淑玉,2021)进一步将制度变迁的起始时间追溯至中国共产党成立之时,按照宅基地权属性质划分为产权私有化阶段(1921—1961年)、去私有化改革阶段(1962—1981年)、使用权主体扩大阶段(1982—1997年)、使用权主体缩

---

① 农业农村部农村合作经济指导司编印的《农村宅基地管理法律政策问答》指出,中国农村宅基地制度框架已基本形成,其基本特征是:集体所有、成员使用,一户一宅、限定面积,无偿取得、长期占有,规划管控、内部流转(参见广东省农业农村厅. 农业农村部编印《农村宅基地管理法律政策问答》[EB/OL]. [2021-09-02]. http://dara.gd.gov.cn/fzdt/content/post_3502584.html)。

小阶段(1998—2012 年)、"三权分置"改革阶段(2013 年至今)五个阶段。

在宅基地所有权、资格权与使用权分置前,宅基地使用权被认为是一种私权,但其在初始获得时受到过多的行政干预,影响了在私法上作为一种物权的基本属性(高圣平和刘守英,2007)。现阶段的"三权分置"改革是在两权分离基础上更进一步的权利分解(董新辉,2019),而系统明晰的土地产权制度是土地要素市场化的根本前提(郭忠兴等,2022),因此,很多学者对使用权与资格权进行了大量分析与解读。高圣平(2019)认为,由于无法从法律上将宅基地所有权分置出带有身份属性的"资格权",所以,既要明确使用权的身份属性也要保障财产属性,但不宜在宅基地的居住保障功能和财产属性上做出非此即彼的取舍,而应在确保居住保障功能的前提下,强化财产属性、增加财产性收入。对此也有学者提出了不同看法,程秀建(2018)将资格权属性界定为集体成员权,认为应明确资格权的法律属性,通过法律制度构建将使用权完全抽离,实现身份性的资格权与物权分离,放活宅基地使用权对外流转,增加农民财产性收入。相较于上述的"使用权说"与"资格权说",李谦(2021)通过原理论证与逻辑演绎,对宅基地资格权的内涵、功能及具体内容做了进一步补充,也认为宅基地资格权兼具身份权能(宅基地身份权)和财产权能(宅基地使用权)的双重属性,身份权能用来确保农户在宅基地使用权流转后,行使利益分享权、宅基地取回权、宅基地退出权等身份权利。

通过以上研究可以发现,在宅基地产权制度变迁过程中,虽然学者们从不同视角出发,对宅基地制度变迁的阶段划分在具体的区间范围上存在差异,但对于宅基地产权制度改革的方向与趋势判定总体一致,均认为宅基地制度变迁是从私有到公有,从"两权合一"到"两权分离"再到"三权分置"的改革过程。在宅基地"三权分置"改革后,大量学者围绕资格权与使用权进行了新的研究与阐释,呈现出"资格权说""使用权说""双重属性说"等不同的观点,尽管不同学者持有的观点不同,但最终目的都是更有效地推动宅基地流转,在保障宅基地居住属性的同时发挥其财产属性,提高农户的财产性收入。

(二)宅基地管理制度的研究

农村宅基地管理制度作为中国土地管理制度的重要组成部分,不仅关系到农民居住权的有效保障,而且还是提高农村土地要素利用效率的重要保障(王玉庭等,2019)。在有关宅基地管理制度的研究中,部分学者围绕宅基地管理制度的目标展开分析,如桂华和贺雪峰(2014)通过探讨宅基地管理制度与《物权法》的适用性,将宅基地管理的目标归纳为"提高土地资源利用效率、实现土地增值收益的合理分配以及保障农民的宅基地使用权"三个方面,并进一步把宅基地管理制度从过程上分为"国家管制权的行使、集体所有权实践和农民宅基地使用权的实现"三个维度,认为中国宅基地管理制度在实现社会财富公平分配、资源有效管理与农民权利保护等方面基本有效,宅基地管理制度的渐进式改革具有现实合理性。与之不同的是,Tian and Li(2018)则认为宅基地管理体系的目标主要包括控制农村宅基地扩张、保护耕地、保障农民免费获得宅基地的权利、通过市场化帮助农户获得财产性收入,但这三个政策目标之间存在冲突,后两者的实现推动了宅基地的扩张,因此三者之间的权衡取舍需因地制宜进行抉择。

除了对宅基地管理制度目标与实现途径的研究外,部分学者更注重对宅基地管理制度相关政策文本的分析。周小平和高远瞩(2018)以政策意图为切入点,针对改革开放以来国家层面出台的与宅基地制度相关的 52 份政策法规进行文本分析后发现,农村宅基地管理政策意图表现出了从巩固社会主义公有制到加强与规范管理,再到保护农民财产权利的演化路径。周江梅和黄启才(2019)通过梳理改革开放 40 年来与宅基地相关的法律、法规等条文,对宅基地管理制度的变迁过程进行划分,认为宅基地管理制度经历了"由松到严、由宽泛到具体"的改革过程。张军涛和张世政(2021)进一步对 1950—2018 年有关宅基地管理政策的 379 份文本进行量化分析,从政策扩散的强度、广度、速度和方向多个维度探讨了宅基地管理政策的扩散效应,发现法律类政策和专门性政策的扩散强度较大,但前者的广度和速度大于后者。此外,也有部分学者分别从宅基地功能变迁视角(瞿理铜和朱道林,2015)、治理视角(夏柱智,2019)以及"三权分置"视角(冉成洋和赵新,2020)对宅基地管理制度进行剖析。

综上所述,虽然学者们对宅基地管理制度的目标表述有所不同,但最终指向总体一致,都是在保护农民权益不受损的基础上,通过资源配置实现宅基地的财产价值。因此,宅基地管理制度的改革主要目标可以归纳为"在促进宅基地流转的同时,增加农户的财产性收入,实现要素自由流动"。此外,无论从何种视角研究宅基地管理制度的变迁过程,均可发现宅基地管理制度的内在变迁逻辑主要是通过相关法律法规的颁布来体现。尽管已有宅基地管理制度的研究为我们从政策上深入了解宅基地制度提供了重要参考,但也存在一些不足或有待改进之处,一是学者们单一地关注于宅基地管理制度目标合理性或者目标间的均衡性,忽略了目标的关键是如何促进宅基地的流转;二是有关宅基地管理制度变迁的研究多以改革开放以来的政策文本为分析对象(Lu et al.,2020),重点分析了宅基地管理制度的管理范围、政策强度等方面的变动,但鲜有关注政策变迁过程中宅基地权利属性[①]的变化。基于此,本书将在研究的时间范围上进行拓展,梳理新中国成立以来宅基地管理制度的变迁,并重点分析变迁过程中宅基地权利属性的变化,探究宅基地流转政策的发展历程。

二、宅基地流转对农户生计的影响研究

维护或提高家庭生计发展水平是农户从事社会经济活动的主要追求目标(Wolf,1965),宅基地制度改革的底线之一也是"坚决守住农民利益不受损"[②],即保障农户的生计水平不降低(谢臻等,2022)。在国际发展研究中心Scoones(1998)以及英国国际发展部 DFID(1999)提出的可持续生计分析框架中,提高农户收入与福利被视为可持续生计的关键目标(闫琳琳和程显扬,2018),而消费受到收入的直接影响,更能准确反映农户的福利状况,所以消费也是生计结果的重要指标(Deaton,1981;韩松涛,2018)。此外,在中国特色社会主义市场经济与金融市场开放程度快速发展的背景下,每一个农户都不可避免地被卷入金融市场的旋涡之中,降低农户金融脆弱性也是

---

　　① 宅基地权利属性主要包括财产属性与保障属性,主要针对宅基地的使用权,具体分析见本书第三章,此处不再赘述。

　　② 参见中国政府网.国务院办公厅关于印发要素市场化配置综合改革试点总体方案的通知[EB/OL].[2022-01-06].http://www.gov.cn/zhengce/content/2022/01/06/content_5666681.htm.

可持续生计框架中所追求的目标之一。因此，本部分将重点围绕宅基地流转对农户收入、消费与金融脆弱性产生的效应展开综述。

（一）宅基地流转对农户收入的影响研究

理论上而言，宅基地流转会在宏观上重新配置农村土地与农业劳动力资源，在市场条件下，资源配置发生变动通常会带来实际的帕累托改进，提高农户的收入水平（马乾，2021）。已有部分研究也基于理论分析与实证检验证实了这结论。张公望和朱明芬（2020）利用六个试点地区的微观数据进行实证分析发现，宅基地制度改革能够促进农户财产性收入的增长，但对促进总收入增长的影响效应有限。Li 等（2019）通过测度广州、无锡和重庆三个地区的农户福利变化发现，在宅基地流转后，农户的经济福利（各类收入来源）能够得到不同程度的提高。也有学者分别以安徽金寨和浙江义乌单个宅基地改革试点地区的微观调研数据为基础进行研究，并未得到一致的结论，其中，孙鹏飞等（2020）认为宅基地退出后，农户家庭的外出务工人数与务工时长都得到增加，而耕地面积与亩均收入呈下降状态，因此，宅基地退出对工资性收入和总收入有正向影响，对农业经营性收入有负向影响；刘雅慧等（2020）则发现宅基地退出促进了农户总收入、经营性收入、财产性收入以及转移性收入的增加，唯独降低了工资性收入。出现这种差异的原因在于后者（义乌市）的经济较发达，经商人数众多，在这种环境下，农户更倾向将宅基地流转后的收入用于投资、经商等经营性活动，从而显著提高了农户的经营性收入。

然而，也有学者提出了相反的观点与结论，认为宅基地流转并不能提高农户家庭收入。贺雪峰（2018）认为，宅基地的重要作用应该是维持社会稳定和降低社会风险，而不是使其变现，如果通过宅基地流转进行盘活，农民很有可能失去宅基地的使用权，更遑论增收。而且在实际情况中，宅基地的多重属性使得其具有独特的复杂性，魏程琳（2016）认为 95% 的农村宅基地因缺乏交易市场与条件，并不具有交换价值，即使允许使用权自由流转也不能增加农户的财产性收入。胡银根等（2017）对三个试点地区的宅基地退出模式进行比较后发现，宅基地退出可能会导致农户庭院经济的减少，降低家庭收入；尹奇等（2010）基于微观调查数据的实证检验表明，成都地区农户退出土地后其家庭福利水平会略有提高,然而其经济收入状况却出现下降现象,但遗憾的是,该研究中的土地退出既包括耕地的退出也包括宅基地的退出,并且仅用农业收入和纯收入表征农户的经济状况,无法准确、全面地反映宅基地流转对农户收入的影响。

综观已有研究可以发现,采用不同研究方法及不同样本探讨宅基地流转对农户收入影响的文献,在结论上还存在较大分歧。在研究样本上,已有文献多以一个或多个试点地区为研究对象,基于全国层面的微观数据实证检验宅基地流转对农户是否具有增收效应的研究尚且缺乏。在研究内容上,宅基地流转包括退出、置换、出租等多种方式,但现有文献大多仅探讨单一的宅基地退出对农户收入的影响,未能全面考查宅基地不同流转方式对农户收入的影响状况。在研究方法上,已有文献基于理论分析的较多,部分文献通过实证方法检验了宅基地流转对农户收入的影响,但却未考虑内生性问题所带来的估计偏误,无法客观真实地反映宅基地流转与农户收入间的因果关系。

(二)宅基地流转对农户消费的影响研究

在可持续生计分析框架中,消费是农户生计结果的重要组成部分(Scoones,1998;DFID,1999),也是一切生产活动的唯一及最终目的(李井奎,2016;孙飞,2020)。在中国社会主要矛盾转变、经济发展方式转型的背景下,以国内大循环为主体、实施扩大内需战略已然成为推动中国经济高质量发展的现实抉择。但居民消费不足一直是困扰中国经济发展的难题(李树和于文超,2020),尤其是农村消费仍处于疲软状态(史磊和朱孔将,2021)。蔡继明(2018)提出消费不足的根源在于城乡土地制度,要从根本上扩大居民消费需求,必须深化土地制度改革。而宅基地作为农户的一项重要资产,由于流转不通畅,堵塞了农户财产性收入渠道(周振,2023),土改红利无法支撑农民消费水平持续提高(蔡继明,2019)。有学者(冯淑怡等,2021)进一步提出可以在宅基地产权主体明晰、权能完整的基础上,通过市场化流转的手段来显化宅基地经济价值,实现刺激农村消费、打通城乡经济循环的目的。

大量研究表明,土地流转能够促进农户家庭消费(陈治国等,2019),胡霞和丁浩(2016)利用全国样本的微观调查数据实证分析发现,土地流转的确能够提高农户消费水平,而且这种影响具有显著的异质性,收入水平以及受教育水平都是影响农户消费的重要因素。杨晶等(2020)的研究表明,土地流转能够影响农户的资本禀赋以及生计策略的调整,从而激发农户消费动机、提高农户消费水平。史磊和朱孔将(2021)将消费划分为个人消费与家庭消费,发现土地流转能够显著提高农户家庭和个人的消费水平,并且流转程度与对消费的促进作用成正相关。但遗憾的是,以上研究所指的土地均以耕地为主,并未包含宅基地。当然不可否认,也有学者开始逐渐关注宅基地改革与农户消费的关系,例如,柴国俊(2014)利用CHFS的微观调查数据发现,拆迁户的消费水平总体高于未拆迁户,虽然这种消费存在异质性差异;同时,宅基地征收在一定程度上改善了农户福利,特别是提升了农户家庭的可支配收入与消费支出(郭贯成和韩小二,2021)。也有研究发现,进城落户意愿强的农户更倾向于选择"宅基地置换城镇住房"的宅基地置换流转方式(于伟等,2016),并且宅基地置换能够有效提高农户的消费水平(成程,2019),促进城郊居民的消费升级(张恩碧等,2008)。

虽然上述研究为我们分析宅基地流转对农户消费的影响做了积极有益的探索,但仍存在以下不足或有待进一步拓展之处。首先,已有研究多分析耕地对农户消费的影响,有关宅基地置换对消费影响的研究多以理论分析为主,缺乏全国样本的实证分析;其次,根据需求层次理论,消费可以进一步划分为生存型消费、发展型消费与享受型消费等由低到高的三个层次(Taylor等,2010;姚明明等,2014),但鲜有文献探讨宅基地流转对不同层次或类型消费影响的差异性;最后,根据永久收入消费理论或持久收入消费理论,农户消费取决于农户收入水平的高低(戴序和董亚文,2019),其他因素对消费的影响都会通过收入的中介作用(韩松涛,2018),而且已有文献主要关注了相关因素对消费的直接影响,因此本书将从影响机制方面做进一步的补充。

(三)宅基地流转对农户金融脆弱性的影响研究

在可持续生计分析框架中,脆弱性是生计结果的核心指标,降低农户金融脆弱性或增强抗脆弱性是提高其生计发展水平的关键举措(Scoones,

1998;DFID,1999)。当前,与农户金融脆弱性相关的问题也受到学者们的广泛关注,李玉山等(2021)构建了包含家庭风险、社会风险等在内的生计脆弱性指标,发现脱贫攻坚的相关政策有效降低了民族地区的农户生计脆弱性;有学者(李慧等,2020)以西部绿洲流转户为样本,发现绿洲转入户的生计脆弱性更低;赵娟等(2021)利用期望贫困的脆弱性(VEP)方法测度了农户的贫困脆弱性,基于全国微观数据进行实证分析发现,耕地转出行为能够降低农户贫困脆弱性,抵御收入风险;也有学者(唐文浩,2017;尹志超和张栋浩,2020;彭澎和徐志刚,2021)同样利用收入、消费等指标对农户贫困脆弱性进行测度,并进一步分析了普惠金融对贫困脆弱性的影响,发现其能够显著降低农户发生贫困脆弱性的概率。

近年来,随着中国特色社会主义经济的发展,金融市场开放度不断提高,金融风险受到中央高度关注,而家庭金融风险作为金融风险的重要组成部分,不仅对农户家庭具有重要意义,还会对宏观经济金融产生影响(张冀等,2020),因此,降低家庭金融风险对经济社会发展具有重要意义。在经济研究中,学者常用金融脆弱性这一概念来反映家庭金融风险,该概念自1982年被Minsky提出后,被广泛应用于政治、经济、社会以及心理等多领域的研究(张冀等,2016)。目前学术界有关金融脆弱性的研究主要集中在影响因素研究。学者们从不同角度研究发现,受教育水平(Anderloni et al.,2012;Yusof et al.,2019;陶祥兴和何嘉禾,2021)、家庭金融资产结构(Giarda,2013;聂瑞华等,2018)、收入水平(Cava and Simon,2003;Room and Merikull,2017),特别是金融素养(Potrich et al.,2016;孟德锋等,2019;刘波等,2020;李建勇等,2021)和普惠金融(陈池波和龚政,2021;邢大伟和管志豪,2021)对金融脆弱性都具有显著影响。此外,还有研究发现,家庭固定资产的投资(CFPB,2017;叶春兰,2021)与价格波动(徐荣贞等,2020)等也会对金融脆弱性产生影响。

通过对已有文献的梳理可以发现,有关农户脆弱性以及金融脆弱性的研究已有很多,部分学者(彭开丽和张安录,2015;张亚洲和杨俊孝,2021;He et al.,2022)还分析了土地流转对农户生计脆弱性、贫困脆弱性等方面的影响,但遗憾的是未能进一步理清其与金融脆弱性的关系,而探讨宅基地流转与农户金融脆弱性的研究更为鲜见。当前,农村经济的发展不仅需要土地、资本和劳动力的简单流动,还需要多重市场要素的整合发育(朱文珏和罗必良,2016),要素扭曲会带来制度环境的变差进而加剧脆弱性(吴光俊,2019),而宅基地作为农村土地要素之一,若通过产权流转市场进行盘活利用①,是否能够降低农户陷入金融脆弱性的概率? 目前对于该问题的探讨尚且缺乏,这为本书的研究提供了突破口。

三、文献总体评述

通过对以上相关文献的梳理分析可以发现,关于宅基地流转对农户收入、消费与金融脆弱性等方面的影响,学术界已开展了广泛研究与讨论,所得到的研究结果为本书深入探讨宅基地流转对农户生计的影响提供了理论上与研究方法上的有益借鉴。但总体而言,已有研究仍存在一些不足或有待拓展之处。

在宅基地制度的政策理论研究方面,主要有以下三点有待进一步丰富拓展。

一是宅基地权属功能界定尚未达成一致。现有研究中对宅基地产权从"两权合一"到"两权分离"再到"三权分置"的变迁过程已达成共识,但学者们对宅基地"三权"的界定以及权属功能仍持有不同看法,尤其是关于资格权与使用权的权利属性阐释,经济学与法学研究者通过不同的方法与视角展开论述,涌现出了"资格权说""使用权说""双重属性说"等不同的观点。

二是宅基地制度变迁的阶段划分尚无统一标准。众所周知,中国宅基

---

① 《中共中央国务院关于构建更加完善的要素市场化配置体制机制的意见》在关于推进土地要素市场改革中提出,要鼓励盘活存量建设用地,具体包括"深化农村宅基地制度改革试点,深入推进建设用地整理,完善城乡建设用地增减挂钩政策,为乡村振兴和城乡融合发展提供土地要素保障。"(参见中国政府网. 中共中央国务院关于构建更加完善的要素市场化配置体制机制的意见[EB/OL]. [2020-04-09]. http://www.gov.cn/zhengce/2020-04/09/content_5500622.htm)。在之后发布的《要素市场化配置综合改革试点总体方案》中又进一步明确提出推动以市场化方式盘活存量用地,在坚决守住土地公有制性质不改变、耕地红线不突破、农民利益不受损三条底线的前提下,……探索宅基地所有权、资格权、使用权分置实现形式。支持建立健全农村产权流转市场体系。参见中国政府网. 国务院办公厅关于印发要素市场化配置综合改革试点总体方案的通知[EB/OL]. [2022-01-06]. http://www.gov.cn/zhengce/content/2022-01/06/content_5666681.htm。

地制度经历了一系列的改革,"知史方能鉴今",所以,深入探讨宅基地制度的改革历程能够为农业农村发展提供有益镜鉴,而通过阶段划分能够更全面、清晰地了解历史。但遗憾的是,现有文献对宅基地制度变迁的阶段划分尚无统一标准,即使学者们从产权变化的视角进行研究,依然存在"三阶段论""四阶段论"等不同标准,且在时间范围上存在较大差异。

三是有关宅基地管理制度的研究仍不深入。相较于宅基地产权制度的研究,对宅基地管理制度的关注相对较少,而产权管理制度的最终目标是"在促进宅基地流转的同时,增加农户的财产性收入,实现要素自由流动",已有宅基地管理制度的研究中多忽略了宅基地流转政策;此外,现有文献对宅基地管理制度分析多以改革开放为起点,研究方法也较为单一,主要利用文本分析的方法围绕管理范围、政策强度等平叙展开,忽视了政策因果的阐释以及与地方实践探索的结合。

在宅基地流转对农户生计影响的微观实证层面上,主要有以下几点有待拓展。

第一,分析框架的完整性。现有关于宅基地流转对农户生计影响的研究分析多聚焦于收入和消费层面,未能将家庭潜在风险考虑在内,因此仅能评判农户当前的生计状况(闫啸等,2022),难以衡量宅基地流转效应的长效性。尤其在中国特色社会主义市场经济与金融市场开放程度快速发展的背景下,每一个农户都不可避免地被卷入金融市场的旋涡之中,而降低农户金融脆弱性作为可持续生计框架中所追求的目标之一,却鲜有文献关注。最近的研究中,虽有学者(孙鹏飞,2021)从福利和农户分化的视角探讨了宅基地流转对农户经济、社保生活环境等方面的影响,但未能对影响的异质性与作用机制一步探讨。这不利于我们全面认识并科学评判宅基地流转对农户生计带来的系统冲击与影响,也无法为全面推进宅基地制度改革与乡村振兴的相关政策措施的制定提供科学指导。

第二,研究视角的新颖性。已有文献在研究宅基地流转对农户收入或消费等方面的影响时,多直接使用收入与消费水平的实际值进行研究,但在经济学研究中,除了收入与消费的实际水平,不平等问题也是重要研究主题(Sen and Foster,1997;Stiglitz,2012;Deaton,2015)。其中,收入不平等是经济不平等最为直观的表现,而消费不平等是最能准确衡量农户福利的指标及农户生计发展水平差异(孙豪等,2017;周广肃等,2020),那么,宅基地流转对农户收入与消费不平等所产生何种影响是现有文献所忽略的重要研究视角。

第三,研究样本与范围的代表性。现有文献大多以一个或多个宅基地改革试点地区为研究对象,样本量较小且代表性不足;同时,已有研究多聚焦于宅基地退出影响因素与意愿的研究,未能进一步考虑流转与农户生计之间的关系。此外,有关宅基地流转这一资源配置方式和家庭生计策略对农户生计水平的影响依然存在分歧。

第四,研究方法的可靠性。目前有关宅基地流转的实证分析中,大多属于相关性分析并且忽略了内生性问题导致的估计偏误[①],无法真实可靠地反映宅基地流转与农户生计之间的因果关系。同时,现有文献囿于研究数据或方法的限制,仅笼统分析了宅基地流转对农户生计的平均影响,未能进一步剖析宅基地流转对农户生计的影响机制与异质性。

鉴于此,本书在具体研究过程中将从以下几个方面进行改进:

第一,分析框架上,Scoones(1998)以及 DFID(1999)提出的可持续生计分析框架,为本书全面认识并系统评估宅基地流转带来的农户生计效应提供了相对完善的分析工具。由上文的概念界定已知,在可持续分析框架中,农户被视为在脆弱环境中谋生且容易遭受外部冲击的分析对象,研究主要分析其在不同的生计组合下所采取的某种生计策略(宅基地流转),以及由此产生的生计结果。基于此,本书利用可持续生计分析框架,以宅基地流转这一农户生计策略为切入点,将农户收入、消费和金融脆弱性纳入农户生计的研究范畴,系统全面地评估宅基地流转对农户生计的影响。

第二,研究视角上,本书在总体考察宅基地流转对农户生计平均影响效

---

① 内生性的一般来源有三个,分别是测量误差、遗漏变量与联立因果。就遗漏变量来说,影响农户生计的因素有很多,不可否认因各类变量未知或难以测量情况的存在,导致无法将所有影响因素纳入模型;就联立因果导致的内生性而言,根据可持续生计分析框架的观点(Scoones,1998;DFID,1999),虽然生计结果由生计策略(本书中特指宅基地流转策略)决定,但是生计结果也会对反作用于生计资本并且影响生计策略,例如关江华等(2013)研究发现,农户收入(生计结果)对宅基地流转(生计策略)具有显著影响。

应的基础上,进一步按照不同的代际、不同经济区域以及家庭收入水平等进行分组,并采用随机效应模型、倾向得分匹配等方法考察宅基地流转对农户生计影响的异质性;其次,通过 Kakwani 个体相对剥夺指数对农户收入不平等以及消费不平等指数进行测算,从不平等视角探究宅基地流转对各项不平等的影响效应;最后,在理论分析宅基地流转对农户生计影响机理的基础上,分别采用简单中介效应与链式多重中介效应模型实证检验具体的影响机制。

第三,研究范围上,系统评估宅基地流转对农户生计的影响,对于全面推进农村土地制度改革以及乡村振兴与农民农村共同富裕工作具有重要意义,但中国幅员辽阔,各地区发展差异较大。"管中无以窥豹",因此,为克服诸如刘雅慧等(2020)、孙鹏飞等(2020)等学者采用局部样本带来的研究局限,本书选用中国家庭金融调查与研究中心 2015—2019 年在全国范围内收集的"中国家庭金融调查数据(CHFS)"开展研究。

第四,实证策略上,本书在利用 CHFS 数据进行实证分析过程中,先从总体上考查宅基地流转对农户生计的平均影响效应,主要利用随机效应模型进行基准回归;然后对基准估计结果进行稳健性检验与内生性分析,并根据内生性的检验结果,进一步引入工具变量的两阶段最小二乘法(IV-2SLS)等估计方法解决内生性问题;最后将农户按照地域、代际等进行分组,考查宅基地流转对农户生计的异质性影响,并利用链式多重中介效应等方法进行影响机制分析,从广度和深度两个层面提高评估结果的可靠性。

第二节　政策回顾与梳理

如前文所述,政策文本的梳理与分析也是文献综述的题中应有之义,所以,在对有关学术文献综述的基础上,接下来以"宅基地、土地、农业、农村、农民、农房、乡村振兴、城镇化、要素市场化、改革"等为关键词,在中国政府网、中国人大网、农业农村部、自然资源部、乡村振兴局、人民数据库、中国法律资源库、中宏领导决策支持系统等网站进行有关政策文本的搜集、整理与筛选。剔除重复和不相关内容后,共得到与研究主题密切相关的政策文本

102条,主要以意见、通知、决定、方案、规划、法律等形式呈现。按照宅基地产权配置方式以及流转标的与主体范围进行政策文本的梳理总结,可以将新中国成立以来宅基地流转政策的演进历程划分为 4 个阶段(如图 1-1 所示)①。

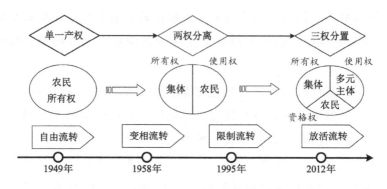

图 1-1　新中国成立以来宅基地流转政策的演进历程

一、宅基地"单一产权"下的自由流转(1949—1957 年)

新中国成立伊始,面临欧美国家全方位封锁、国内政局初定以及经济社会各项事业百废待兴等一系列严峻挑战,加之为兑现在新民主主义革命时期(1919—1949 年)中国共产党为调动广大农民参加革命和生产积极性而提出的"分田地"的政策主张与政治承诺,1950 年 6 月,中央人民政府委员会第八次会议讨论通过了秉持农民土地所有制的《中华人民共和国土地改革法》(以下简称《土地改革法》)。《土地改革法》是指导新中国开展土地改革的纲领性文件,其第一条便开宗明义地规定"废除地主阶级封建剥削的土地所有制,实行农民的土地所有制",并强调"土地改革完成后,由人民政府发给土地所有证,并承认一切土地所有者自由经营、买卖及出租其土地的权利"。到 1953 年春,土地改革运动在全国除少数地区外都已完成,标志着中国实

---

①　需要说明的是,本书在对新中国成立以来宅基地流转政策演进历程进行划分时,承认在现实的政策实践中,某一特定时点可能并行地具有不同发展阶段的特征,即本书并不强调宅基地流转政策各发展阶段在时间上的相继性,这也符合渐进式制度变迁理论的基本主张。

现了土地产权制度及农村生产关系的巨大变革（周约三，1982；郑有贵，2020）。

1954 年 9 月，第一届全国人民代表大会第一次会议通过的《中华人民共和国宪法》（以下简称"五四宪法"）进一步从国家根本大法的权威层面巩固确立农民土地所有制，规定"国家依照法律保护农民的土地所有权和其他生产资料所有权""国家保护公民的合法收入、储蓄、房屋和各种生活资料的所有权"。《土地改革法》和"五四宪法"的颁布实施表明农民土地所有制的正式确立，宅基地作为土地的有机组成部分，在农民土地所有制这一制度框架下宅基地是产权合一的"单一所有制"，农民对其宅基地及其附属房屋拥有自由支配权，可以自由、无交易主体范围或交易半径限制地通过出租、出售等方式获得收益。诚然，农民土地所有制即为农民私有制，这与马克思主义土地产权理论关于将土地"由'私人占有'变为'合作社占有'""实行土地国有化制度"的基本观点（赵光南，2012）以及社会主义公有制的意识形态相冲突（王俊龙和郭贯成，2022）。为此，在确立农民土地所有制的过程中党中央也在同步开展农业的社会主义改造，即农业合作化运动①。

为引导并推进农民走上合作化、集体化道路，1951—1956 年期间党中央及全国人大先后出台了《中共中央关于农业生产互助合作的决议（草案）》《农业生产合作社示范章程草案》《1956 年到 1967 年全国农业发展纲要（草案）》②《高级农业生产合作社示范章程》等政策文件。这些文件虽然指明了农村土地的发展进路是由农民私有转为合作社集体所有，但也强调了农民可以"自愿"地入社或退社，并且，被视为生活资料的宅基地可以"不必入社"。所以，概括来说该阶段的土地制度仍延续中华人民共和国成立前的政

---

①　农业的社会主义改造又称农业合作化运动，始于 1951 年 12 月，历经互助组、初级社、高级社三个阶段，于 1956 年年底基本完成。参见当代中国与世界研究院网站．三大改造 [EB/OL]．[2022-07-11]．http://keywords. china. org. cn/2022-07/11/content_78317248. html。深入挖掘梳理相关政策文本可以发现，面对复杂形势和多方矛盾，新中国成立初期关于农民土地所有制与农业合作化运动是同步开展、并行推进，而非王俊龙和郭贯成（2022）认为的"由因及果"、梯次推进。参见王俊龙，郭贯成．1949 年以来中国宅基地制度变迁的历史演变、基本逻辑与展望[J]．农业经济问题，2022（3）：88-96。

②　1956 年 1 月 23 日中共中央政治局讨论通过的《1956 年到 1967 年全国农业发展纲要（草案）》，是新中国成立后关于农业发展的首个纲领性文件。

策主张,即实行包括宅基地在内的农民土地私有制,宅基地可以自由流转。但不可否认的是,在意识形态及实践领域国家也逐步强化公有制、弱化农民私有产权,这为下一阶段宅基地的集体化、公有化埋下了伏笔。

二、宅基地"两权分离"下的变相流转(1958—1994 年)

农业的社会主义改造基本完成后,1958 年 8 月中共中央政治局北戴河扩大会议作出了《中共中央关于在农村建立人民公社问题的决议》,决定在全国农村建立政社合一的人民公社。在人民公社体制下农村各类生产资料实行"三级所有、队为基础",宅基地等生产队所有的土地"一律不准出租和买卖",但房屋等生活资料归农民(人民公社时期称为"社员")所有[①],农民有"有买卖或者租赁房屋的权利"。针对广大农村在执行宅基地政策过程中存在的解释不清、做法不一等问题,1963 年中共中央印发的《关于各地对社员宅基地问题作一些补充规定的通知》首次提出了"宅基地使用权"的概念,明确规定"宅基地上的附着物,如房屋……永远归社员所有,社员有买卖或租赁房屋的权利。房屋出卖以后,宅基地的使用权即随之转移给新房主,但宅基地的所有权仍归生产队所有",由此形成了宅基地集体所有权和农民使用权相分离、"地随房走"的特色制度安排,标志着农村宅基地"两权分离"产权结构的正式确立。

宅基地"两权分离"下,农民可以自由地流转房屋,同时,根据"地随房走"原则,宅基地使用权也可附随房屋实现变相流转或隐性流转。该时期宅基地流转政策最为突出的特点是,宅基地流转范围不受流转主体身份(是否

---

① 范鹏(2022)错误地认为,1958 年 12 月出台的《关于人民公社若干问题的决议》明确了"全面推行生产资料和生活资料的公社所有制"。参见范鹏. 宅基地"资格权"制度的历史演化与改革深化[J]. 改革,2022(4):21-32。通过查阅有关政策原文可以发现,人民公社时期生产资料为公社所有,而生活资料则为社员所有。如《关于人民公社若干问题的决议》第四部分指出:"社员个人所有的生活资料(包括房屋、衣被、家具等)和在银行、信用社的存款,在公社化以后,仍然归社员所有,而且永远归社员所有。社员多余的房屋,公社在必要时可以征得社员同意借用,但是所有权仍归原主。"在 1962 年出台的《农村人民公社工作条例(修正草案)》第六章中,也明确指出:"要保障社员个人所有的一切生活资料,包括房屋……永远归社员所有,任何人不得侵犯。"1978 年《宪法》进一步从国家根本大法的层面规定了"国家保护公民的合法收入、储蓄、房屋和其他生活资料的所有权"。

为农业户口)与地域(是否居住在本村/镇/县/市等)的限制,城镇非农业户口居民不仅可以直接从农民手中流转宅基地,而且能够向农民集体依法申请取得。1982 年《村镇建房用地管理条例》、1986 年首部《土地管理法》以及 1991 年《土地管理法实施条例》等法律法规,对此均做了十分细致的规定。但该阶段宅基地的变相自由流转在法律及实际操作层面仍存在较大模糊空间,尤其是随着改革开放以及城镇化、工业化的快速推进,土地价值不断显化,炒卖宅基地等问题日益突出,所以,随后国家通过系列配套政策来巩固宅基地"两权分离"这一制度框架,不断强化对宅基地流转的限制。

三、宅基地"两权分离"下的限制流转(1995—2011 年)

1995—2012 年期间,虽然宅基地产权结构仍延续上一阶段的"两权分离"模式,但宅基地流转的交易半径、流转方式及权能范围被不断缩小,城镇非农户口居民基于农房买卖附随的宅基地使用权流转行为也被明令禁止。1998 年新修订的《土地管理法》便删除了关于城镇非农业户口居民可以使用农民集体土地建住宅的规定,并作出"农村村民一户只能拥有一处宅基地"(即"一户一宅")的认定标准。次年,国务院办公厅发布的《关于加强土地转让管理严禁炒卖土地的通知》,又首次作出"农民的住宅不得向城市居民出售"的规定,由此在政策上全面封闭了宅基地向城镇居民流转的通道。2007 年国务院办公厅印发的《关于严格执行有关农村集体建设用地法律和政策的通知》以及 2011 年最高人民法院发布的《全国民事审判工作会议纪要》,规定"农村住宅用地只能分配给本村村民","将宅基地上建造的房屋出卖给本集体经济组织成员以外的人的合同,不具有法律效力",进一步使宅基地流转交易的半径范围缩小至仅限本村村民。

就宅基地流转的方式而言,在具体实践中涌现出诸如出租、抵押、入股、转让等流转方式,但 1995 年出台的《担保法》厘定的"不得抵押"的财产范围却包含宅基地使用权,1998 年修订的《土地管理法》明令禁止出让、转让或出租"农民集体所有的土地的使用权",诚然,这里禁止出租、转让的土地使用权也包括宅基地使用权。就宅基地流转的权能而言,虽然 2007 年《物权法》第 117 条规定"用益物权人对他人所有的不动产或者动产,依法享有占有、使用和收益的权利"这三项财产基本权能,但在其专设规定宅基地使用权的一章中,却只认定了宅基地使用权人享有的占有与使用两项权能,即《物权法》从立法层面通过"限缩解释"的方式限缩了宅基地用益物权中的"收益"权能。至此,国家已然从政策、法规层面实现了对宅基地使用权流转的全方位、立体式限制,宅基地也就成了农民手中"沉睡的死产",其实质为农民一种最低限度的具有福利性质的生存保障,而财产性收益功能无法显现。

四、宅基地"三权分置"下的放活流转(2012年至今)

随着社会主义市场经济的发展和城乡区域发展不平衡问题的日益突出,宅基地"两权分离"下的限制流转政策与农民迫切分享土地增值收益愿望之间的矛盾愈加激烈。为此,国家在全面深化改革的背景下开展了一系列以"盘活""放活"为目标的宅基地改革试点工作,旨在重构宅基地集体所有制下的产权结构,促进宅基地福利属性与财产属性的有机统一和螺旋式互动增进。其中,"三权分置"是现阶段宅基地产权结构的制度性安排,是继"两权分离"后的第二次产权细分。2013年党的十八届三中全会便提出"保障农户宅基地用益物权,改革完善农村宅基地制度,选择若干试点,慎重稳妥推进农民住房财产权抵押、担保、转让,探索农民增加财产性收入渠道",由此宅基地"三权分置"进入了改革试点阶段。

2015年,全国人大常委会授权国务院在33个县(市、区)进行包括宅基地在内的、可以突破现有政策法规约束的农村"三块地"改革试点。其中,义乌探索宅基地所有权、资格权、使用权"三权分置"的改革经验被写入中央文件。2018年中央"一号文件"首次从国家层面明确提出"探索宅基地所有权、资格权、使用权'三权分置',落实宅基地集体所有权,保障宅基地农户资格权和农民房屋财产权,适度放活宅基地和农民房屋使用权"。随后山东省禹城等宅基地制度改革试点地区结合各自的改革实践情况,对宅基地"三权分置"的不同模式开展了有益探索①。在流转范围上,允许"城镇居民、工商资

---

① 参见中国人大网.国务院关于农村土地征收、集体经营性建设用地入市、宅基地制度改革试点情况的总结报告[EB/OL].[2018-12-23]. http://www.npc.gov.cn/npc/c12491/201812/3821c5a89c4a4a9d8cd10e8e2653bdde.shtml.

本等租赁农房居住或开展经营";在流转方式上,允许农民通过出租、入股、合作、互换、转让、抵押贷款等多种流转方式盘活闲置宅基地和闲置住宅。此轮试点工作于 2019 年年底结束,2020 年 8 月中办、国办印发的《深化农村宅基地制度改革试点方案》,提出继续深化农村宅基地制度改革,随后中央农办、农业农村部在全国 104 个县(市、区)和 3 个地级市启动了新一轮农村宅基地制度改革试点,将宅基地"三权分置"、放活流转的实践向纵深推进,不断"赋予农民更加充分的财产权益",激活乡村资源要素活力。

本 章 小 结

本章以相关学术文献和政策文本为基础,系统回顾梳理宅基地流转对农户收入、消费与脆弱性影响的研究文献,以及新中国成立以来宅基地流转政策的演进历程。结果发现,关于宅基地流转对农户收入、消费与脆弱性等方面的影响,学术界已开展了大量研究与讨论,为本书深入探讨宅基地流转对农户生计的影响提供了有益借鉴。但总体而言,已有研究在分析框架的完整性、研究视角的新颖性、研究样本与范围的代表性以及研究方法的可靠性等方面还存在一些不足或有待拓展之处,这为本书的进一步研究提供了突破口与主攻方向。

就宅基地流转政策的演进脉络而言,细致回顾 102 条有关政策文本可以发现,从 1949 年至今的 70 余年间,宅基地流转政策历经了从自由流转(1949—1957 年)、变相流转(1958—1994 年)到限制流转(1995—2011 年)、放活流转(2012 年至今)的迂回演进历程。这一时间跨度长、涉及主体广的中国特色宅基地流转政策的迂回变迁,是无法运用西方经济学的语言和逻辑予以解释的。究其实质,宅基地流转政策的变迁是附着在宅基地上的国家、集体、农民等不同主体产权关系的调整与博弈的结果。顺应宅基地功能定位从居住保障功能向财产价值功能转变,是宅基地流转政策变迁的一条内在逻辑主线。党的二十大强调:"深化农村土地制度改革,赋予农民更加充分的财产权益",这为新时代继续深化农村宅基地制度改革指明了方向、提供了遵循。未来的宅基地流转政策将更加地彰显宅基地的"财产属性"与农民的"财产权益",如何深化宅基地"三权分置"改革、促进农村闲置宅基地有序流转已然成为中国新一轮农村土地制度改革的重点任务。

第二章　宅基地流转与农户生计：
理论基础与概念框架

> 构建概念框架是开展科学研究的前提。所谓概念框架，就是指人们在分析问题、解决问题时，头脑所具有的相关知识、智力和能力有机地结合在一起所构成的一个模式。概念框架相当于库恩所说的范式，或皮亚杰所说的图式。
>
> ——朱成全《经济学方法论》
>
> 概念框架的一个基础功能是产生与研究项目有关的研究假设。研究假设是概念框架中的推理过程的结果，它们需要系统地表达出来，表明它们不是无关紧要的、是可检验的并能被否认的。
>
> ——唐·埃思里奇《应用经济学研究方法论》

第一节　理论基础

本书的理论基础主要包括可持续生计理论、农户行为理论、土地产权理论与制度变迁理论，接下来将分别进行具体的梳理与总结。

一、可持续生计理论

可持续生计理论是研究农户生计问题的重要理论方法（潘华英，2017），该理论起源于 20 世纪五六十年代，当时一些国家开始对西方资本主义现代化范式、斯大林社会主义模式和小农生产等发展方式进行总结反思,认为将农民视为工业发展中的附属品是不正确的,应重视农民利益,并关注小农户在生计改善中的潜在作用(黄承伟等,2017)。正是这些总结和反思为可持续生计概念的厘定奠定了基础(李靖,2018)。在之后几十年内,舒尔茨、诺曼·厄普霍夫等学者的研究均包含了可持续生计理论的基本思想,肯定了农民生计策略在社会发展中的作用,但可持续生计的概念迟迟未得到明确界定。直到1992年,Chambers和Conway才在其研究中对可持续生计概念进行了明确阐述,在已知生计是个体或家庭建立在资本(Assets)(包括存货、资源、要求权和使用权)、能力(Capabilities)和活动(Activities)基础之上的维持生活所需的谋生方式前提下,当一种生计能够抵御、恢复并适应外部压力的冲击,并在不损坏自然资源的基础上保持及提升家庭生计水平,其才能被进一步视为可持续生计。随着研究的深入,可持续生计理论被广泛应用于发展中国家减贫发展与生计建设的评估实践中,成为理解农村发展问题的重要分析工具(王晶,2021)。

从可持续生计概念的提出到可持续生计分析框架构建与应用的过程中,可持续生计理论已经逐步形成相对完善的理论分析框架。而在诸多分析框架中,由Scoones(1998)和DFID(1999)提出的可持续生计分析框架被广泛接受与使用(吴海涛和丁士军,2013)。其中,Scoones(1998)可持续生计分析框架如图2-1所示,该框架是在可持续生计概念基础上提出的,旨在探讨在特定政策、社会经济等生计背景下,不同类型资本(比如自然资本、经济或金融资本、人力资本、社会资本)的组合如何影响家庭生计策略(如迁移)的选择,并且在制度和组织结构变迁的调节作用下,最终可达到什么样的可持续生计结果,即该框架的核心是评估生计资本与生计策略对可持续生计结果产生的影响。而且,该框架生计结果的内涵得到了进一步明确,主要包括增加劳动量(收入)、减少贫困、提升福利与能力、调整生计以强化抗脆弱性和可恢复性、保障基础自然资源的可持续性等,其中前三项更侧重农户的家庭生计,后两项更关注家庭的可持续性。

在Scoones可持续生计分析框架的基础上,英国国际发展部(DFID,1999)提出了一个新的可持续生计分析框架,并且在发展中国家农户生计问

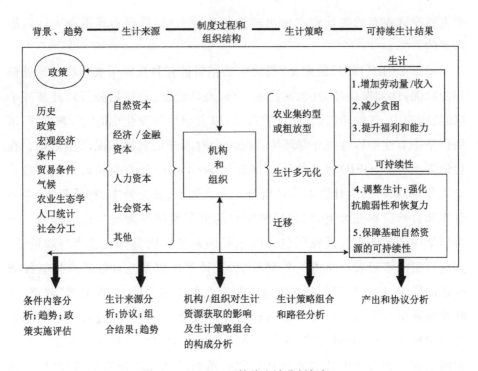

图 2-1 Scoones 可持续生计分析框架

题研究中得到广泛应用,该分析框架如图 2-2 所示。DFID 可持续生计分析框架主要由脆弱性环境、生计资本、转换结构与过程、生计策略与生计结果五个相互作用的模块构成,描述了处于脆弱性生计背景下的农户,如何利用

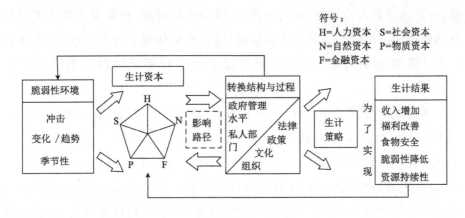

图 2-2 DFID 可持续生计分析框架

个人或家庭现有的生计资本做出理性的生计策略，进而实现提高生计发展水平的目标。

根据 DFID(1999)的定义，模块中的脆弱性背景反映了农户所处的外部环境状况，比如发展趋势(包括技术趋势、经济趋势、政策趋势等)、外部冲击(如健康冲击、气候冲击、农作物病害等)以及季节性变化(如生产季节性、市场价格季节性等)，这些外部环境状况均会对农户的贫困状况产生影响。在生计资本方面，DFID 可持续生计框架在 Scoones(1998)的基础上做了进一步细分，将农户的生计资本具体划分为人力资本、社会资本、物质资本、金融资本和自然资本五大类，用来反映农户的资源禀赋与发展生计的能力。分析框架中转换结构与过程所包含的主要因素是文化、组织、法律与政策等，这些因素能够对农户所处的外部环境、生计策略以及生计结果产生直接或间接的影响，比如政府部门在宅基地制度改革中提出的"三权分置"政策，该政策的制定与实施过程可以影响社会经济发展，引导并促进农户对宅基地流转策略的选择，同时，也存在直接或间接影响农户生计结果的现象。生计策略是农户为实现生计结果而开展的一系列活动与选择的范围和组合，如农户对宅基地是否流转的选择便是本书考查的核心生计策略，此外，在乡村振兴战略与城乡融合发展的背景下，农村的非农生产经营、迁移性的外出务工都是农户的重要生计策略选择，但毋庸置疑的是，不同生计策略的选择势必会对生计结果产生不同影响。而生计结果是农户生计策略成效的重要体现，主要包括收入的增加、福利的提高、脆弱性的缓解、食物安全的改善以及自然资源的可持续性等多个评价维度，这也充分体现了以人为中心，促进农户生计发展水平提高是 DFID 可持续生计分析框架的根本遵循(孙飞，2020)。

通过以上分析可以看出，无论是 Scoones(1998)持续生计分析框架还是DFID(1999)可持续生计分析框架，可持续生计理论的核心内容始终保持不变，即评估生计策略对生计结果的影响。在可持续生计理论的本土化研究中，已有大量研究围绕农户生计策略选择对农户生计结果的影响展开探讨，如张银银等(2017)考查了失地农户的生计策略选择(如种养经营、种养以外经营或打工)对生计结果(收入)的影响，陈治国等(2018)实证检验了农户土地流转(包括转入和转出)对生计结果(收入和消费)的影响,邓远远等(2021)着重分析了农户土地流转如何影响收入不平等这一生计结果。本研究则着眼于农户宅基地流转这一生计策略,重点考察宅基地流转对农户收入、消费以及家庭金融脆弱性等生计结果的影响(阿马蒂亚·森等,2008,2015)。

二、农户行为理论

从微观经济学的视角而言,农户行为是指农户在社会经济环境与资源禀赋的约束下,为实现自身利益而进行的一系列选择与决策。基于农户约束条件与行为目标的差异,农户行为分析理论主要分为恰亚诺夫(1996)的实体经济学派、舒尔茨(1964)的形式经济学派和黄宗智(2000)的历史学派。

(一)实体经济学派

恰亚诺夫是实体经济学派的代表人物,其认为农户是典型的风险规避者,他们生产的主要目的是满足家庭自我需求,追求的是家庭效用最大化,而非市场利润最大化。该理论的一个重要特点是农户在生产经营中依靠的是自身劳动力,而不是雇佣劳动力,由此导致农户的劳动投入无法以工资的形式计算,投入与产出难以明确划分,所以,农户所追求的效用最大化也不能通过成本-收益进行衡量。基于此,恰亚诺夫从农户的心理状态出发,对这种经济行为做了进一步剖析,创造性提出了"劳动-消费均衡"的农户模型,利用农户辛勤劳动程度与家庭消费需求之间的平衡来考虑农户是否实现了家庭效用的最大化。一方面,农户消费劳动所获得的产品能够带来"消费正效应";另一方面,农户从事生产经营活动所付出的艰辛劳动被称为"劳动负效应",当消费正效应≥劳动负效应时,农户就会停止生产劳动。这一现象也可用经济学中边际效用解释为:当农户休闲的边际效用不低于消费的边际效用时,农户就实现了家庭效用的最大化。由此可以看出,在实体经济学派中,农户的决策行为与资本主义企业的行为存在明显不同,农户更遵循规避风险为基础的道义经济生存原则(斯科特,2001),所以该学派也常被称为"道义小农"或"生存小农"学派。当然实体经济学派的农户行为理论与模型受到当时历史条件的限制,已经无法用来分析当前农户生产经营行为和土

地改革发展面临的诸多问题。

（二）形式经济学派

与实体经济学派相反的是,形式经济学派认为农户的生产经营与资本主义企业是一样理性的,均为追求利润最大化的"经济人",小农经济也是一个高效率的经济体系。因此,该学派的农户行为理论也被称为理性小农理论。美国经济学家舒尔茨是形式经济学派的典型代表,其在经典著作《改造传统农业》中对农户经营行为的理性进行了系统论述(舒尔茨,1964)。舒尔茨指出,在传统农业社会中,虽然生产要素是落后的,但农户并非懒惰、愚昧和不思进取的,反而会在现有条件下,像资本主义企业家那样理性,在充分考虑成本、收益和风险的基础上,合理且充分地利用其生产要素,以实现利润最大化的目标。针对农户高效率却依然贫穷这一奇怪现象,舒尔茨将其解释为:在现有条件下(生产要素十分有限),农户所依赖的生产要素存在边际收益递减,难以获得持续的高利润。此外,波普金(Pokin,1979)在舒尔茨理性小农理论的基础上作了进一步研究,他认为理性的农户会根据偏好与价值观来选择能够给个人或家庭带来最大收益的生产经营行为,在这理性计算的过程中,可以用精明的资本主义企业家进行比拟,所以农户是会为利润最大化而做出合理决策的"经济人"。

（三）历史学派

相较于实体经济学派的"无理性"与形式经济学派的"完全理性",历史学派对应的农户行为是"有限理性"(黄建伟和张兆亮,2022)。该学派认为农户的生产决策是在利润最大化与风险最小化之间做出的选择,即在内、外部环境以及其他不确定因素的制约下,农户难以做出完全理性的决策行为。历史学派的主要代表人物是美国学者黄宗智,他在综合分析实体经济学派与形式经济学派的基础上,认为单纯使用理性人假设来分析农户行为是不可行的。在边际报酬十分低下的情况下,农户依然投入劳动的原因有以下两点,一是农户没有边际报酬的概念,因此也感受不到生产要素呈边际报酬递减的规律;二是农户家庭耕地规模较小,出现劳动力剩余,并且受到就业机会与技能的限制,劳动的机会成本基本为零,即家庭存在"劳动力过密化"。为便于理解与分析,黄宗智利用中国华北平原与长江三角洲地区的农户调研数据,进一步将中国农户分为农场主(富农)、中农(自耕农)和贫农(佃农),其中,农场主(富农)属于追求利润最大化的理性农户,与资本主义企业家没有区别;中农(自耕农)属于为实现自给自足而生产的农户,他们更注重维持家庭消费与辛苦劳作之间的平衡;贫农(佃农)则在饥饿边缘挣扎以及雇佣关系剥削下,以寻求最有效维持生计为目标。综上所述,历史学派认为农户并非生计维持者或最大利润追逐者,而是"半无产化"的农业生产者(任保平,2019)。

上述三种农户行为理论均以探讨农户经济行为背后的原因和目标为核心,通过对比可以发现,虽然在不同理论下农户因理性程度不同对个人或家庭目标的设定存在差异,但依然可以用"最优化(或最大化)"这一概念进行全面概括。Lipion(1968)曾将不同农户行为理论统称为"追求最优化的农户理论",而农户行为"是在追求一个或多个家庭目标的最大化"的观点也成为当代农业经济学家的基本共识(艾利思,2006)。而本书中农户的宅基地流转,既可以作为可持续生计理论视域下农户的一种生计策略,同时也可以作为农户行为理论视域下的一种农户经济行为;农户在决定是否进行宅基地流转时,既会考虑流转行为给个人或家庭带来经济收益,也会考虑流转后对生产、生活所造成的影响,因此,他们在决策时会根据个人特征、家庭特征以及其他因素的制约,进行综合分析,做出最优的经济行为选择,而该经济行为的目标就包括追求家庭收入增加、消费水平提升以及金融脆弱性的缓解。

三、土地产权理论

(一) 产权理论

产权是市场经济条件下生产要素得以流通的法律前提(杨英法,2016),在经济学中,产权被视为一种财产权利,是某种资源一切权利的总称(欧胜彬和苏雪晨,2019),通常包括所有权、占有权、使用权、收益权与处分权等,综合体现了人们在财产基础上形成的相互认可关系。其中,所有权是某种资源最终归属关系的表现,占有权则是所有人对资源实际控制的权利,而使用权和收分权分别表明所有权人对资源加以利用,并由此获得经济利益的权利,处置权主要指在权利允许范围内,所有人对其资源进行的某种转让

(如出租、出售、赠予等)权利。综上,产权可以用以下三个特征概括:首先,产权是一种排他性权利,具有排他性;其次,产权是一种规定人们行为关系的规则;最后,产权是利益分配的依据,即谁拥有谁获益的权利束。由此我们也可以引出土地产权的含义,即土地产权是一种存在于土地之中的排他性权利,是以土地所有权为核心的土地财产权利的总和(李江风,2017)。中国土地制度本就较为复杂,宅基地更是复杂中的"特殊",其产权界定更加困难,所以在推行农村土地(主要指农地和宅基地)制度改革中面临的核心问题就是土地产权问题(钟林,2009;何芳,2020)。"知往"才能更好地"鉴今",为深入了解宅基地制度嬗变的理论逻辑及其权属关系,科学地把握宅基地流转对农户生计的影响机理,有必要对土地产权理论进行系统地梳理。目前,马克思的土地产权理论和以科斯(Coase,1960,2014)为代表的新制度经济学派的现代土地产权理论是土地产权的两个基本理论框架。

(二)马克思土地产权理论

在传统的农业社会和工业化发展的早期,土地是人们最核心的物质生产资料,所以,土地的产权问题不仅是经济层面的财产归属问题,更是政治层面的统治权问题。对于"土地产权"一词,马克思虽没有明确提出过,但在其众多经典著作中均展开了全面而精辟的论述(唐在富,2014),这些论述共同构成了马克思土地产权理论科学完整的理论体系。

马克思土地产权理论体系主要包括三个部分:首先是土地产权权能理论。在马克思看来,土地产权是集合概念,不仅包括具有显著排他性特点的终极所有权①,还包括其衍生出来的占有权、使用权、收益权等多项权能,这些权能构成了以土地终极所有权为核心的"权利束"。并且,以上权能通过有效的组合与运行,能够推动土地产权在不同主体之间的流通,充分发挥土地的最大效用。其次是土地产权结合与分离理论,马克思认为,所有土地产权权能并非稳定不动的,反而可以灵活组合,既可以全部集中起来归一个主体享有,又可以从"权利束"中分离出一项或几项独立运行。但这种分离与

---

① 马克思认为:"在每个历史时代中所有权是以各种不同的方式、在完全不同的社会关系下面发展起来的。"参见马克思恩格斯选集(第1卷)[M].北京:人民出版社,2012:258。

独立运行并不是任意与无规则的,而是要遵循一个基本原则,即变化后的土地产权既要在经济上获得实现,又要使土地产权的分离和独立形成新的经济关系,否则这种分离与独立是没有一点积极意义的(洪名勇,1998)。在此原则之下,马克思进一步阐述了产权权能结合与分离的不同方式,归纳起来主要有三种典型形式,分别是所有权、占有权和使用权高度统一的权能结构,土地私有制权能分离结构,土地公有制权能分离结构,其中土地公有制权能分离结构的方式与中国土地产权制度更为贴切。最后是商品化与配置市场化理论,虽然马克思没有将土地产权直接定义为商品,但是在商品经济条件下探讨土地产权问题时,马克思无不把土地产权当作商品来理解。马克思认为,土地产权就像资本一样,"变成了支配无酬劳动,无代价劳动的凭证"。人们的生产生活离不开土地,但使用土地的前提是要拥有土地的部分权能,因此,这部分权能很容易被当成商品来交易,同时,商品经济的发展和土地相关权能有偿使用的普遍化进一步表明了土地产权的商品化。而土地产权的商品化理论进一步推动了产权配置市场化理论的发展,马克思认为,由于土地不能移动,所以土地市场配置的实质是产权市场的配置,即土地产权可以"借助于商品的各小部分的所有权证书,商品能够一部分一部分地投入流通"。综上所述,马克思土地产权理论为集体土地使用权流转市场化提供了重要的理论依据。

（三）新制度经济学派的现代土地产权理论

科斯(Coase,1960)曾指出,经济运行的制度基础是产权,一个没有产权的社会将是效率绝对低下、资源配置绝对无效的。因此,开展经济分析的首要任务是界定产权,明确产权主体的权利,然后通过权利交易实现社会总产品的最大化,优化资源配置。

新制度经济学派的产权理论可以概括为以下四点:第一,与马克思土地产权理论相同的是,现代土地产权理论也认为土地产权是包含所有权、使用权、收益权和处分权的权利束,其所有权与使用权可以相互分离,土地所有者可以将使用权进行转让,获得一定的收入。第二,能够在市场上进行交易的并非土地本身,而是土地产权,即土地权利的转让是土地市场交易行为的基本特征。此外,在交易过程中,科斯还引入交易成本的概念,用来衡量产权制度的安排效率。第三,土地产权具有排他性,这种排他性来源于土地资源的稀缺性,能够防止土地使用者短期化利用的行为,有效提高资源利用效率。第四,科斯等人认为,产权界定明晰是土地使用权顺畅流转的前提和基础条件,但这种土地产权的界定需要以法律规范的形式进行明确。尤其是要明确土地所有者、使用者等相关主体间的权利、责任和利益,并通过严格规定,在不同利益主体间形成一种相互制约的关系。

综上可以看出,马克思与新制度经济学派的土地产权理论虽然分属于不同的理论体系,但也存在一些相同之处。主要表现在以下两点:一是他们都认为土地产权具有排他性,并且是由一系列权能组成的权利束,包含土地所有权、占有权、使用权与收益权等,同时各权能之间可以进行结合与分离,形成不同的权能组合;二是两者都认为土地产权是可以商品化的,在产权界定清晰的基础上通过市场进行交易,优化资源配置。当前,中国深化宅基地制度改革,以探索"三权分置"为重点,正是为了实现城乡资源的合理配置,落实乡村振兴战略以及实现好、维护好、发展好农民权益。

四、制度变迁理论

"没有规矩,不成方圆"。通俗来讲,制度就是其中的"规矩",是能够约束人们行为的一系列规则(张建华,2019)。更规范地说,制度是人们在现实中所形成的集合体,包含各种经济、社会、政策和体制等,是一切经济活动与经济关系产生和发展的框架。每一项制度的出现,都是因为它能够产生某种收益,虽然这种收益的大小会因制度的不同存在差异,但为获得更高的收益,人们会不断寻求更有效率(比如更高的产出或更低的交易成本)的制度,这个过程即为制度变迁的过程。因此,我们也可以将制度变迁理解为一个拥有更高收益的制度对另一个制度的替代过程(孙雪峰,2016)。

制度变迁理论由戴维斯和诺思(Davis and North,1971)等人开创,后来经过拉坦(Ruttan,1978)、林毅夫(Lin,1989)等人的补充得到进一步发展,形成了较为成熟和定性的理论体系。制度变迁的具体方式因划分角度不同存在多种分类标准,例如,根据政策变迁速度可以分为渐进式变迁与突进式变迁,也可根据变迁范围分为局部变迁与整体变迁,但现有研究中更倾向于把制度变迁分为诱致性制度变迁和强制性制度变迁两种类型。

诱致性制度变迁是一种自发性的制度变迁,更强调制度变迁的经济性原则,具体指人们在面对政策不均衡时,个人或群体为争取获利机会而自发倡导并组织实施的自下而上的制度创新。这种变迁方式的主体是个人(群体)、企业(利益集团)以及政府,其中个人与企业的决策支配了制度创新的过程,即第一行动集团,而政府只是帮助第一行动集团进行一些制度安排,推动制度变迁,即第二行动集团(Davis and North,1971)。但诱致性制度变迁容易存在外部效应与"搭便车"的问题(Ruttan,1978),这些问题会给制度安排带来严重阻碍。由于第一行动集团难以进行充分的制度创新,所以单纯依靠诱致性来推动制度变迁的话,社会中制度安排的供给量将少于最优水平,因此,必须要有强制性制度变迁对诱致性制度变迁进行补充。强制性制度变迁是由国家引入一系列法律法规或行政命令来强制推进的,是一种自上而下的制度创新过程,具有低费用与规模经济的特点。强制性制度变迁的主体是国家(政府),其基本功能是提供法律与秩序,并对产权予以保护,能够有效减少或遏制"搭便车"的现象。因此,强制性制度变迁能够有效弥补诱致性制度变迁所导致的制度供给不足问题(车裕斌,2004)。但强制性制度变迁也会受到政府意识形态、治理偏好、集团利益冲突等影响,造成与政策变迁目标存在偏差的结果。

结合上一章对宅基地流转政策变迁的梳理,我们可以发现,中国农村宅基地制度并非一直稳定在某一个状态,而是不断调整并朝着满足人民需求与社会发展目标的方向进行改变。在计划经济时代,为保障宅基地的居住保障功能,宅基地制度变迁更倾向于强制性变迁,随着城镇化工业化的快速推进,农村人口不断流向城市,城市建设用地日趋紧张,农村宅基地规模却不降反增,城乡之间建设用地的供需矛盾日益突出,以往宅基地制度难以适应经济社会发展,国家开始通过试点改革的方式探索宅基地所有权、资格权、使用权分置有效实现形式,这一过程更倾向于诱致性制度变迁。综上所述,宅基地制度变迁经历了强制性与诱致性不同的变迁方式,在新一轮农村土地制度改革与新型城镇化战略向纵深发展、农业转移人口市民化加快推进的背景下,运用制度变迁理论深入探讨宅基地流转对农户生计的影响,能够为未来政策制定提供更加合理的理论参考。

本节对可持续生计理论、农户行为理论、土地产权理论与制度变迁理论进行了全面梳理,回顾经典理论是为更好地指导未来发展,因此,表2-1重点对本书所涉及理论的主要内容及其对宅基地流转生计效应的指导意义进行了总结。

表 2-1　各理论的主要内容及其对宅基地流转生计效应的指导意义

理论名称	主要内容	意义
可持续生计理论	不同资源禀赋下,农户所做出的某种选择对家庭收入、福利、脆弱性等带来的后果,即评估生计资本与生计策略对可持续生计结果产生的影响	分析宅基地流转这一生计策略对农户生计产生的影响时,从生计结果的角度选取更合理的测度指标
农户行为理论	农户在社会经济环境与资源禀赋的约束下,为实现自身或家庭利益"最优化"而进行的一系列选择与决策	农户在选择宅基地是否流转时,会综合考虑各方面影响,做出符合收益最优的生计策略,因此,在实证中需要对相关因素进行控制,得到更可靠的分析结果
土地产权理论	土地产权具有排他性,是由所有权、占有权、使用权与收益权等各项权能组成的权利束,并且能够进行结合与分离,进入市场交易	流转的前提是产权界定清晰,在推动宅基地流转中要保障产权各项权能清晰不受损
制度变迁理论	制度并非稳定在某一状态没有变化,为获得更高的收益(社会发展目标),人们会不断寻求更有效率的新制度安排来替代旧制度	在制定与宅基地流转相关制度时,能够提出适用性更高,实施过程更有效率的政策安排

第二节　宅基地流转与农户生计:一个概念框架

科学研究的前提是构建概念框架,而概念框架的基础是理论分析并提出研究假说。本书在导论部分已对现有文献进行综述,上一节中也对全书的理论基础做了梳理与总结,本节将在以往研究与理论的基础上,构建宅基地流转对农户生计影响的概念框架,提出核心研究假说,为后续章节的实证研究提供理论指导。

一、宅基地流转与农户收入

根据可持续生计理论,农户拥有的物质、人力等生计资本,以及采取的宅基地流转这一生计策略势必会对收入等生计结果产生影响(Scoones,1998;DFID,1999),进一步通过农户行为理论可知,农户作为"理性小农",会基于现有资源追求个人或家庭效用最大化,并为实现生计目标做出相应的生计决策(黄建伟和张兆亮,2022),其中,提高收入是农户追求的首要生计目标。因此,本书以可持续生计理论与农户行为理论为基础,借鉴微观经济学中的要素收入理论(主要是地租与租金的内容),探讨宅基地流转对农户收入的影响。

(一)宅基地流转对农户收入的直接影响

在要素收入理论中,通常用地租来反映土地这一要素的价格与收益,而地租主要指土地使用者在使用土地时所支付的价格,或者是土地所有者在出让土地使用权的过程中所获得的报酬。由于宅基地属于集体所有,集体成员(农户)仅能获得资格权与使用权,因此,在本研究中,我们将地租定义为农户将宅基地使用权进行流转时所获得的收入。同所有的土地一样,宅基地也具有数量有限、位置不变且不可再生的特点,所以,我们将宅基地的供给曲线也视为一条垂线(如图 2-3),地租由供给曲线与需求曲线的交点共同决定,接下来我们通过需求曲线与供给曲线的移动具体分析宅基地流转对农户收入的影响。

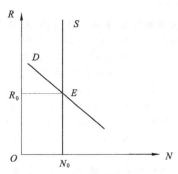

图 2-3　宅基地供需曲线

随着城市化、工业化的不断推进与经济社会的快速发展,大量农村劳动力进城务工,农村的人地关系也发生了历史性跃迁(吴郁玲和吴少伟,2021)。虽然农村常住人口在不断减少,但农村宅基地却不降反增,面积超标、一户多宅、建新不拆旧等问题不断出现,加之城乡发展不均衡、土地权属不统一以及人地空间错配等多重现实矛盾的存在,"空心村"等现象更加严重(刘彦随,2018;史洋洋等,2023)①。截至 2017 年底,全国共有 3.1 亿农村集体建设用地,其中宅基地约 1.7 亿亩,约占农村集体建设用地的 55%,其中空闲与闲置面积约达 3 000 万亩(刘守英和熊雪峰,2019)②。与此同时,各方面对建设用地(宅基地)的需求不断增加(张勇等,2023),一是城市建设用地指标愈发紧张,对土地需求不断增加,建设用地不足逐渐成为制约城市化发展的关键因素(孙鹏飞,2021);二是随着乡村振兴的全面实施,招商引资的步伐明显加快,各类产业在推动农村经济快速发展的同时对建设用地的需求也日益增大(曲颂等,2022,Shu and Qu,2022),如田园综合体、特色小镇(民宿)的发展均离不开建设用地;三是对于依然生活在农村的居民来说,家庭规模日益扩大,但受到"增人不增地"或者集体建设用地不足的影响,对宅基地的需求也难以得到满足(孙晓勇,2023)。综上所述,现阶段社会经济发展对宅基地的需求不断提高,但受到产权的限制,大量闲置宅基地难以进入市场进行交易,供需矛盾日益凸显(李夺和黎鹏展,2019;穆亚茹,2022)。

---

① 2017 年全国农业普查数据显示,截至 2016 年底,全国 99.5% 的农户拥有自己的住房,其中拥有 1 处、2 处、3 处及以上住房的农户分别占 87.0%、11.6% 和 0.9%,此外,拥有商品房的有 8.7%。对上述分析可知,首先,拥有 2 处以上的农户,则会有一部分住房处于闲置或者未充分利用的状态;其次,拥有商品房的家庭,其农村住房也会部分或者全部处于闲置状态;最后,从 2000 到 2016 年,农村常住人口由 8.08 亿人减少至 5.89 亿人,减少了 27.1%,但同期农村宅基地面积反而由 2.47 亿亩扩大为 2.98 亿亩,增加了 20.6%;2021 年全国的农民总量达到 29 251 万人,其中年末居住在城镇的有 13 309 万人,占比约为 45.5%,这些人在农村的宅基地(住房)也会有部分或者全部处于闲置状态。综上可以表明,"空心村"现象越来越严重。

② 除了在面积上反映宅基地的闲置情况外,农业农村部抽样调查数据发现,2019 年全国农村宅基地闲置率为 18.1%,而全国政协委员、上海交通大学中国发展研究院执行院长陆铭提出,从农村居民不断减少,存量宅基地面积不降反增的事实出发,再结合其多项研究和实地调研观察,他认为宅基地的闲置率可能远远不止 18.1%。

　　首先,我们假设宅基地可以同耕地一样自由流转,但地租的变化只受到需求曲线的影响,与供给曲线无关。当需求不断增加,图 2-4 中需求曲线从 D_0 移动至 D_1,地租也由原来的 R_0 增长到 R_1,所以,在宅基地可自由流转的假设条件下,农户收入会随着宅基地需求的增加而增加,正如上文分析,当前对宅基地的需求呈上升状态,因此,农户收入也会得到相应提高。

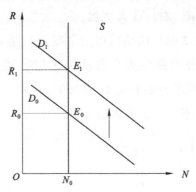

图 2-4　需求增加的宅基地供需曲线

　　其次,上述的假设条件并非真实发生的,因为当前的土地政策并不允许宅基地自由流入市场,所以宅基地的供给并不会达到上述图形的水平,为此,我们进行一个新的假设,即不存在宅基地流转行为,市场上的供给也不存在,即宅基地供给曲线与 Y 轴接近重合(图 2-5)。而当现实条件允许宅基地进行流转时,则说明市场上宅基地供给会呈增加趋势,供给曲线由 S_0 向右

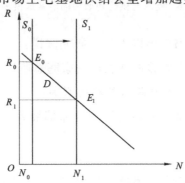

图 2-5　供给增加的宅基地供需曲线

移动到 S_1，在需求不变的情况下，地租从表面上来看从 R_0 下降到 R_1，但宅基地存在不可移动以及居住保障功能定位等特点，其用途的变化是困难的，一旦利用方式发生改变，其价值会呈"跳跃式"增长（马奔，2014）。更重要的一点是，当宅基地未发生流转时，对于农户来说，无论地租高低，均是"有价无市"的状态，即初始地租在原点 O 上，所以当宅基地进行流转，供给增加时，地租是从 O 点上升到 R_1，农户收入增加。

最后，将上述需求增加与供给增加的情况进行结合，得到图 2-6，当需求曲线从 D_0 移动到 D_1，供给曲线从 S_0 移动到 S_1 时[1]，地租从 R_0 上升到 R_1，这有理由说明在宅基地需求不断增加的背景下，农户宅基地流转所带来的供给增加，能够直接提高农户家庭收入。

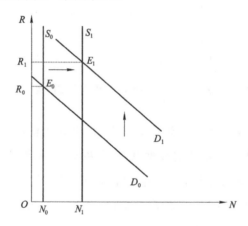

图 2-6　需求与供给均增加的宅基地供需曲线

基于以上分析，本书提出以下核心研究假说：

H1-1：宅基地流转[2]能够提高农户的家庭总收入。

（二）宅基地流转对农户收入结构的影响

一般来说，农户宅基地流转决策的目标是最大化家庭收益，其中家庭总

---

[1]　通过前文分析我们可知，当前经济社会发展对宅基地的需求大于闲置宅基地流转所带来的供给，因此需求曲线的移动幅度将大于供给曲线。

[2]　如前文所述（详见绪论核心概念对"宅基地流转"的有关论述），本书中如无特殊说明的情况下，宅基地流转特指宅基地转出。

收入是最直接体现。但中国农村土地系统是复杂的,由宅基地、农地等多要素构成,在"三权分置"政策背景下,宅基地的流转不免会涉及农地的处置问题,即家庭资源在农业部门与非农部门进行重新配置,家庭收入结构也因此发生改变。对农户而言,家庭收入来源缺乏多样性,农地依然是其赖以生存的主要生产资料(张慧利和夏显力,2021),而宅基地流转会进一步加深"人地分离"的现象,扩大农业耕作半径,带来农业生产成本的上升,加之粮食价格较低、农业生产要素的价格高的影响,理性农户通常在保留农地承包权的前提下,完全或部分退出农业生产,由此导致家庭的农业经营性收入会显著降低。相反地,按照收入划分标准,固定资产的出租转让收入属于财产性收入,宅基地流转行为是体现其(固定资产)财产属性的直接表现,即宅基地流转所获得的报酬能够有效提高家庭财产性收入。同时,宅基地的流转缓解了进城务工家庭的"两栖"生活状态,家庭劳动力有了更多的时间投入工作中,并获得更高的工资收入(孙鹏飞等,2020);此外,城镇有更多的受教育机会与创业机会,更能满足农户从事工商经营的需求,提高家庭工商经营性收入。至于宅基地流转对农户的转移性收入有何影响,一方面,农户的转移性收入多来源于农业转移性收入,随着家庭在农业生产部门的退出,涉农转移性收入也将有所减少[①];另一方面,农户由农业生产转移到进城务工或工商业经营时,家庭在二次分配中可能会获得更多转移性收入的机会,进而增加家庭转移性收入。还有一点不可忽略的是,每个农户不仅在资源禀赋(人力资本、物质资本等)、年龄结构等方面存在差异,其所处地区的经济发展水平也处于非均衡状态。因此,宅基地流转对家庭收入的具体影响效应也会存在差异,学习能力强、经济条件好的农户更善于进行资源的规划与配置,也更容易在宅基地流转中获得更高的收益,农户间的收入差距可能就此扩大。

　　综上所述,本书提出如下研究假说:

---

　　① 在取消农业税和"三提五统"("三提"是指农户上交给村集体的公积金、公益金和行管费等三类提留费用;"五统"则是指农民上交给乡镇政府的教育费附加、计划生育费、民兵训练费、乡村道路建设费和优抚费等五项统筹费用),调整完善农业"三项补贴"(包括良种补贴、种粮直接补贴、农资综合补贴)为"农业支持保护补贴"后,有些地区按照"谁种地、补贴谁"的原则发放农业支持保护补贴,所以退出农业经营农户的涉农转移性收入会减少。

H1-2:宅基地流转能够提高农户的财产性收入、工资性收入和工商经营性收入,但会降低农业经营性收入,加剧农户收入不平等。

H1-3:宅基地流转对农户收入的影响会因代际、地域等的不同而存在差异。

(三)宅基地流转对农户收入的间接影响:劳动力转移视角

在中国城镇化、工业化快速发展的背景下,大量农村劳动力选择由农业部门向非农部门转移就业(Deng et al.,2020;Zhang et al.,2021)。农村劳动力在转移就业的过程中会产生一定的成本和费用,这些成本和费用被称为"经济门槛"(陈杨和汪莉霞,2017)。在"理性小农"(Schultz,1964;Popkin,1979)的理论假设前提下,如果农村劳动力在转移过程中所获得的收益大于"经济门槛",他们就会选择转移。然而,在宅基地不能合理流转时,宅基地潜在流转户(即愿意将宅基地流转的农户)不但不能获得宅基地流转的财产性收益,还要承担寻找宅基地承包者的市场搜寻成本;尤其是已经在城务工的农民为避免农村房屋完全坍塌,要对空置损坏的房屋进行修理[1],但其在城镇还需支付租房房租、购房房贷等费用。这些成本和费用都是现阶段制约农村劳动力顺利向非农部门转移的"经济门槛"。

随着宅基地制度改革的不断探索以及试点地区的"宅改"经验推广,越来越多的宅基地潜在流转户可以顺利将宅基地流转出去,进而获得流转收益并降低其向非农部门转移的"经济门槛"(陈杨和汪莉霞,2017)。"经济门槛"的降低会进一步加快农村劳动力向非农部门转移,因此,宅基地流转可以促进农村劳动力转移。一些学者采用微观调查数据也证实了这一结论(Gu et al.,2020;孙鹏飞等,2021;田逸飘和刘明月,2023)。对于农户而言,向非农部门转移所面临的机会成本主要是农业收入,正如上文对收入结构

---

① 农村有句俗语说"房子住人,百年不倒,房不住人,三年就塌",意思简单明了,即长期闲置的房屋更容易损坏、坍塌。具体原因有以下三点:一是长期无人管理、维修,小问题逐渐变为大问题,比如一道裂缝没能及时得到维修,而出现整个墙体的坍塌;二是无人住,易招老鼠、白蚁等动物破坏房子;三是空气不流通,即湿度不平衡,"流水不腐,户枢不蠹",长期门窗紧闭的房屋,室内空气浑浊,湿度过高,容易滋生霉菌,腐蚀建筑材料。所以,长期闲置的农房产生修理费用的概率更高。

的分析,当前农业收入并不高,而非农就业所带来的收入远高于农业收入,劳动力转移能够有效提升农户能力,增加就业机会,促进家庭劳动生产率的提高(张慧利和夏显力,2021),即劳动力转移有利于提升农户的家庭收入。

基于此,本书提出如下研究假说:

H1-4:宅基地流转能够通过促进劳动力转移,提高农户家庭收入。

基于以上分析,本书将宅基地流转对农户家庭收入的影响机理用图 2-7 进行表示,图中既包含宅基地流转对农户收入的直接影响,也包含通过劳动力转移所产生的间接影响。

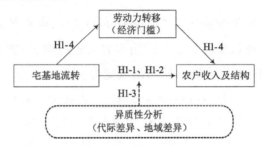

图 2-7　宅基地流转对农户收入的影响机理

二、宅基地流转与农户消费

(一)宅基地流转对农户消费的直接影响

上文分析了宅基地流转对农户收入的影响,并提出相应的研究假说,而消费作为可持续生计框架中一项重要的生计结果,既是农户所有经济活动的起点与终点,也是人们对美好生活需求的直接体现(李树和于文超,2020)。消费向来是学术界经久不衰的研究主题,现已取得丰富的研究成果。但消费不足一直是困扰国民经济发展的重要问题,陈斌开等(2014)通过文献回顾发现,经济转型中的市场扭曲是居民消费需求不足的根本决定因素,认为增加建设用地供给等供给侧结构性改革是启动消费需求的长效机制。毋庸置疑,宅基地的流转能够在一定程度上增加建设用地的供给,农户也通过资源的重新配置获得了对应的收入(租金等)。那么,上述供给与收入的变化能否转化为有效的消费需求呢? 这也是下文将要讨论的关键问题。

农户是一个效用最大化的追求者（黄祖辉等，2005），根据西方经济学的消费效用理论，农户选择消费的前提是在预算约束下，该行为能够给其带来更高的效用，也就是说农户消费水平的高低取决于家庭预算约束下的消费效用最大化。微观经济学中常用的家庭效用函数与预算约束分别为：

$$U = U(x_1, x_2, x_3, \cdots, x_n) \tag{2-1}$$

$$\sum p_i x_i \leqslant I \tag{2-2}$$

式(2-1)和式(2-2)中，x、p、I 分别表示农户购买的商品、商品价格以及农户家庭收入。

然而，新家庭经济学的代表 Becker(2009)认为，农户所需的商品 x 并非可以直接消费的，还需要花费他们的闲暇时间进行购买，需要将所消耗的时间 t 引入到模型中，农户家庭的效用函数变为：

$$U = U(x_1, x_2, x_3, \cdots, x_n; t_1, t_2, t_3, \cdots, t_n) \tag{2-3}$$

式(2-3)中 t_c 为农户消费商品 x_i 所花费的时间。综上可以说明，农户的家庭消费不仅仅取决于收入水平(Y)的高低，还取决于闲暇时间(t_c)的多少。据此，我们假定农户总消费支出为 C，引入闲暇时间后的消费函数为：

$$C = f(Y, t_c) \tag{2-4}$$

在推导宅基地流转与农户消费的关系之前，需要先做出以下三个假设条件：一是把农户收入简化为农业收入 Y_a、非农收入 Y_u 与宅基地流转的地租收入 Y_r 三部分；二是与刘易斯二元经济理论核心假定相同的一个条件，即非农部门的生产效率高于农业部门的生产效率；三是农户具有闲暇偏好，在相同收入下，农户会选择拥有更多闲暇时间的生计方式。再回到消费函数式(2-4)来看，在同等收入的条件下，农户的消费支出 C 与闲暇时间 t_c 成正比，即前者随着后者的增加而增加；同样地，在同等闲暇时间条件下，农户的收入增加也会带来消费的增加，分别对收入与时间求偏导，可得：

$$\partial f / \partial Y > 0 \tag{2-5}$$

$$\partial f / (\partial t_c) > 0 \tag{2-6}$$

为便于理解与分析，在本部分的推导过程中，消费率这一重要指标采用调查期内农户家庭消费支出占总收入的比重来表征，则消费率 β 的计算公式为：

$$\beta = C/Y = f((Y, t_c))/I \tag{2-7}$$

将式(2-7)两边全微分即可得到:

$$\Delta\beta = (Y\Delta C - C\Delta Y)/Y^2$$

$$= [(Y_a + Y_u + Y_r)\Delta C - C(\Delta Y_a + \Delta Y_p + \Delta Y_r)]/(Y_a + Y_u + Y_r)^2 \tag{2-8}$$

根据式(2-8),以及如前所述的假设条件二非农部分的生产效率高于农业部门和假设条件三农户具有闲暇偏好,我们进一步假设在短时间微分条件下,每一个家庭在相同的货币收入下会选择流转宅基地,并且他们所能接受的地租的边界为:

$$\Delta t_c/\Delta Y_r > 0 \tag{2-9}$$

$$\Delta Y_a + \Delta Y_u + \Delta Y_r = 0 \tag{2-10}$$

将式(2-10)代入式(2-8)化简得到

$$\Delta\beta = \Delta C/(Y_a + Y_u + Y_r) = (\frac{\partial f}{\partial Y} \times \Delta Y + \frac{\partial f}{t_c} \times \Delta t_c)/(Y_a + Y_r)$$

$$= (\frac{\partial f}{\partial t_c} \times \frac{\Delta t_c}{\Delta I_r} \times \Delta Y_r t_c)/(Y_a + Y_u + Y_r) \tag{2-11}$$

所以,$\Delta\beta/\Delta Y_r = \frac{\partial f}{\partial t_c} \times \frac{\Delta t_c}{\Delta Y_r}/(Y_a + Y_u + Y_r)$,结合式(2-6)和式(2-9)能够

得到:

$$\Delta\beta/\Delta Y_r > 0 \tag{2-12}$$

在上文宅基地流转与农户收入的分析中我们已知,宅基地流转后农户的农业收入会出现下降,但他们可以用多出的劳动力去从事非农生产,此外,还能减少"两栖"生活状态所带来的时间成本以及闲置房屋的维修成本,但前提条件是这些增加的收入和减少的成本能够弥补失去农业生产的损失,至少是能够获得相同的货币收入。在假设条件二中已提到,非农部门的生产效率高于农业部门,即在农户同质条件下,相较于农业生产,从事非农生产可以用更少的时间来实现相同的货币收入,获得更多的闲暇时间。根据新家庭经济学理论提出的(2-4)这一消费函数可知,农户收入与闲暇时间的提高均会提高农户家庭消费水平(包括总消费与分项消费),并促进消费升级(张恩碧等,2008)。

虽然非农部门的生产效率高于农业部门的生产效率,但不可忽略的是农户内部的生产效率也存在差异,例如以人力资本为划分标准,必然存在高人力资本组和低人力资本组,他们的生产效率也会出现高低差距。高人力资本与高生产效率的农户在宅基地流转后的转换成本更低,只需要更少的时间就可以弥补宅基地流转所带来的损失,由此获得更高的收入与更多的闲暇时间,家庭消费水平也会大幅度提升。对于低人力资本与生产效率的农户来说,如果他们在宅基地流转后难以在非农部门获得稳定的生计来源,弥补农业生产损失所需时间的延长会压缩闲暇时间的上升空间,这种宅基地流转和较低的人力资本所引致叠加效应,可能会带来农户消费不平等的"马太效应"[①](杨晶等,2020)。

综合以上分析,本书提出以下有待实证检验的研究假说:

H2-1:宅基地流转对家庭消费有显著正向影响。

H2-2:宅基地流转能够提高农户的分项消费水平,促进消费升级,但会加剧消费不平等。

(二)宅基地流转对消费影响的异质性

由于不同家庭在代际分别、所处区域及家庭收入水平等方面存在差异,宅基地流转对家庭消费的影响程度也可能呈现出一定的异质性特征。例如,在城镇化推进过程中,"农一代"(一般指 20 世纪 80 年代以前出生)与"农二代"(一般指 20 世纪 80 年代以后出生)在返乡意愿以及消费水平上具有明显差异(刘守英和王宝锦,2020;陆铭等,2021,李玲玲等,2023),相较于"农一代"家庭,年轻的"农二代"家庭更倾向于在城市生活,长期离乡使得他们对宅基地的依赖程度更低,加之受现代消费观念的影响和"上有老下有小"的现实压力较大,"农二代"家庭在获得宅基地流转收入后更倾向于将其直接用于消费而非储蓄。此外,发展不平衡不充分是当前中国社会主要矛盾,其中发展的"不平衡"主要体现在区域之间经济发展水平和居民之间收入水平的不平衡(孙志燕和侯永志,2020;李实等,2020)。而区域经济发展

---

① 马太效应是经济学和社会学中常用的术语,反映的是强者越强、弱者越弱的一种两极分化的社会现象。

水平与个体收入水平是影响居民消费的重要因素（陈斌开等，2014），因此，在区域和个体之间市场经济发育程度（包括市场容量、市场丰度、市场广度等）与收入水平不同的现实情境下，宅基地流转对家庭消费的影响也会不同。

由此，本书提出如下假说：

H2-3：宅基地流转对家庭消费的影响会因代际分别、所处区域及家庭收入水平的不同而有所差异。

（三）宅基地流转对农户消费的间接影响

农户的收入水平是影响农户消费的重要因素，除上述推导外，邢泷和陈雪梅（2014）、卢建新（2015）、罗永明和陈秋红（2020）等学者的实证研究也充分证明了这一点，本书的核心假说 H1-1 已经提出宅基地流转会提高农户收入，并且假说 H1-4 提出这种收入的增加可以通过劳动力转移来实现，所以我们认为，宅基地流转可以通过劳动力转移与收入两条路径影响农户消费。

据此，本书提出如下研究假说：

H2-4：宅基地流转可以通过提高农户收入促进农户消费增加，即农户收入在宅基地流转影响农户消费中发挥了中介效应。

H2-5：劳动力转移和农户收入在宅基地流转与消费之间发挥着链式中介的作用。

基于上文的理论分析以及所提出的研究假说，图 2-8 绘制了宅基地流转对农户消费的影响机理，将宅基地流转对农户消费的直接影响、间接影响以及影响的异质性纳入同一分析框架中。

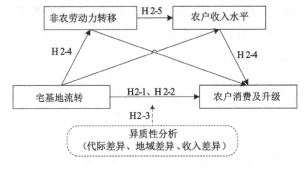

图 2-8　宅基地流转对农户消费的影响机理

三、宅基地流转与农户家庭金融脆弱性

(一)宅基地流转对家庭金融脆弱性的直接影响

根据可持续生计分析框架的观点,农户的生计策略会对生计结果产生重要影响(Dey and Haloi,2019;孙飞,2020;Chowdhury;2021),具体到本部分,即宅基地流转这一生计策略会对农户家庭生计结果中的金融脆弱性产生影响。一般来说,家庭金融脆弱性主要包括过度负债、应急储蓄等方面,其具体测度指标多与收入、负债、资产相关(Loke,2017;Noerhidajati et al.,2021)。现有研究表明,宅基地的产权制度改革与流转不仅能够有效提高农户收入水平(刘雅慧等,2020;孙鹏飞等,2020),还能够挖掘并实现宅基地资产价值与金融价值的转换(田庆刚,2016,杨庆媛等,2022)。而宅基地的金融价值的转化能够进一步提高家庭资金的流动性,改善家庭资产配置效率(Hu et al.,2023),提高农户应对各类不确定风险的能力。除此之外,宅基地流转带来家庭收入与资产配置效率提高的同时,家庭负债也会在一定程度上得到缓解甚至消除。但具体缓解程度的高低在不同群体间会存在差异,正如上文对假说 H1-3 和 H2-3 的分析,"农一代"与"农二代"成长环境迥异使其在返乡意愿以及收入、消费与储蓄观念上具有明显差异(刘守英和王宝锦,2020),家庭金融脆弱性也将因此存在差异。相较于"农一代"家庭,年轻的"农二代"家庭更倾向于在城市生活并能顺利地融入新的社会网络,加之对金融理财、数字经济等接受程度较高,"农二代"家庭在获得宅基地流转收入后更能合理有效的重新进行资产配置。而区域经济发展水平是影响家庭金融脆弱性的重要因素(张冀等,2020),因此,在区域发展水平不同的现实情境下,宅基地流转对家庭金融脆弱性的影响也会不同。

基于以上分析,提出以下核心研究假说:

H3-1:宅基地流转能够降低家庭金融脆弱性。

H3-2:宅基地流转对家庭金融脆弱性的影响会因家庭和区域特征的不同而有所差异。

(二)宅基地流转对家庭金融脆弱性的间接影响

对于具有金融属性的宅基地而言,宅基地流转是农户的一种金融行为

(Jiang et al.,2017)。同时,根据可持续分析框架,宅基地流转也是农户的一种生计策略(Tian et al.,2022),而追求利益最大化的理性农户在做出任何金融决策或生计策略调整前都会权衡其可能带来的成本和收益(Schultz,1964;Popkin,1979)。所以,理性农户在做出宅基地流转这一决策前,会通过多种渠道主动搜集并了解市场价格信息,使自己具备一定的金融素养,从而实现家庭收益最大化的生计目标。与此同时,在中国城乡二元经济结构失衡的现实情境下,农村劳动力转移具有明显的"收入效应"和"互联网效应"①,即劳动力转移有助于促进农户家庭收入的增加与互联网使用的普及(He et al.,2022;周洲和陈曦,2022;Liao et al.,2022)。其中,互联网的使用能够缓解农户参与金融市场的客观约束,提高家庭金融的可得性,并提高农户金融素养、改善农户金融资产的配置方式(Bogan,2008)。

其中,金融素养具体是指一个人理解基本金融概念、做出正确金融决策所必需的知识、意识、态度和技能的结合(Atkinson and Messy,2011;Chhatwani and Mishra,2021;Hsu et al.,2021;Hamid and Loke,2021)。现有研究大多将"金融知识"和"金融素养"交替使用(Ansari et al.,2022)。金融素养水平的提高有助于家庭维持健康的长期储蓄和投资(Sivaramakrishnan et al.,2017;Kitamura and Nakashima,2021)。同时,根据行为金融学的观点,消费者容易产生启发式偏见,进而导致次优的金融决策(Chen et al.,2007;De et al.,2008;Barber and Odean,2013)。金融素养因其具备的调节和控制作用能够减少人们做出错误金融决策的概率,从而最大限度地降低行为偏差带来的不利影响(Grohmann,2018)。概括来说,具有较高金融素养的家庭更有可能做出正确的储蓄和投资决策,并且受行为偏差和投资错误的影响较小,避免家庭陷入债务危机及金融脆弱性。所以,金融素养能够降低家庭金融脆弱性,一些学者采用微观调查数据也证实了这一结论(刘波等,2020;Chhatwani and Mishra,2021;Seldal and Nyhus,2022)。

概言之,劳动力转移可以通过"社会网络效应"影响农户家庭的金融素

---

① 有关宅基地流转对劳动力转移的影响在本节宅基地流转与农户收入部分已进行详细阐述,此处不再赘述。

养。相较于处在相对封闭的农业(农村)进行生产(生活),农村劳动力由农业部门向非农部门转移就业后能够扩大工作和生活半径,拓宽社交范围,即劳动力转移能够使农户拥有更为宽广的社会网络规模(白描和苑鹏,2014)。社会网络规模的拓宽具有信息共享的作用,可以使不同群体间更加便利地交流、共享并且接受更加开放多元的市场信息与金融知识(刘守英和王宝锦,2020),从而促进金融素养的提升,降低家庭陷入金融脆弱性的概率。

此外,宅基地流转能够对农户收入产生重要影响,假说 H1-1 也已进行论证,结合 H1-4 劳动力转移在宅基地流转对农户收入中具有间接作用,我们在此认为收入的增加同样能够缓解家庭金融脆弱性。

综上,本书提出如下有待实证检验的研究假说:

H3-3:宅基地流转可以通过提高农户收入降低家庭金融脆弱性,即农户收入在宅基地流转影响农户金融脆弱性中发挥了中介效应。

H3-4:劳动力转移和金融素养在宅基地流转与农户家庭金融脆弱性之间起链式中介作用。

H3-5:劳动力转移和农户收入[①]在宅基地流转与农户家庭金融脆弱性之间起链式中介作用。

通过理论分析宅基地流转对家庭金融脆弱性的直接影响与间接影响,此处绘制了宅基地流转对家庭金融脆弱性的影响机理,如图 2-9 所示。

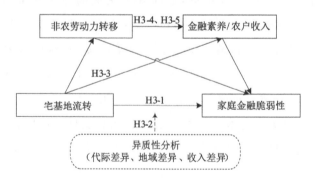

图 2-9　宅基地流转对农户家庭金融脆弱性的影响机理

---

① 这里的收入主要是指劳动力转移带来显著增加的工商经营性收入。

四、研究的概念框架

基于以上的理论分析与研究假说,本书构建的宅基地流转对农户生计影响的概念框架如图 2-10 所示。该框架主要由生计策略和生计结果两个模块组成,将宅基地流转视为农户的一种生计策略或资源配置方式,农户生计结果分为农户收入、消费和家庭金融脆弱性三个维度、若干个具体指标。该框架的核心是系统评估宅基地流转对农户各生计指标的影响方向、路径以及内在关联,这也是本研究的目标所在。

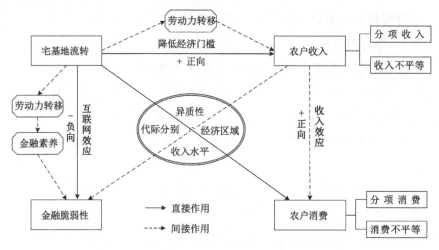

图 2-10　研究的概念框架

正文后续章节将在这一概念框架的范畴内展开实证分析,具体而言,采用中国家庭金融调查与研究中心 2015—2019 年在全国范围内收集的大规模追踪调查数据,其中,第三章着重介绍概念框架中核心解释变量(宅基地流转)与被解释变量(农户收入、消费和家庭金融脆弱性)操作化测度指标的计算方法及发展现状;第四章至第六章则分别围绕"宅基地流转对农户收入的影响""宅基地流转对农户消费的影响""宅基地流转对农户家庭金融脆弱性的影响"三个具体议题及其内在关联展开实证分析,以检验概念框架中提出的核心研究假设。

本 章 小 结

本章第一节介绍了可持续生计理论、农户行为理论、土地产权理论和制度变迁等基础性理论,并阐述了各理论对本书探讨宅基地流转与农户生计关系的指导意义。第二节从理论上探讨宅基地流转对农户生计的影响机理,并提出相应的核心研究假说。然后,构建宅基地流转对农户生计影响的分析框架,为后续章节的实证研究提供理论指导。

本研究的核心假说主要有以下三个方面。

第一,宅基地流转对农户收入的影响。

H1-1:宅基地流转能够提高农户的家庭总收入。

H1-2:宅基地流转能够提高农户的财产性收入、工资性收入和工商经营性收入,但会降低农业经营性收入,加剧农户收入不平等。

H1-3:宅基地流转对农户收入的影响会因代际、地域等的不同而存在差异。

H1-4:宅基地流转能够通过促进劳动力转移提高农户家庭收入。

第二,宅基地流转对农户消费的影响。

H2-1:宅基地流转对家庭消费有显著正向影响。

H2-2:宅基地流转能够提高农户的分项消费水平,促进消费升级,但会加剧消费不平等。

H2-3:宅基地流转对家庭消费的影响会因代际分别、所处区域及家庭收入水平的不同而有所差异。

H2-4:宅基地流转可以通过提高农户收入促进农户消费增加,即农户收入在宅基地流转影响农户消费中发挥了中介效应。

H2-5:劳动力转移和农户收入在宅基地流转与消费之间发挥着链式中介的作用。

第三,宅基地流转对农户家庭金融脆弱性的影响。

H3-1:宅基地流转能够降低家庭金融脆弱性。

H3-2:宅基地流转对家庭金融脆弱性的影响会因家庭和区域特征的不

同而有所差异。

H3-3:宅基地流转可以通过提高农户收入降低家庭金融脆弱性,即农户收入在宅基地流转影响农户金融脆弱性中发挥了中介效应。

H3-4:劳动力转移和金融素养在宅基地流转与农户家庭金融脆弱性之间起链式中介作用。

H3-5:劳动力转移和农户收入在宅基地流转与农户家庭金融脆弱性之间起链式中介作用。

综上研究假说可以看出,宅基地流转与农户收入、消费以及家庭金融脆弱性之间不仅具有直接的正向、负向或者不确定的关系,还存在着内在关联,这种关联表现为宅基地流转能够促进劳动力转移,间接增加农户收入与消费,与此同时,劳动力转移还能通过影响金融素养和收入并进一步作用于家庭金融脆弱性。

第三章　农户宅基地流转行为与生计发展的特征事实

> 在数据的海洋中,描述统计是我们的指南针,它帮助我们找到方向,理解数据的本质。
>
> ——佚名

　　因果推断和趋势预测的基础与前提条件是对基本的现象、事实进行全景和细致地描述(吴赛尔等,2017)。宅基地流转以及农户各类收入、消费以及家庭金融脆弱性等生计指标是本研究概念框架中的核心考察变量,这些核心变量的选取与量化是进一步实证检验宅基地流转对农户生计影响的关键。因此,本章主要对宅基地流转和农户生计现状进行分析,以便为后文的因果分析打下基础。本章主要内容包括两个方面,一是对农户生计指标测度选取的说明,主要围绕农户收入、消费与家庭金融脆弱性展开,介绍其具体计算方法。二是对宅基地流转与农户生计现状的描述,包括对总样本的分析以及不同群组的比较分析。

第一节　宅基地流转的发展现状

一、宅基地流转的基本概况

宅基地流转率是反映宅基地流转情况的核心指标,表 3-1 给出了样本农户的宅基地流转率。可以发现,全样本共有 661 个农户的宅基地发生了流转,宅基地流转率为 13.51%;分年份来看,宅基地流转率呈每年递增状态,从 2015 年的 12.36% 增长到 2019 年的 16.74%,说明随着宅基地制度的改革,农户对宅基地流转的接受程度也逐渐提高。

表 3-1　样本农户宅基地流转率

农户类型	总样本		2015 年		2017 年		2019 年	
	样本量/户	占比/%	样本量/户	占比/%	样本量/户	占比/%	样本量/户	占比/%
流转	661	13.51	321	12.36	226	13.99	114	16.74
未流转	4 233	86.49	2 277	87.64	1 389	86.01	567	83.26
合计	4 894	100	2 598	100	1 615	100	681	100

资料来源:根据中国家庭金融调查数据(CHFS)整理,下同。

　　了解当前宅基地的主要流转对象,有助于在宅基地制度改革过程中制定出更具针对性的政策,提高改革决策的科学性。表 3-2 列出了样本农户宅基地的流转对象,可以发现,农村村民之间的流转是宅基地流转的主要形式,其中流转给外村村民的占 57.08%,本村村民占 25.32%,而流转给中介机构或者其他途径的占比较低,这也从侧面反映出当前宅基地流转市场发育并不完善,多为农户间自发的私下交易,缺少正规交易平台的市场化流转①。

表 3-2　样本农户宅基地的流转对象

宅基地流转的对象	样本量/户	占比/%
本村村民	59	25.32
外村村民	133	57.08
城镇居民	16	6.87
土地中介机构	2	0.86

---

　　①　观察表格中的样本量可以发现,合计样本量小于本书宅基地流转户的总量,主要是数据缺失所造成的,这也是在后文的实证研究中没有进一步探讨不同流转对象对农户生计产生不同影响的原因,虽然该指标无法支撑实证研究,但依然可以作为衡量宅基地流转发展状况的重要部分。

表 3-2(续)

宅基地流转的对象	样本量/户	占比/%
其他	23	9.87
合计	233	100.00

不同代际的农户对乡村的依恋程度存在差异,对宅基地是否流转的选择也必然存在显著差别,表 3-3 报告了不同代际农户宅基地流转的情况,从样本量来看,因为"农一代"的数量大于"农二代"的数量,其流转户数量也相对较高;但从流转占比来看,"农二代"流转率为 17.65%,高于全样本流转率,"农一代"的流转率仅为 13.06%,比"农二代"低 4.59%。这充分说明,不同代际农户在流转行为上存在显著差异,"农二代"对宅基地流转的接受程度更高,但宅基地流转对生计所产生的效应大小需要在后文实证分析中做进一步的探讨。

表 3-3　不同代际农户宅基地流转情况

划分标准	流转户/户	占比/%	未流转户/户	占比/%
农一代	577	13.06	3 841	86.94
农二代	84	17.65	392	82.35
合计	661	13.51	4 233	86.49

地区经济发展水平对劳动力转移及城镇化发展水平具有重要影响,表 3-4报告了东、中、西部地区的样本农户宅基地流转情况,从宅基地流转占比来看,东部地区高于西部地区高于中部地区,西部地区的流转率与全国层面的基本相同。可能原因是东部经济发展水平较高,农民能够有更多机会在城市生存并安家,而且农村经济发展也比较好,宅基地流转发生的概率相对较高;西部经济比较落后,农户离开农村,在城里发展后返乡的概率会比较低,由此选择宅基地流转的概率也较高。

表 3-4 不同地域农户宅基地流转情况

划分标准	流转户/户	占比/%	未流转户/户	占比/%
东部	256	14.49	1 511	85.51
中部	154	12.19	1 109	87.81
西部	251	13.47	1 613	86.53
合计	661	13.51	4 233	86.49

表 3-5 汇总了不同收入组农户的宅基地流转情况,具体来看,高收入组农户的宅基地流转率更高,为 15.39%,其次是中收入组为 13.49%,低收入组的流转率最低,这也间接说明在低收入组家庭中,宅基地的生存保障功能更重要,而在中、高收入组中,宅基地的资产属性能得到更好的发挥。但高、中收入组的农户是因宅基地流转提高的家庭收入,还是因为家庭收入较高,不需要宅基地才进行流转的互为因果问题需要在后文的实证中利用合适的计量方法进行分析。

表 3-5 不同收入组农户宅基地流转情况

划分标准	流转户/户	占比/%	未流转户/户	占比/%
低收入组	190	11.64	1 442	88.36
中收入组	220	13.49	1 411	86.51
高收入组	251	15.39	1 380	84.61
合计	661	13.51	4 233	86.49

第二节 农户生计测度指标的选取

根据导论中核心概念的相关介绍,本书的农户生计主要包含三个维度,分别是农户收入、农户消费以及农户家庭金融脆弱性,具体的指标测度体系如图 3-1 所示。

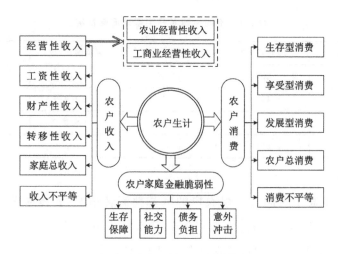

图 3-1　农户生计测度指标体系

一、农户收入

与农户收入相关的原始指标在 CHFS 问卷中均能直接获取,本书根据研究需要,对原始指标进行计算与清洗,最终得到所需要的收入指标。具体地,CHFS 的调查问卷中将农户收入分为个人收入与家庭收入两部分,其中,个人收入包括工资性收入与转移性收入,家庭收入包括财产性收入、转移性收入、农业经营性收入、工商经营性收入以及其他收入。本书根据国家统计局和已有研究(张车伟和王德文,2004;钱忠好和王兴稳,2016;柯炼等,2022)的划分标准,将农户收入按照来源划分为财产性收入、工资性收入、转移性收入与经营性收入,总收入为以上四类收入之和。其中,财产性收入主要来源于各类资产投资所得的收益;工资性收入由家庭所有成员的工资相加所得;转移性收入包括个人转移性收入与家庭转移性收入;经营性收入包含农业经营性收入与工商经营性收入。

关于农户收入不平等的测算,参考邓大松等(2020)、罗娟和李宝珍(2021)的既有研究,使用 Kakwani 收入相对剥夺指数(Kakwani,1984)来测度个体相对剥夺程度,并以此刻画农户收入不平等。在具体计算过程中,令 Y 表示农户群组,群组内的样本数量为 n,然后将组内所有农户的家庭收入升序排列,得到该群组的总体收入分布 $Y=(y_1,y_2,y_3,\cdots,y_n)$,农户 i 的收入相对剥夺指数（收入不平等）可表示为：

$$EQ(Y, y_i) = \frac{1}{n\mu_Y}\left(\sum_{j=i+1}^{n}(y_j - y_i)\right) = \rho_{y_i}^{+}\left[(\mu_{y_i}^{+} - y_i)/\mu_Y\right] \quad (3\text{-}1)$$

式中，μ_Y 是群组 Y 中所有农户的收入均值，$\mu_{y_i}^{+}$ 是组中收入超过 y_i 的农户收入均值，$\rho_{y_i}^{+}$ 为农户收入超过 y_i 的数量所占群组总样本数的百分比，$EQ(Y, y_i)$ 即为农户群组 Y 中农户 i 的收入不平等指数，该指数越大，说明农户面临的收入不平等越高。

二、农户消费

与收入类似，农户各类消费的原始数据在 CHFS 问卷中均能直接获取，并且均以家庭为单位进行了详细统计，具体包含了食物、衣着、居住、生活用品及服务、交通通信、医疗保健与教育文化娱乐等支出。结合国家统计局的统计口径[①]、消费层次结构理论和现有研究文献常用的分类标准（李江一和李涵，2016；孙飞和陈玉萍，2019，曹守慧等，2023），本书将消费划分生存型消费、发展型消费和享受型消费三类，其中，生存型消费主要包括饮食、衣着和居住三方面的支出，发展型消费主要包括教育支出、非家庭成员的红白喜事等人际关系支出以及交通通讯支出，其中教育与关系支出视为人力资本与社会资本的代理变量（赵剑治和陆铭，2010），所以纳入发展型消费；享受型消费包括文化娱乐支出以及生活服务支出两个方面。总消费由上述三项消费加总所得。

消费不平等同样采用 Kakwani 相对剥夺指数来表征，具体计算过程与收入不平等的方法一致，就不再赘述。

三、农户家庭金融脆弱性

现有研究中有关家庭金融脆弱性的概念界定尚未达成共识，所以关于家庭金融脆弱性的具体测度体系也没有得到统一。但当前家庭金融脆弱性

---

① 按照国家统计局的分类标准，消费可细分为食物、衣着、居住、生活用品及服务、交通通信、医疗保健、教育文化娱乐、其他用品和服务共八个子项。前四类为基本生活资料消费型，后四类为享受和发展资料消费型。

的测度可归纳为客观指标与主观指标两种类型(朱豆豆,2021)。客观指标多从农户的家庭负债、收入支出以及应对意外冲击等方面进行测度。家庭负债主要考察农户偿还债务的能力,在测度中通常会事先设定阈值,当相关债务指标超过设定阈值时,则认为家庭存在"过度负债"(Costa and Farinha,2012;孟德锋等,2019)或"资不抵债"(Terraneo,2018;刘波等,2020)的情况,即存在金融脆弱性(Michelangeli and Pietrunti,2014)。收入支出主要指家庭的收入或储蓄能否满足基本生存消费需求(Ampudia et al.,2016)以及维持正常社交活动(Worthington,2006)。就意外冲击来看,家庭流动资产能否应对意外冲击是衡量金融脆弱性的关键因素(Brunetti et al.,2016)。现有研究(Loke,2017;陈池波和龚政,2021;邢大伟和管志豪,2021)中普遍认为,当家庭应急储蓄不能满足3个月的生活支出时即为脆弱的,此外,医疗支出更能体现冲击的意外性与不确定性,能够很好地度量家庭金融脆弱性(岳崴等,2021)。金融脆弱性的主观指标主要通过农户家庭成员自我评价的结果进行表示,比如自我评估家庭收支是否平衡、遇到突发情况能否借到钱或者遇到意外冲击是否有信心解决等,通过受访者的回答来评估家庭是否存在金融脆弱性。但主观性的指标可能存在一个问题,即受访者因主观臆断等现象不能很好地反映家庭金融脆弱性,所以在已有研究中使用该类指标的较少。总体来说,相对于主观指标,客观指标更能够反映农户应对债务负担、收支平衡和意外冲击等风险的能力,用来刻画家庭金融脆弱性更具合理性(朱豆豆,2021)。基于此,本书在选取测度家庭金融脆弱性的指标时,均采用客观指标。

具体来说,从"过度负债"与"应急储蓄"两个维度来测度农户的家庭金融脆弱性,并通过相关阈值对变量进行赋值的方法,虽然能够判断家庭是否因超过某一临界值而出现脆弱性的情况,但无法判断超过临界值后的脆弱程度,而且指标选取较为单一;若采用多维度指标通过熵值法赋权加总为连续变量的方法,则可以有效克服这一不足。因此,本书借鉴已有研究(Noerhidajati et al.,2021;岳崴等,2021;廖理等,2021;He and Zhou,2022),从生存保障、基础社交保障、债务负担等多个维度选取表征家庭金融脆弱性的评价指标(见表3-6)。其中,生存保障用家庭存款和现金可维持生存型消费的月数来表示,主要用来衡量农户受到冲击时短期①内能否保证家庭基本生存需求。社交能力用家庭总收入与发展型消费进行表示,考察农户在遭受冲击后,除满足基本生存需求外,是否有能力维持中短期的社交生活。债务负担主要通过两个指标来衡量,分别是流动性资产与负债、总资产与负债,用来考察衡量家庭在风险冲击下中长期和长期的偿债能力,在中长期内,农户可以通过处置流动性较强的金融资产和现有收入来偿还债务,但长期来看,农户只能将其积累的其他资产(主要是固定资产)进行处置。意外冲击同样选用医疗支出的负担能力进行测度。各测度指标见表3-6。

表 3-6 测度农户家庭金融脆弱性的指标体系

维度	时间层/指标层	具体指标定义
生存保障	短期	家庭存款与现金可维持生存型消费的月数
社交能力	中短期	家庭总收入与发展型(教育等)消费的差值
债务负担	中长期	家庭流动性金融资产＋收入与总负债的差值
	长期	家庭总资产(固定与非固定)与总负债的差值
意外冲击	意外时期	家庭流动性金融资产与医疗总支出的差值

第三节 农户生计的发展现状

一、样本农户生计的总体状况

(一)农户收入

收入作为衡量农户生计发展水平的重要指标,历来是学术界与政府部门关注的焦点。表3-7给出了样本农户分项收入、总收入以及收入不平等的状况。总体而言,工资性收入依然是样本农户收入的主要来源,户均达到37 926.220元,占家庭总收入的 60.558%;其次是经营性收入与转移性收入,占比均在17%以上,在经营性收入中,农业经营性收入略高于工商经营

---

① 需要说明的是,本评价体系中的短期、中短期、中长期以及长期并不是一个有具体时间段的绝对概念,而是一个相对概念。

性收入;最后是财产性收入最低,仅为 2 425.008 元,仅占家庭总收入的 3.872%。这表明当前居民家庭的财产性收入依然是收入结构中的弱项,已有研究提出,提升农民财产性收入是缩小城乡差距,实现共同富裕的重要突破口(于凤瑞,2022),而唤醒宅基地这一沉睡资产是提高财产性收入的关键举措。这也说明本书研究宅基地流转对农户收入的影响具有重要现实意义。

表 3-7 总样本农户的收入状况 金额单位:元

收入类型	平均值	标准差	占比/%
财产性收入	2 425.008	1 0953.880	3.872
工资性收入	37 926.220	49 851.880	60.558
转移性收入	11 123.080	31 583.360	17.761
经营性收入:	11 153.870	38 420.470	17.810
农业经营性收入	5 893.165	19 012.700	9.410
工商经营性收入	5 260.702	33 384.530	8.400
总收入	62 628.180	73 736.070	100.000
收入不平等	0.531	0.284	——

为进一步了解宅基地流转对农户收入所产生的影响,表 3-8 对比了宅基地流转户与未流转户的收入状况。首先,从总收入来看,流转户的平均家庭总收入为 72 311.990 元,高于未流转户的 61 116.010 元,对于这种收入差异是否是由宅基地流转所带来的,本书将在后文实证部分进行具体分析。其次,在收入结构方面,无论宅基地是否发生流转,工资性都是农户收入的主要来源,但未流转户的工资性收入水平与占比均高于流转户;流转户的财产性收入为 4 261.583 元,占家庭总收入的 5.893%,远高于未流转户的 2 138.226元;宅基地流转户除在财产性与转移性收入上高于未流转户外,在经营性收入方面也存在显著差异。宅基地流转户的工商经营性收入均值为 9 297.414,占比达到 12.857%,而未流转户的工商经营性收入占比仅为 7.576%,低于农业经营性收入。最后,从收入不平等来看,宅基地流转户的收入不平等均值为 0.497,低于未流转户的 0.536,说明宅基地流转可能会缓解农户收入不平等的问题。

表 3-8　宅基地流转户与未流转户的收入状况　　金额单位：元

收入类型	流转户			未流转户		
	平均值/元	标准差	占比/%	平均值/元	标准差	占比/%
财产性收入	4 261.538	13 826.420	5.893	2 138.226	10 407.000	3.499
工资性收入	40 482.420	53 063.090	55.983	37 527.060	49 326.230	61.403
转移性收入	12 775.840	34 012.510	17.668	10 865.000	31 183.350	17.778
经营性收入：	14 792.190	49 120.720	20.456	10 585.730	36 441.820	17.321
农业经营性收入	5 494.779	17 861.390	7.599	5 955.374	19 187.500	9.744
工商经营性收入	9 297.414	45 917.690	12.857	4 630.353	30 932.880	7.576
总收入	72 311.990	85 186.520	100.000	61 116.010	71 676.790	100.000
收入不平等	0.497	0.287	—	0.536	0.284	—

（二）农户消费

消费是农户参与一切社会生产活动的最终目的，是生计的重要组成部分。表 3-9 给出了样本农户总体的消费状况。可以发现，生存型消费是样本农户主要的家庭支出，平均值为 26 868.566 元，占家庭总消费的 60.616%，而发展型消费占比为 29.368%，接近于生存型消费的二分之一，两项消费占据了家庭总消费的近 90%，享受型消费仅占总消费的约 10%。该消费现状能够直接表明当前农户消费中生存型消费与发展型消费占据大部分，享受型消费仍有很大提升空间，需要积极引导农户实现消费升级。

表 3-9　总样本农户的消费状况　　金额单位：元

消费类型	平均值	标准差	占比/%
生存型消费	26 868.566	23 129.135	60.616
发展型消费	13 017.895	17 359.825	29.368
享受型消费	4 439.692	10 269.855	10.016
总消费	44 326.153	38 703.362	100.000
消费不平等	0.418	0.244	—

为更好地观察宅基地流转对农户消费产生的影响，表 3-10 同样给出了宅基地流转户与未流转户的家庭消费状况。接下来具体从三个方面对两种农户的消费进行对比分析：一是在总消费方面，宅基地流转户的户均总消费

为 54 017.536 元,高于未流转户的 42 812.805 元;二是在消费升级方面,从生存型、发展型与享受型消费的平均值来看,流转户的平均值均大于未流转户,从占总消费比重来看,均是生存型＞发展型＞享受型,但流转户生存型消费占总消费的 59.449%,未流转户的占 60.845%,发展型消费占比两者基本相同,在享受型消费上,占比分别为 11.427% 和 9.738%;三是在消费不平等方面,流转户与未流转户的 Kakwani 相对剥夺指数分别为 0.363 和 0.427,说明宅基地流转可能会缓解农户消费不平等。此外,中共中央、国务院印发近期印发的《扩大内需战略规划纲要(2022—2035 年)》指出,最终消费是经济增长的持久动力,要顺应消费升级趋势,提升传统消费,培育新型消费与扩大服务消费,其中后两者主要包括发展型消费与享受型消费。结合以上初步分析表明,宅基地流转可能有利于促进农户消费升级,助力以国内大循环为主体、国内国际双循环相互促进新发展格局的构建。

表 3-10 宅基地流转户与未流转户的消费状况 金额单位:元

消费类型	流转户			未流转户		
	平均值	标准差	占比/%	平均值	标准差	占比/%
生存型消费	32 113.082	27 001.259	59.449	26 049.614	22 357.190	60.845
发展型消费	15 731.818	17 631.715	29.124	12 594.105	17 280.653	29.417
享受型消费	6 172.636	15 796.744	11.427	4 169.086	9 082.103	9.738
总消费	54 017.536	47 100.146	100.000	42 812.805	36 999.762	100.000
消费不平等	0.363	0.248	—	0.427	0.242	—

（三）家庭金融脆弱性

家庭金融脆弱性能够有效反映农户应对经济不确定性风险能力的大小,是体现农户生计的重要指标。表 3-11 报告了样本农户的家庭金融脆弱性情况,根据上文家庭金融脆弱性测度方法,得到总样本农户家庭金融脆弱性均值为 8.513,对比宅基地流转户与未流转户的情况可以发现,流转户家庭金融脆弱性均值为 8.385,低于未流转户的 8.533,也间接说明宅基地流转户的抵御经济不确定性风险的能力更高,有关宅基地流转影响家庭金融脆弱性的具体效应大小与作用机制将在后文实证部分做进一步分析。

表 3-11 样本农户的家庭金融脆弱性状况 金额单位:元

生计指标	总样本		流转户		未流转户	
	平均值	标准差	平均值	标准差	平均值	标准差
家庭金融脆弱性	8.513	0.647	8.385	0.819	8.533	0.613

二、不同群体生计状况的比较分析

上文对宅基地流转户与未流转户的生计状况进行对比,为更全面细致地了解样本农户的生计状况,此处对不同群体的收入、消费与金融脆弱性状况以及组间差异进行比较分析。

表 3-12 给出了不同代际农户的收入状况与组间差异。从总收入来看,"农二代"的家庭总收入为 92 458.790 元,远高于"农一代"的家庭总收入。从收入结构来看,无论是"农一代"还是"农二代"家庭,家庭主要收入来源均为工资性收入,分别占家庭总收入的 59.441% 和 67.216%,同时,两者在经营性收入尤其是工商经营性方面存在较大差异,"农二代"的工商经营性收入是"农一代"的两倍。在收入不平等方面,"农一代"与"农二代"的 Kakwa-ni 相对剥夺指数分别是 0.542 和 0.282,表明前者的收入相对剥夺程度更高。从各项收入的组间差异而言,除转移性收入与农业经营性收入外,不同代际农户在其他各项收入上均具有显著差异。

表 3-12 不同代际农户的家庭收入状况与组间差异 金额单位:元

收入类型	农一代			农二代			组间差异
	平均值	标准差	占比/%	平均值	标准差	占比/%	
财产性收入	2 288.160	10 408.850	3.851	3 695.164	15 057.250	3.997	7.100***
工资性收入	35 316.600	46 772.880	59.441	62 147.480	67 865.360	67.216	127.700***
转移性收入	11 170.230	29 591.160	18.801	10 685.480	46 180.930	11.557	0.100
经营性收入:	10 639.210	37 297.450	17.907	15 930.670	47 377.460	17.230	8.160***
农业经营性收入	5 934.848	18 304.550	9.989	5 506.282	24 653.830	5.955	0.220
工商经营性收入	4 704.361	32 334.970	7.918	10 424.390	41 577.450	11.275	12.640***
总收入	59 414.200	69 562.810	100.000	92 458.790	100 108.100	100.000	87.830***
收入不平等	0.542	0.282	—	0.425	0.282	—	74.460***

注:组间差异报告数值为 F 统计值,*、**、*** 分别表示在 10%、5%、1% 的统计水平上显著,下同。

表 3-13 给出了不同地域农户的收入状况与组间差异检验结果。就户均总收入而言,东部>中部>西部,这与国家统计局的数据结果具有一致性,也说明样本质量较高,符合客观事实。就分项收入而言,工资性收入依然占据主要地位,而在农业经营性收入上存在较大差异,中部地区的占比最高达到 14.128%,东部地区最低,仅为 5.252%,主要原因在于中部地区的粮食产区更多,更适合从事农业经营,而东部地区更容易通过劳动力转移获取非农工资性收入。就收入不平等程度而言,经济发达地区的收入相对剥夺指数更低。就组间差异而言,所有收入以及不平等均具有显著差异。

表 3-13　不同地域农户的家庭收入状况与组间差异　　金额单位:元

收入类型	东部		中部		西部		组间差异
	平均值	占比/%	平均值	占比/%	平均值	占比/%	
财产性收入	3 769.521	4.784	1 831.800	3.260	1 552.403	3.004	21.250***
工资性收入	51 326.550	65.146	30 481.590	54.250	30 267.530	58.573	104.130***
转移性收入	12 797.050	16.243	10 676.870	19.002	9 838.562	19.039	4.150**
经营性收入	10 893.930	13.827	13 196.710	23.487	10 016.100	19.383	2.640*
农业经营性收入	4 138.193	5.252	7 938.126	14.128	6 171.195	11.942	15.120***
工商经营性收入	6 755.740	8.575	5 258.583	9.359	3 844.900	7.441	3.450**
总收入	78 787.050	100.000	56 186.970	100.000	51 674.590	100.000	69.720***
收入不平等	0.465	—	0.55	—	0.581	—	81.700***

众所周知,不同代际农户在消费观念与习惯上存在差别,其消费水平自然会存在差异。此外,通过表 3-12 的分析可以发现"农一代"与"农二代"在收入上存在明显差异,而消费在一定程度上会受到收入的影响,因此,我们有必要对不同代际农户的家庭消费状况与组间差异进行对比分析(见表 3-14)。从总消费来看,"农二代"总消费为 66 447.230 元,而"农一代"的仅为 41 942.805 元,勉强高于"农二代"的生存型消费。从消费结构来看,生存型消费占农户家庭总消费的比重最高,两代占比分别为 61.145% 和 57.517%,发展型消费差别并不大,但"农二代"的享受型消费占比超过"农一代"4 个百分点;综上可以初步说明"农二代"的消费升级水平高于"农一代"。在消费不平等上,"农二代"的消费剥夺指数为 0.191,远小于"农一代"

的 0.435。最后，两者各项消费的组间差异均具有显著性。

表 3-14 不同代际农户的家庭消费状况与组间差异　　金额单位:元

消费类型	农一代			农二代			组间差异
	平均值	标准差	占比/%	平均值	标准差	占比/%	
生存型消费	25 645.738	22 328.465	61.145	38 218.260	27 046.960	57.517	130.320***
发展型消费	12 340.696	16 743.296	29.423	19 303.330	21 299.250	29.051	70.100***
享受型消费	3 956.371	9 559.310	9.433	89 25.645	14 641.400	13.433	102.700***
总消费	41 942.805	36 890.674	100.000	66 447.230	47 245.300	100.000	178.500***
消费不平等	0.435	0.243	—	0.269	0.191	—	207.570***

同样,表 3-15 报告了不同地域农户的家庭消费与组间差异,与总收入状况不同的是,中部地区的农户家庭总消费最低,仅为 38 864.078 元,低于西部地区的 41 605.35;进一步观察分项消费可以发现,中部地区与西部地区的消费差异主要来源于生存型消费,可能原因是中部地区的宅基地流转率本就较低,因此其农业经营收入较多,更能够在饮食上自给自足节省开支,生存型消费更少。就组间差异来看,各分项消费、总消费以及收入不平等均在 1% 水平上显著。

表 3-15 不同地域农户的家庭消费状况与组间差异　　金额单位:元

消费类型	东部		中部		西部		组间差异
	平均值	占比/%	平均值	占比/%	平均值	占比/%	
生存型消费	30 843.684	60.359	23 500.156	60.468	25 382.658	61.008	44.10***
发展型消费	14 368.395	28.118	12 224.985	31.456	12 274.930	29.503	8.40***
享受型消费	5 888.369	11.523	3 138.937	8.077	3 947.762	9.489	30.21***
总消费	51 100.448	100.000	38 864.078	100.000	41 605.350	100.000	45.05***
消费不平等	0.372	—	0.464	—	0.431	—	57.97***

收入与消费在不同代际与地域之间存在显著差异,根据研究概念框架与家庭金融脆弱性的测度标准,收入与消费会进一步影响家庭金融脆弱性,因此,表 3-16 报告了不同代际、不同地区之间农户的家庭金融脆弱性状况及

其组间差异。首先,从代际划分来看,"农一代"与"农二代"的家庭金融脆弱性分别为 8.529 和 8.370,表明"农二代"的家庭金融脆弱性更小,抵御经济不确定冲击的能力高于"农一代"。其次,从地区划分来看,东部家庭金融脆弱性指数最小,为 8.250,中部与西部的较为接近,分别是 8.643 和 8.676,说明经济发达地区农户抵御不确定性冲击的能力更强,家庭金融脆弱性更小。最后,从组间差异来看,农户的家庭金融脆弱性在代际划分与地域划分上均具有显著的组间差异。

表 3-16 不同农户的家庭金融脆弱性状况与组间差异

划分标准	划分类型	平均值	标准差	组间差异
代际划分	农一代	8.529	0.638	25.93***
	农二代	8.370	0.706	
地域划分	东部	8.250	0.837	254.02***
	中部	8.643	0.456	
	西部	8.676	0.436	

本 章 小 结

本章重点讨论了宅基地流转与农户生计的测度问题,基于选取的测度指标和中国家庭金融调查与研究中心在全国范围内收集的微观数据定量考查了样本农户生计的总体状况。并以代际和地域为分组标准,分析不同样本组农户的生计发展现状。

从宅基地流转情况来看,宅基地流转率每年呈上升状态,但多为村民之间的私下流转,缺少正规的市场流转,与此同时,宅基地流转率在不同代际、地区间存在明显差异。

从农户生计的总体发展状况来看,首先,在农户收入及其结构上,样本农户户均总收入为 62 628.180 元,其中工资性收入是农户家庭总收入的主要来源,占比为 60.558%;在宅基地流转户与未流转户之间,流转户的家庭总收入高于未流转户,财产性收入与工商经营性收入的占比也得到明显增加,但工资性收入占比低于未流转户。其次,在农户消费及其升级方面,样本农户家庭总消费均值为 44 326.153 元,其中生存型消费依然为农户主要的家庭支出,占总消费的 60.616%;在宅基地流转户与未流转之间,流转户发展型消费与享受型消费的占比均高于未流转户,初步表明宅基地流转有助于促进农户的消费升级。最后,在家庭金融脆弱性方面,总样本农户家庭金融脆弱性均值为 8.513,而流转户家庭金融脆弱性均值小于未流转户,说明宅基地流转户陷入经济不确定性风险的概率更低。

　　对比不同群体的生计发展现状发现,"农二代"的收入、消费均高于"农一代"的水平,但金融脆弱性低于"农一代",所以"农二代"的生计状况总体优于"农一代";东部地区的收入与消费水平均高于中部与西部地区,金融脆弱性显著低于中部与西部地区,同样说明东部地区农户的生计状况优于中部和西部地区。

第四章 宅基地流转对农户收入影响的实证分析

> 收入,是一连串事件。
>
> ——欧文·费雪《利息理论》

上一章描述了农户宅基地流转行为与生计发展的特征事实,虽然能够初步发现宅基地流转户与未流转户在收入、消费以及家庭金融脆弱性等生计方面的差异,但对于宅基地流转对农户生计的具体影响效应以及作用机制等仍是未知的。如前文所述,在宅基地流转对农户生计的影响中,最基础与最直接的体现即为对农户收入的影响。那么,宅基地流转究竟对农户收入水平、收入不平等以及收入结构产生怎样的影响?是否在不同群体间存在异质性?宅基地流转通过何种机制来影响农户收入?本章旨在利用CHFS的三期非平衡面板数据对上述疑问进行分析,首先,通过随机效应模型进行基准回归分析,研究宅基地流转对农户收入水平、收入不平等以及收入结构的影响;其次,运用倾向得分匹配法、工具变量法对基准回归结果进行稳健性检验与内生性处理;再次,考查宅基地流转对农户收入水平、不平等以及收入结构的异质性影响;最后,通过中介效应模型检验劳动力转移在宅基地流转与农户收入之间所发挥的间接作用。

第一节　模型构建与变量说明

一、模型构建

为检验宅基地流转对农户收入的影响,本章借鉴经典的 Mincer(1974)收入决定方程,并以已有研究(冒佩华和徐骥,2015;Makate et al. ,2016;钱忠好和王兴稳,2016;Mofya-Mukuka and Hichaambwa,2018)为基础,充分考虑影响农户收入的其他因素后,拓展并构建如下基准模型:

$$\mathrm{Inc}_{it} = \alpha + \alpha_1 \mathrm{transfer}_{it} + \alpha_i X_{it} + \varepsilon_{it} \tag{4-1}$$

在模型(4-1)式中,i 代表农户个体;t 代表年份;Inc_{it} 是本章核心被解释变量,表示第 i 个农户在 t 年份的家庭总收入、收入不平等以及分项收入;$\mathrm{transfer}_{it}$ 为关键解释变量,即宅基地是否流转;X_{it} 代表控制变量,包括户主特征、家庭特征等;α 是常数项;ε_{it} 是随机误差项。此外,关于面板数据选择固定效应模型还是随机效应模型进行拟合的问题上,本书通过以下两点进行确定,一是在理论方面,本书的研究样本是全国层面的,但是属于从全国农户中随机抽取中得到的,所以更适用于随机效应模型;二是在统计方面,通过 Hausman 检验发现检验结果接受原假设,因此,本书选择随机效应模型中的广义最小二乘法(FGLS)来估计宅基地流转对农户收入的影响效应。

在稳健性检验中,根据倾向得分匹配的思路,首先,将农户家庭是否经历过宅基地流转看作一个二元变量,其中$\mathrm{transfer}_i = 1$ 表示该家庭参与过宅基地流转,$\mathrm{transfer}_i = 0$ 表示未参与过宅基地流转;其次,将影响家庭收入与宅基地流转的因素尽可能纳入模型,以此满足可忽略性假设,降低偏差;然后构建宅基地流转的决策模型,估计宅基地流转的倾向得分,本书通过 Logit 模型进行估计:

$$\mathrm{PS}_i = \mathrm{Log}(\mathrm{transfer} \mid X_i) = E(\mathrm{transfer} = 0 \mid X_i) \tag{4-2}$$

式中,X_i 表示控制(协)变量。

最后,利用处理效应(ATT、ATU、ATE)的公式估计宅基地流转对家庭收入所产生的影响:

$$\text{ATT} = E(\text{Inc}_{1i} \mid \text{transfer}_i = 1) - E(\text{Inc}_{0i} \mid \text{transfer}_i = 1) \qquad (4\text{-}3)$$

$$\text{ATU} = E(\text{Inc}_{1i} \mid \text{transfer}_i = 0) - E(\text{Inc}_{0i} \mid \text{transfer}_i = 0) \qquad (4\text{-}4)$$

$$\text{ATE} = E(\text{Inc}_{1i}) - E(\text{Inc}_{0i}) \qquad (4\text{-}5)$$

式中,Inc_{1i}表示有宅基地流转的农户收入情况,Inc_{0i}表示没有宅基地流转的农户收入情况,其中,$E(\text{Inc}_{1i} \mid \text{transfer}_i = 1)$与$E(\text{Inc}_{0i} \mid \text{transfer}_i = 0)$可以直接观测到,$E(\text{Inc}_{0i} \mid \text{transfer}_i = 1)$以及$E(\text{Inc}_{1i} \mid \text{transfer}_i = 0)$并不能直接观测到。

在关于宅基地流转通过促进非农劳动力转移影响农户收入的研究假说(即 H1-4)方面,本章主要选择中介效应模型对影响机制进行检验。借鉴 Baron and Kenny(1986)提出的逐步回归法,首先检验式(4-1)的直接效应,其次通过式(4-6)和(4-7)检验间接效应:

$$M_{it} = \alpha + \beta_1 \text{transfer}_{it} + \beta_i X_{it} + \varepsilon_{it} \qquad (4\text{-}6)$$

$$\text{Inc}_{it} = \alpha + \beta_1 \text{transfer}_{it} + \beta_2 M_{it} + \beta_i X_{it} + \varepsilon_{it} \qquad (4\text{-}7)$$

其中,M_{it}是中介变量,即非农劳动力转移,对式(4-6)和(4-7)采用随机效应模型中的最小二乘法进行回归分析,若在式(4-1)通过检验的前提下,式(4-6)的β_1和式(4-7)的β_2都具有显著性,则表示模型存在中介效应。

二、变量说明

本章重点考察宅基地流转对农户家庭收入方面的影响,即宅基地流转为本书的核心解释变量,被解释变量主要包括农户家庭总收入、分项收入以及根据 Kakwani 个体相对剥夺指数测算的农户总收入不平等指数,同时户主特征、家庭特征、区域特征等变量作为控制变量。

被解释变量:为保证数据平稳性,克服变量间非线性问题,在被解释变量的设置中分别将家庭总收入与表征收入结构的四项收入加 1 取自然对数。收入不平等主要通过 Kakwani 个体相对剥夺指数进行测算,取值范围 0~1,数值越大代表总收入的不平等程度越高。

解释变量:作为本书的核心解释变量,对宅基地流转的变量设置主要根据 CHFS 问卷中"您家的宅基地是否有过以下经历?"这一问题进行测度,选项分为出租宅基地、抵押宅基地[①]等，回答中有以上任一流转经历的赋值为1，没有的赋值为 0。不可否认，相较于定距变量和定比变量，采用"是否流转"的二分定类变量无法获得农户宅基地流转程度的精确数据。但不同于耕地流转，"房地一体"、难以分割的农村宅基地多以"处"为计量单位，在农村实际流转过程中一般会整处流转。因此，在受 CHFS 数据库限制的条件下本书将宅基地流转变量设置为二分定类变量具有现实合理性。

中介变量：作为全书关键的中介变量，对非农劳动力转移的测度主要通过家庭非务农劳动力（16～65 岁）的数量与家庭总人口的比值进行表示。

控制变量：考虑到农户家庭收入还受到家庭人员特征、人口负担以及地理位置等影响，参考已有文献（史常亮等，2017；邓远远等，2021；张广辉和张建，2021；Wang and Kang，2023），从户主特征、家庭特征等方面进行控制变量的选取，用以降低估计偏误，提高模型的准确性。具体地，户主层面的控制变量主要包括户主受教育程度、年龄、健康状况以及养老保障等变量；家庭层面主要包括人口规模、少儿与老人抚养比以及幸福感等；地域特征主要按照国家层面对东、中、西部的标准进行划分。所有变量的具体定义如表 4-1 所示。

表 4-1　变量具体定义

变量类型	变量名	变量定义
被解释变量	总收入	农户的家庭总收入加 1 取自然对数
	收入不平等	基于 Kakwani 个体相对剥夺指数测算的农户总收入不平等指数，取值范围 0 到 1
	财产性收入	农户的家庭财产性收入（元，加 1 取自然对数）
	工资性收入	农户的家庭工资性收入（元，加 1 取自然对数）
	转移性收入	农户的家庭转移性收入（元，加 1 取自然对数）
	经营性收入	农户的家庭经营性收入（元，加 1 取自然对数）
	工商经营性收入	农户的家庭工商经营性收入（元，加 1 取自然对数）
	农业经营性收入	农户的家庭农业经营性收入（元，加 1 取自然对数）
核心解释变量	宅基地流转	宅基地是否流转（转出）：1＝是，0＝否

---

①　在本研究的样本中，可能存在农户将宅基地流转后而自己没有宅基地的情况，需要说明的是，本书的宅基地流转更强调的是一种流转经历，即曾经拥有宅基地，但因流转而现在没有宅基地的农户仍包含在本书的研究样本中。

表 4-1(续)

变量类型	变量名	变量定义
中介变量	非农劳动力转移	家庭的非务农劳动力数量/家庭总人口
控制变量	户主性别	1＝男性,0＝女性
	户主年龄	户主实际年龄
	户主年龄的平方	户主实际年龄的平方/100
	户主受教育程度	文盲/半文盲＝1,小学＝2,初中＝3,高中/中专/技校/职高＝4,大专＝5,大学本科＝6,硕士＝7,博士＝8
	户主健康状况	1＝非常不好,2＝不好,3＝一般,4＝好,5＝非常好
	户主养老保障	是否有社会养老保险:1＝是,0＝否
控制变量	家庭人口规模	家庭总人口数量
	少儿抚养比	家中 16 岁以下人口占家庭人口比重
	老年抚养比	家中 65 岁以上人口占家庭人口比重
	幸福感	1＝非常不幸福,2＝不幸福,3＝一般,4＝幸福,5＝非常幸福
	流转时间	宅基地发生流转已有多少时间(年)
	地区	1＝东部,2＝中部,3＝西部

表 4-2 为所有变量的描述性统计,具体分年份报告了各变量的均值与方差。

表 4-2　变量的描述性统计

变量名称	总样本		2015 年		2017 年		2019 年	
	平均值	标准差	平均值	标准差	平均值	标准差	平均值	标准差
总收入	10.380	1.344	10.210	1.425	10.630	1.198	10.480	1.246
收入不平等	0.531	0.284	0.563	0.283	0.486	0.280	0.518	0.285
财产性收入	2.799	3.517	1.984	3.449	3.679	3.304	3.821	3.497
工资性收入	6.993	5.046	7.245	4.925	6.869	5.131	6.324	5.229
转移性收入	6.659	3.644	6.017	3.756	7.609	3.129	6.856	3.827
经营性收入	4.777	4.363	3.763	4.168	6.031	4.316	5.676	4.236
工商经营性收入	0.700	2.655	0.224	1.572	1.263	3.457	1.188	3.330
农业经营性收入	4.329	4.201	3.589	4.062	5.276	4.229	4.905	4.119
非农劳动力转移	0.516	0.348	0.530	0.339	0.513	0.353	0.470	0.365
宅基地流转	0.135	0.342	0.124	0.329	0.140	0.347	0.167	0.374

表 4-2(续)

变量名称	总样本		2015 年		2017 年		2019 年	
	平均值	标准差	平均值	标准差	平均值	标准差	平均值	标准差
户主性别	0.847	0.360	0.839	0.368	0.888	0.316	0.777	0.417
户主年龄	53.480	12.670	52.030	13.070	54.590	12.010	56.390	11.820
户主年龄的平方	30.200	13.580	28.780	13.740	31.240	13.120	33.190	13.350
户主受教育程度	2.819	1.088	2.856	1.130	2.811	1.036	2.696	1.036
户主健康状况	3.276	1.005	3.292	0.977	3.300	1.030	3.160	1.041
户主养老保障	0.795	0.404	0.779	0.415	0.810	0.392	0.819	0.385
家庭人口规模	3.800	1.676	3.945	1.697	3.730	1.653	3.410	1.577
少儿抚养比	0.128	0.161	0.136	0.163	0.123	0.159	0.110	0.159
老年抚养比	0.183	0.307	0.150	0.272	0.203	0.324	0.258	0.365
幸福感	3.751	0.872	3.664	0.843	3.850	0.848	3.846	0.992
流转时间	0.287	0.782	0.252	0.730	0.299	0.798	0.391	0.917
地区	2.020	0.861	1.963	0.866	2.013	0.856	2.251	0.817

就农户收入水平来看,总体呈递增趋势,并且三期农户总收入的对数均在 10 以上,但收入不平等呈下降趋势。收入结构中,财产性收入得到持续性提高,工资性收入的方差最大,表明样本农户间工资性收入的差异性较大。就宅基地流转来看,2019 年流转比例最高,为 16.7%,2015 年最低,为 12.4%。就户主特征来看,年龄均值在 52～56 岁之间,受教育程度多为小学到初中阶段,养老保障达到 70% 以上。从家庭特征来看,样本农户多为三口之家或四口之家,少儿抚养比逐年下降,老年抚养比逐年上升,并且老年抚养比一直高于少儿抚养比,这也与当前国家的人口出生率下降,人口老龄化负担加重的情况相符合,从侧面反映出样本的可靠性与代表性。

第二节　宅基地流转与农户收入:基准回归

一、宅基地流转对农户收入水平及不平等的影响

本部分重点考查宅基地流转对农户收入水平以及总收入不平等的影

响,具体分析过程中,主要采用逐步回归法、随机效应模型以及混合 OLS 模型进行估计。其中,在模型选择时,根据 Hausman 检验的 P 值远大于 10%,因此选择随机效应模型作为主要解释模型,混合 OLS 作为对比分析。运用Stata17.0 软件,基准回归的估计结果见表 4-3。

表 4-3 的回归(1)利用随机效应模型只考察了核心解释变量宅基地流转对农户总收入的边际影响,回归(2)和(3)进一步加入户主特征、家庭特征等控制变量,结果显示,无论是否加入或者加入不同类型的控制变量,宅基地流转的估计系数始终在 10% 以下的显著水平上为正,在回归(4)混合 OLS估计的结果中,宅基地流转对总收入影响同样显著为正,说明样本农户的宅基地流转对家庭总收入具有显著正向影响。此外,回归(5)汇报了宅基地流转对农户收入不平等的估计结果,可以看出,宅基地流转的估计系数在 5%水平上显著为负。综上计量结果可以说明,宅基地流转有助于提高农户家庭总收入水平,并缓解收入不平等的问题,这对新时期实现农民农村共同富裕具有重要意义。综上,本书提出的假说 H1-1 得到了初步验证,H1-2 中对收入不平等的影响未得到验证,这说明宅基地流转并不会扩大农户之间的收入差距,反而通过资源的合理配置缩小了农户间的收入不平等程度,具体影响路径将在后文的机制分析部分做进一步检验。

其他控制变量与农户家庭总收入水平、收入不平等也存在相关关系,首先从户主特征来看,户主受教育程度、健康状况均在 1% 水平上提升了家庭总收入、降低了收入不平等,说明人力资本质量的提升,尤其是教育水平的提高是增加农户收入、缓解收入不平等的有效途径(韩颖和孙早,2022);户主的社会养老保障也能在提高家庭收入的同时有效缓解收入不平等。其次,从家庭特征来看,家庭人口规模对家庭总收入与收入不平等分别发挥着正向影响与负向影响,再次表明无论是质量提升还是数量增加,人力资本都能有效提高家庭收入、缓解收入不平等;此外,人口负担中的少儿抚养比与老年抚养比的估计系数分别为 -1.226 和 -0.632,且在 1% 水平上显著,对收入不平等也具有显著正向影响,这说明家庭人口负担(非劳动力占比)越高,因劳动力不足导致的家庭收入降低越明显,同时限制了家庭生计策略的选择,降低了收入多样性,增加了收入不平等。最后,从地域上来看,宅基地流转对家庭收入的影响在地域上存在显著差异,相比之下,东部的影响效应优于中部与西部,表明经济发展水平也是影响宅基地流转发挥效应的关键因素,在推动宅基地流转过程中要重点考虑因地制宜,对症施策。

表 4-3　宅基地流转对农户收入水平及不平等影响的估计结果

变量名称	(1)	(2)	(3)	(4)	(5)
	总收入	总收入	总收入	总收入	收入不平等
宅基地流转	0.492***	0.301*	0.299**	0.290**	−0.071**
	(0.167)	(0.156)	(0.144)	(0.135)	(0.030)
户主性别		−0.069	−0.142***	−0.140***	0.034***
		(0.051)	(0.049)	(0.048)	(0.010)
户主年龄		0.047***	−0.013	−0.001	0.003
		(0.011)	(0.012)	(0.011)	(0.002)
户主年龄的平方		−0.057***	0.008	−0.003	−0.002
		(0.010)	(0.011)	(0.011)	(0.002)
户主受教育程度		0.239***	0.250***	0.275***	−0.059***
		(0.019)	(0.019)	(0.017)	(0.004)
户主健康状况		0.133***	0.115***	0.145***	−0.026***
		(0.019)	(0.018)	(0.018)	(0.004)
户主养老保障		0.157***	0.132***	0.192***	−0.018**
		(0.050)	(0.046)	(0.046)	(0.009)
家庭人口规模			0.268***	0.242***	−0.059***
			(0.014)	(0.013)	(0.003)
少儿抚养比			−1.226***	−1.173***	0.252***
			(0.145)	(0.140)	(0.028)
老年抚养比			−0.632***	−0.518***	0.135***
			(0.086)	(0.080)	(0.017)
幸福感			0.084***	0.115***	−0.020***
			(0.020)	(0.020)	(0.004)
流转时间	−0.160**	−0.101	−0.096	−0.080	0.023*
	(0.073)	(0.068)	(0.064)	(0.059)	(0.013)
地区	−0.279***	−0.208***	−0.231***	−0.192***	0.050***
	(0.026)	(0.025)	(0.024)	(0.021)	(0.005)

表 4-3(续)

变量名称	(1)	(2)	(3)	(4)	(5)
	总收入	总收入	总收入	总收入	收入不平等
常数项	10.725***	8.620***	8.947***	8.495***	0.858***
	(0.058)	(0.301)	(0.322)	(0.306)	(0.066)
年份	控制	控制	控制	—	控制
adj. R^2	—	—	0.225	—	
样本量			4 894		

注:括号内为稳健标准误;*、**、***分别表示在10%、5%、1%的水平上显著。

二、宅基地流转对农户收入结构的影响

考查宅基地流转对农户家庭收入结构的影响时,主要采用随机效应模型进行基准回归,具体估计结果如表 4-4 所示,回归(1)~(4)分别为以农户经营性收入、财产性收入、工资性收入和转移性收入为被解释变量的估计结果。可以发现,在对农户各项特征进行控制后,宅基地流转对农户收入的影响出现显著差异。一是宅基地流转对财产性收入的正向影响最为显著,宅基地作为家庭重要的一项资产,当发生出租或转让时,所带来收入主要被统计在财产性收入中,因此财产性收入显著提升,此外第三章描述性统计中流转户的财产性收入占比明显高于未流转户这一现象也能对此做出解释。二是宅基地流转对经营性收入具有负向影响,可能的原因是本书的研究样本为农户,即大多数经营收入为农业经营性收入,而宅基地流转是指宅基地转出,当宅基地发生流转时,代表农户放弃农业经营的概率更大,因此农业经营性收入出现大幅度下降甚至消失,这一结果在已有研究(许恒周和牛坤在,2019;孙鹏飞等,2020)中也得到了认证。结合对家庭总收入的分析结果,本书发现一个十分有意思的现象,宅基地流转对总收入影响显著为正,对经营性收入为负、对工资性收入为正但并不显著,那单靠占比很低的财产性收入真的能提高家庭总收入吗? 为进一步探讨其中原因,回归(5)和(6)报告了宅基地流转对工商业经营收入与农业经营收入的估计结果,发现宅基地流转显著提高了家庭工商经营收入,所以对该现象可能的解释是:一方面,作为传统小农,农户在缺少启动资金与政策扶持的情况下,不会贸然从

事商业化经营,但伴随国家"双创"政策①的出台,农户通过宅基地流转进一步获得启动资金,从政策和资金方面解决了农户从事工商经营的顾虑;另一方面,当宅基地流转后农户看到原来的宅基地被开发为旅游景点、民宿等能够带来收益的行业时,也会激发其经商动力,返乡经商,因此工资性收入的提升并不显著,工商经营性收入得到显著提升,以上的结果,看似意料之外,但也在情理之中,这也正是通过微观实证分析来改变传统惯式思维的意义所在。

表 4-4 宅基地流转对家庭收入结构影响的估计结果

变量名称	(1) 经营性收入	(2) 财产性收入	(3) 工资性收入	(4) 转移性收入	(5) 工商经营收入	(6) 农业经营收入
宅基地流转	−1.057**	1.013**	0.148	0.122	1.010**	−1.617***
	(0.537)	(0.454)	(0.131)	(0.450)	(0.421)	(0.479)
户主性别	0.975***	0.121	−0.081*	−0.185	−0.049	0.912***
	(0.166)	(0.134)	(0.048)	(0.147)	(0.105)	(0.154)
户主年龄	0.186***	0.058**	−0.013	−0.094***	−0.013	0.189***
	(0.035)	(0.029)	(0.010)	(0.030)	(0.022)	(0.032)
户主年龄 的平方	−0.178***	−0.057**	0.010	0.126***	0.009	−0.177***
	(0.033)	(0.028)	(0.010)	(0.028)	(0.021)	(0.031)
户主受 教育程度	−0.385***	0.509***	0.548***	0.237***	0.113***	−0.457***
	(0.066)	(0.054)	(0.066)	(0.055)	(0.039)	(0.063)
户主健康状况	0.062	0.235***	0.098***	−0.125**	0.175***	0.006
	(0.060)	(0.053)	(0.018)	(0.051)	(0.041)	(0.056)
户主养老保障	0.417***	0.145	0.026	0.911***	−0.341***	0.693***
	(0.148)	(0.116)	(0.042)	(0.125)	(0.105)	(0.140)
家庭人口规模	0.247***	0.004	0.181***	0.204***	0.149***	0.156***
	(0.043)	(0.034)	(0.012)	(0.036)	(0.032)	(0.040)
少儿抚养比	−0.531	−0.372	−0.677***	0.536	−0.207	−0.271
	(0.447)	(0.354)	(0.126)	(0.393)	(0.317)	(0.420)

① "双创"是"大众创业、万众创新"的简称,2015 年政府工作报告中又强调,"推动大众创业、万众创新。这既可以扩大就业、增加居民收入,又有利于促进社会纵向流动和公平正义……"。

表 4-4(续)

变量名称	(1) 经营性收入	(2) 财产性收入	(3) 工资性收入	(4) 转移性收入	(5) 工商经营收入	(6) 农业经营收入
老年抚养比	−0.825***	0.138	−1.032***	2.518***	−0.439***	−0.590**
	(0.272)	(0.233)	(0.103)	(0.190)	(0.143)	(0.265)
幸福感	0.056	0.212***	0.074***	0.118**	0.064	0.022
	(0.067)	(0.054)	(0.021)	(0.058)	(0.045)	(0.063)
地区	0.688***	−0.505***	−0.219***	0.082	−0.111**	0.806***
	(0.079)	(0.064)	(0.020)	(0.064)	(0.049)	(0.078)
流转时间	0.316	−0.261	−0.037	0.043	−0.301*	0.438**
	(0.233)	(0.197)	(0.058)	(0.187)	(0.173)	(0.211)
常数项	−3.326***	−1.654*	9.648***	4.613***	−0.490	−3.252***
	(1.011)	(0.849)	(0.282)	(0.887)	(0.683)	(0.928)
年份	控制	控制	控制	控制	控制	控制
样本量	4 894					

注:括号内为稳健标准误;*、**、***分别表示在10%、5%、1%的水平上显著。

户主、家庭层面的控制变量同样会影响农户的家庭收入结构,首先在户主特征方面,户主受教育程度对经营性收入尤其是农业经营性收入具有显著负向影响,对其他分项收入具有显著正向影响,其中对工资性收入的影响效应最大,估计系数为0.548,即户主受教育程度越高,从事农业经营活动的概率越小,获得工资等稳定性收入越高。此外,户主的健康状况与养老保障对农户家庭分项收入多为正向影响,但健康状况对转移性收入影响为负,其中原因主要是受转移性收入来源的影响,因为转移性收入主要来源于国家、单位、社会团体对居民家庭的各种转移支付和居民家庭间的收入转移,而农户的转移性收入多来自国家的转移救助,户主身体状况差的农户陷入贫困的概率也更高,在脱贫攻坚工作的开展下,国家的各类转移支付显著提高了贫困户的收入水平。其次,从家庭特征来看,家庭人口规模对工资性收入的提升效应较大,且在1%水平上显著,对经营性收入与转移性收入也具有正向影响,在人口抚养比方面,少儿抚养比对多项收入的影响均为负向,对工资性收入的负向影响尤为显著,这表明虽然从长远来看,家庭抚养孩子可以提高家庭劳动力数量,增加家庭收入,但在养育期间,少儿负担过重会牺牲其他家庭成员外出工作获得收入的机会;老年抚养比对经营性收入与工资性收入也具有显著负向影响。因此,在全面放开三孩政策以及人口老龄化背景下,宅基地流转过程中需要重点聚焦如何缓解人口负担给农户家庭带来的压力,持续性提升农户家庭收入。最后,从经济区域上来看,不同地区对各项收入的影响除在大小上的差异外,还存在正负方向的不同。

第三节　稳健性检验与内生性处理

为确保基准回归结果的稳健性,本部分首先使用两种方法对估计结果进行稳健性检验。一是替换模型,主要采用倾向得分匹配法,解决样本自选择问题所导致的偏差;二是替换被解释变量,将总收入与分项收入替换为人均总收入与人均分项收入。其次,考虑到模型可能存在内生性,从而导致估计结果有偏,本书在此对内生性问题进行检验,然后利用工具变量法对可能存在的内生性问题进行处理,进一步保证估计结果的准确性与可靠性。

一、稳健性检验

(一) 更换计量模型:倾向得分匹配法

为了更加直观地对比流转户与未流转户在匹配前后的倾向得分差异,更好地保证样本质量,图 4-1 和图 4-2 分别为样本匹配前后的核密度函数图,进行共同支撑域的检验①。

此外,根据四种匹配方法对农户收入水平、收入不平等以及收入结构进行匹配,表 4-5 报告了匹配过程中样本最大损失的结果,可以发现,处理组与对照组未匹配成功的样本仅有 9 个,有 4 885 个样本最终匹配成功,表明样本匹配效果良好。

---

① 本书实证过程中分别绘制了与四种匹配方法相对应的核密度函数图。每一个核密度函数图的大多数观测值均在共同取值范围内,表明在匹配时只会损失少量样本,此处仅展示卡尺匹配的核密度函数图。

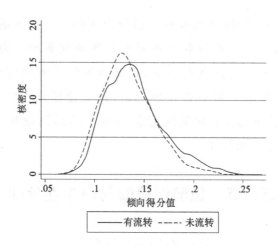

图 4-1 匹配前核密度函数图

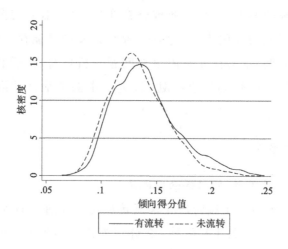

图 4-2 匹配后核密度函数图

表 4-5 PSM 匹配结果

组别	未匹配样本	匹配样本	总计
对照组	8	4 225	4 233
处理组	1	660	661
总计	9	4 885	4 894

样本的平衡性检验是提高匹配结果可靠性的关键环节,即检验匹配后的样本除了在宅基地是否流转上存在差异外,在其他控制(协)变量上不存在系统性差异。图 4-3 绘制了匹配前后协变量标准偏差的对比情况①,可以看出,经过倾向得分匹配,各协变量的标准偏差均得到显著降低,全部小于平衡性检验规定的 10% 红线标准,这说明匹配后的样本在协变量上不存在系统性差异,即无法决定样本农户是否选择宅基地流转。

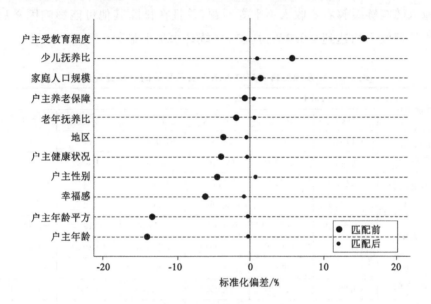

图 4-3　匹配前后协变量标准偏差对比

基于公式(4-3)～(4-5)分别计算了宅基地流转对农户家庭总收入水平以及收入不平等的处理效应,具体包括处理组平均处理效应(ATT)、对照组平均处理效应和总样本平均处理效应(ATE),具体结果如表 4-6 所示。可以发现,所有匹配方法得到的处理效应差异很小,再次表明样本数据较好的稳健性,并且所有结果均在 1% 到 5% 的水平上显著,这说明宅基地流转对提高农户收入水平、缓解收入不平等具有显著作用,H1-1 得到进一步验证。

---

① 该图是通过卡尺匹配得到的对比图,利用其他匹配方法得到的标准偏差均在 20% 以内。

为便于下文的具体分析,此处选择四种方法的平均值来表征影响效应。

具体来看,经过 PSM 的反事实估计后,宅基地流转显著提升了农户收入水平,其中,ATT 的效应值为 0.125,说明在解决样本选择性偏差后,与未流转户相比,宅基地流转户的家庭总收入提升了 12.5%,ATU 的效应值为 0.125,说明宅基地未流转的家庭若进行流转,收入水平也会提升 12.5%。从收入不平等来看,宅基地流转对农户收入不平等具有显著负向影响,即宅基地流转能够缓解农户收入不平等问题,并且在排除其他可能影响因素后,平均处理效应均达到 −0.029,且在 1% 统计水平上显著。

表 4-6 宅基地流转农户收入水平及不平等的平均处理效应

匹配方法	ATT		ATU		ATE	
	总收入	不平等	总收入	不平等	总收入	不平等
卡尺匹配 (r=0.007)	0.113**	−0.026***	0.118**	−0.027***	0.117**	−0.027***
	(0.053)	(0.010)	(0.052)	(0.010)	(0.052)	(0.010)
K 近邻匹配 (k=4)	0.116**	−0.027***	0.127**	−0.031***	0.119**	−0.029***
	(0.055)	(0.010)	(0.060)	(0.011)	(0.058)	(0.011)
核匹配	0.156***	−0.036***	0.114**	−0.026***	0.119**	−0.028***
	(0.051)	(0.010)	(0.054)	(0.010)	(0.053)	(0.010)
局部线性回归匹配	0.114**	−0.026***	0.131**	−0.030***	0.129**	−0.030***
	(0.053)	(0.010)	(0.055)	(0.010)	(0.054)	(0.010)
均值	0.125	−0.029	0.123	−0.029	0.121	−0.029

注:括号内为标准误;*、**、*** 分别表示在 10%、5%、1% 的水平上显著。

通过基准回归已发现宅基地流转对农户分项收入的影响存在显著差异,此处在利用倾向得分匹配解决样本自选择问题后,进一步探讨宅基地流转对不同收入的影响程度,表 4-7 报告了宅基地流转对农户收入结构的平均处理效应。首先,从整体上来看,宅基地流转对家庭四项收入的平均处理效应在具体大小与显著性上存在显著差异,但不同方法对同一种类型收入的测算结果差距并不大,所以此处依然通过计算平均值进行分析。其次,从收入结构之间的差异来看,宅基地流转对四项收入的影响效应大小顺序为财产性>经营性>转移性>工资性,其中对工资性与转移性的影响并不显著。最后,从收入结构的具体效应大小来看,相较于宅基地未流转的农户,宅基地流转户的财产性收入提高 50.4%,经营性收入下降了 25.2%,其主要原因在于农业经营性收入的下降;对于宅基地未流转户来说,若其选择流转宅基地,根据倾向得分匹配的计算结果,其财产性收入将提高 46.1%,这说明宅基地流转对提升农户财产性收入具有重要作用。

表 4-7 宅基地流转对农户收入结构的平均处理效应

收入类型	处理效应	K 近邻匹配 $(k=4)$	卡尺匹配 $(r=0.007)$	核匹配	局部线性回归匹配	均值
财产性收入	ATT	0.462**	0.512***	0.545***	0.496***	0.504
		(0.210)	(0.160)	(0.157)	(0.158)	
	ATU	0.501**	0.450***	0.452***	0.439***	0.461
		(0.202)	(0.159)	(0.153)	(0.150)	
	ATE	0.496***	0.458***	0.464***	0.447***	0.466
		(0.192)	(0.158)	(0.153)	(0.150)	
经营性收入	ATT	−0.198*	−0.232**	−0.376**	−0.202*	−0.252
		(0.114)	(0.115)	(0.179)	(0.121)	
	ATU	−0.187	−0.285*	−0.240**	−0.306*	−0.255
		(0.231)	(0.173)	(0.145)	(0.181)	
	ATE	−0.189*	−0.278	−0.258**	−0.292*	−0.254
		(0.114)	(0.203)	(0.157)	(0.176)	
工资性收入	ATT	0.063	0.058	0.108**	0.066	0.074
		(0.066)	(0.052)	(0.050)	(0.052)	
	ATU	0.060	0.077	0.101*	0.093*	0.083
		(0.061)	(0.053)	(0.053)	(0.053)	
	ATE	0.060	0.074	0.102*	0.089*	0.081
		(0.058)	(0.052)	(0.052)	(0.052)	
转移性收入	ATT	0.184	0.274*	0.289**	0.259	0.252
		(0.215)	(0.143)	(0.140)	(0.145)	
	ATU	0.169	0.219	0.172	0.261*	0.205
		(0.169)	(0.147)	(0.150)	(0.147)	
	ATE	0.171	0.226	0.188	0.260*	0.211
		(0.163)	(0.145)	(0.147)	(0.144)	

注:括号内为标准误;*、**、***分别表示在 10%、5%、1%的水平上显著。

（二）替换被解释变量

表4-8报告了第二种稳健性检验的估计结果,将基准回归中农户家庭总收入对数替换为家庭人均收入对数并通过随机效应模型进行检验。具体来看,首先,宅基地流转对人均总收入的影响系数为0.283,略低于基准回归系数,但仍在5%统计水平上显著;其次,在收入结构方面,如表4-8第（2）～（5）列所示,宅基地流转对财产性收入的正向影响效应最大,对工资性收入的影响依然不显著,为进一步分析引起总收入增加的原因,此处同样对经营性收入做进一步划分,可以发现,宅基地流转虽然对农业经营性收入为负,但对工商经营性收入的影响显著为正,影响系数为0.99;最后,在控制变量方面,因为此处的被解释变量为人均收入,家庭人口数量越多,人均收入可能越小,所以出现了对家庭人口规模为负向影响的情况,但其他控制变量的影响效应多与基准回归的结果保持一致。综上可以表明,本书的估计结果是稳健可靠的。

表 4-8 宅基地流转对农户人均收入对数影响的估计结果

变量名称	(1) 人均总收入	(2) 人均财产性收入	(3) 人均工资性收入	(4) 人均经营性收入	(5) 人均转移性收入	(6) 人均工商经营	(7) 人均农业经营
宅基地流转	0.283**	0.917**	0.133	−0.902*	0.150	0.990**	−1.632***
	(0.144)	(0.398)	(0.131)	(0.466)	(0.391)	(0.420)	(0.479)
户主性别	−0.177***	0.092	−0.091*	0.838***	−0.226*	−0.086	0.876***
	(0.049)	(0.116)	(0.048)	(0.144)	(0.129)	(0.105)	(0.153)
户主年龄	−0.023**	0.045*	−0.025**	0.165***	−0.085***	−0.023	0.180***
	(0.012)	(0.025)	(0.010)	(0.030)	(0.027)	(0.022)	(0.033)
户主年龄的平方	0.018	−0.044*	0.022**	−0.158***	0.116***	0.020	−0.166***
	(0.011)	(0.024)	(0.010)	(0.029)	(0.025)	(0.021)	(0.031)
户主受教育程度	0.253***	0.435***	0.171***	−0.319***	0.232***	0.115***	−0.453***
	(0.019)	(0.047)	(0.017)	(0.058)	(0.048)	(0.039)	(0.063)
户主健康状况	0.114***	0.198***	0.097***	0.066	−0.105**	0.173***	0.005
	(0.018)	(0.045)	(0.018)	(0.053)	(0.045)	(0.041)	(0.056)

表 4-8(续)

变量名称	(1) 人均总收入	(2) 人均财产 性收入	(3) 人均工资 性收入	(4) 人均经营 性收入	(5) 人均转移 性收入	(6) 人均工商 经营	(7) 人均农业 经营
户主养老保障	0.128***	0.124	0.026	0.356***	0.815***	−0.345***	0.688***
	(0.046)	(0.099)	(0.042)	(0.129)	(0.108)	(0.105)	(0.140)
家庭人口规模	0.010	−0.094***	−0.061***	0.065*	−0.030	−0.109***	−0.101**
	(0.013)	(0.028)	(0.012)	(0.037)	(0.030)	(0.032)	(0.040)
少儿抚养比	−1.298***	−0.353	−0.775***	−0.513	0.332	−0.280	−0.339
	(0.144)	(0.300)	(0.125)	(0.384)	(0.336)	(0.316)	(0.421)
老年抚养比	−0.565***	0.152	−1.037***	−0.689***	2.350***	−0.377***	−0.522**
	(0.086)	(0.206)	(0.103)	(0.243)	(0.173)	(0.144)	(0.266)
幸福感	0.080***	0.179***	0.071***	0.061	0.109**	0.060	0.019
	(0.020)	(0.047)	(0.020)	(0.058)	(0.051)	(0.045)	(0.063)
地区	−0.233***	−0.443***	−0.224***	0.565***	0.055	−0.114**	0.803***
	(0.023)	(0.055)	(0.020)	(0.069)	(0.056)	(0.049)	(0.078)
常数项	8.929***	−0.953	9.605***	−2.549***	4.592***	−0.495	−3.278***
	(0.325)	(0.731)	(0.281)	(0.877)	(0.786)	(0.683)	(0.928)
样本量	4 894						

注:括号内为稳健标准误;*、**、***分别表示在10%、5%、1%的水平上显著。

二、内生性处理

在本书研究中,我们假设解释变量"宅基地是否流转"是严格外生的,然而事实上这并不是一个随机发生的外生事件。虽然在模型设定时已从多维度对控制变量进行了选择,以期减少内生性的干扰,但影响家庭收入的因素不仅包括人力资本数量与质量、人口负担等方面,还有一些控制变量所不能涵盖的因素,并且其中一些遗漏变量可能与宅基地流转决策相关;进一步思考分析,宅基地流转能够提高家庭收入,但是否存在农户家庭收入较高,不需要宅基地的居住保障功能,才选择将宅基地进行流转的互为因果问题呢?所以,传统的线性回归模型可能存在遗漏变量与互为因果所导致的内生性问题,给估计结果带来偏误。目前,寻找满足相关性与外生性要求的工具变量是解决模型内生性的有效方法,本书借鉴已有研究(易行健等,2017),选择家庭所在村庄(社区)中有宅基地流转家庭的占比(流转率)作为"是否有宅基地流转"的工具变量。从理论上来讲,家庭是否进行宅基地流动与社区内其他家庭是否流动相关,而其他家庭宅基地是否流动又对本家庭的收入影响不大,所以这一工具变量满足了相关性与外生性的要求。

实证分析中,使用工具变量解决内生性的前提条件是存在内生解释变量,除了从理论逻辑上分析模型内生性外,本书还利用 Hausman 检验与异方差稳健的 DWH 检验法在统计上做进一步验证,上述两种检验方法的原假设均为"所有解释变量均为外生,即不存在内生变量",具体检验结果如表4-9 所示,除工资性收入与转移性收入外,其他被解释变量的 Hausman 检验结果均在 1% 显著水平上拒绝原假设,即认为宅基地流转是内生变量,为确保检验结果的可靠性,还报告了异方差稳健的 DWH 检验,结果依然显示,宅基地流转为内生性解释变量。

表 4-9　内生性检验结果

检验方法	指标	总收入	收入不平等	工资性收入	经营性收入	财产性收入	转移性收入
Hausman 检验	chi²(1)	32.61***	39.65***	5.14**	27.40***	14.18***	2.77*
DWH 检验	Durbin(score) chi²(2)	32.702***	39.766***	5.151*	27.477***	14.218***	2.778
	Wu-Hausman F	16.407***	19.98***	2.57*	13.771***	7.107***	1.385
不可识别检验	Kleibergen-Paap rk LM	15.395***					
弱工具变量检验	Cragg-Donald Wald F	46.021					
	Kleibergen-Paap rk Wald F	16.616					
	Stock-Yogo weak ID test critical values (10% maximal IV size)	16.38					

注:*、**、***分别表示在 10%、5%、1% 的水平上显著。

在确定模型中解释变量存在内生性后,可以通过工具变量的方法进行解决,但在此之前,还需要对工具变量的有效性进行检验,具体包括不可识别检验(Underidentification test)以及弱工具变量检验(Weak identification test)等(陈强,2014)。利用 Stata 软件得到的检验结果见表 4-9,首先是不可识别检验的结果,Kleibergen-Paap rk LM 统计量为 15.395,且在 1‰的水平上显著,说明本书选取的工具变量不存在不可识别的问题;其次是弱工具变量的检验,主要包括做了扰动项独立同分布假设的 Cragg-Donald Wald F 统计量与未做扰动项独立同分布假设的 Kleibergen-Paap rk Wald F 统计量,当两个统计量的数值均大于 Stock-Yogo weak ID test critical values 中 10‰偏误的临界值时,表明拒绝原假设,即拒绝所选工具变量是弱工具变量的假设。由结果可知,此处的两个 F 统计量均大于 10‰偏误的临界值。综上表明,本书选定的工具变量不存在不可识别以及弱工具变量问题,进一步佐证了工具变量的合理性。

引入工具变量的回归结果如表 4-10 所示,在使用工具变量对内生性问题处理后,宅基地流转对家庭总收入的估计系数显著为正,对收入不平等的估计系数显著为负,证明宅基地流转确实能提高农户家庭收入,并缓解收入不平等。在对收入结构的影响方面,宅基地流转对财产性收入的影响显著为正,对工资性收入的影响依然不具有统计学上的显著性。综上,克服内生性后的估计结果与基准估计结果具有较高的一致性,说明宅基地流转与收入间的内生性问题不会对主要研究结论产生实质干扰,证明本书的主要估计结果是稳健且可靠的。

表 4-10　内生性处理结果(IV-2SLS)

变量名称	总收入水平	收入不平等	财产性收入	经营性收入	工资性收入	转移性收入
宅基地流转	5.499***	−1.365***	7.086*	−6.753***	9.012	3.432
	(1.987)	(0.438)	(4.242)	(1.898)	(5.511)	(3.655)
户主性别	−0.138**	0.033***	0.134	1.150***	−0.444**	−0.218
	(0.054)	(0.012)	(0.136)	(0.244)	(0.178)	(0.140)
户主年龄	−0.014	0.003	0.071**	0.163***	−0.084**	−0.092***
	(0.012)	(0.003)	(0.029)	(0.052)	(0.037)	(0.029)
户主年龄的平方	0.012	−0.003	−0.067**	−0.182***	0.043	0.128***
	(0.012)	(0.002)	(0.027)	(0.049)	(0.036)	(0.026)
户主受教育程度	0.264***	−0.062***	0.536***	−0.415***	0.578***	0.248***
	(0.020)	(0.004)	(0.051)	(0.090)	(0.064)	(0.050)

表 4-10(续)

变量名称	总收入水平	收入不平等	财产性收入	经营性收入	工资性收入	转移性收入
户主健康状况	0.137***	−0.031***	0.278***	0.061	0.413***	−0.134***
	(0.021)	(0.005)	(0.053)	(0.092)	(0.070)	(0.051)
户主养老保障	0.171***	−0.025**	0.197*	0.529**	−0.012	0.987***
	(0.051)	(0.011)	(0.119)	(0.217)	(0.163)	(0.128)
家庭人口规模	0.262***	−0.058***	−0.006	0.235***	0.974***	0.210***
	(0.014)	(0.003)	(0.034)	(0.061)	(0.049)	(0.034)
少儿抚养比	−1.402***	0.300***	−0.542	0.310	−5.291***	0.470
	(0.169)	(0.036)	(0.364)	(0.743)	(0.528)	(0.398)
老年抚养比	−0.650***	0.140***	0.274	−0.583	−4.139***	2.711***
	(0.089)	(0.019)	(0.228)	(0.369)	(0.299)	(0.184)
地区	−0.218***	0.048***	−0.495***	0.697***	−0.544***	0.072
	(0.024)	(0.005)	(0.058)	(0.100)	(0.077)	(0.058)
幸福感	0.076***	−0.020***	0.225***	0.128	−0.025	0.128**
	(0.024)	(0.005)	(0.057)	(0.100)	(0.079)	(0.058)
流转时间	−2.208***	0.548***	−2.767	13.549***	−3.758*	−1.289
	(0.804)	(0.177)	(1.717)	(3.815)	(2.235)	(1.480)
常数项	8.632***	0.930***	−2.477***	−1.851	6.234***	4.250***
	(0.356)	(0.077)	(0.860)	(1.556)	(1.093)	(0.871)
样本量	4 894					

注:括号内为稳健标准误;*、**、***分别表示在 10%、5%、1%的水平上显著。

第四节　基于农户分组的扩展性分析

上文的基准回归与稳健性检验证实了宅基地流转能够显著提高农户家庭总收入,缓解收入不平等,而在现实中,即使两个农户都进行了宅基地流转,流转对收入产生的效应也不尽相同。虽然前文借助 ATT、ATU 以及 ATE 测度了宅基地流转对农户家庭收入与不平等的净效应,但是样本的平均处理效应仅能反映农户家庭收入变化的平均值,无法体现影响效应在不同样本间的结构性差异,即组群差异。在中国区域与群体间发展不平衡持续扩大的背景下,进一步探讨宅基地流转对农户内部不同群体收入及不平等的影响差异,对政府更有针对性地制定政策措施具有重要参考价值。基于此,本书从代际分别、经济区域两个维度进行组群差异探讨,丰富宅基地流转对农户收入效应的研究内容。

出生年代和成长环境的差异会对个体的乡土情结和收入储蓄理念产生很大的影响,20 世纪 80 年代以来,"农一代"与"农二代"①的代际更迭推动了"乡土中国"到"城乡中国"的历史性结构转变,在这一阶段,两代人与土地、村庄、农业生产的关系,都表现出巨大差异。户主代际差别不仅对宅基地流转具有重要的决策作用,也对家庭收入也有重要影响,表 4-11 给出了宅基地流转对家庭总收入与收入不平等影响效应在户主代际上的差异②。

表 4-11　宅基地流转对农户总收入及收入不平等影响效应(ATT)的代际差异

匹配方法	总收入		收入不平等	
	农一代	农二代	农一代	农二代
K 近邻匹配($k=4$)	0.096**	0.235*	−0.021**	−0.053**
	(0.050)	(0.150)	(0.012)	(0.032)
卡尺匹配($r=0.007$)	0.098*	0.319**	−0.023**	−0.072**
	(0.052)	(0.152)	(0.011)	(0.034)
核匹配	0.116**	0.264**	−0.027**	−0.061**
	(0.058)	(0.118)	(0.012)	(0.027)
局部线性回归匹配	0.094*	0.231**	−0.022**	−0.050*
	(0.052)	(0.118)	(0.011)	(0.028)
均值	0.101	0.262	−0.023	−0.059

注:括号内为标准误;*、**、*** 分别表示在 10%、5%、1% 的水平上显著。

具体来看,宅基地流转分别提升了"农一代"与"农二代"家庭 10.1% 和 26.3% 的总收入,对"农二代"的收入提升作用更高;在收入不平等方面,"农二代"宅基地流转户平均处理效应的绝对值大于"农一代",表明宅基地流转

---

①　本书所有异质性分析中"农一代"与"农二代"的划分标准均以 1980 年为界线,1980 年以前出生的为一代,1980 年及以后出生的为二代。

②　篇幅原因,此处仅报告了处理组的平均处理效应(ATT),对照组与总样本的平均处理效应(ATU 与 ATE)见附录 4-1,后续章节有关组群差异分析的结果报告形式均与此处相同。

对"农二代"家庭收入不平等的缓解效应更强。造成这种差异可能的原因是:相比于"农一代","农二代"更具有年龄优势,尤其现在很大一部分的"农一代"接近于 60 岁的退休年龄,其精力与工作能力大幅下降,而当宅基地流转获得资金后,"农二代"家庭更有能力进入更高收入的工商经营行列,其对"双创"政策的学习与响应能力更强,因此有更大的概率提高家庭收入,缓解收入不平等。为进一步佐证上述解释的合理性,表 4-12 汇报了宅基地流转对不同代际农户分项收入的平均处理效应。

表 4-12　宅基地流转对农户分项收入影响效应(ATT)的代际差异

收入类型	划分标准	K 近邻匹配 (k=4)	卡尺匹配 (r=0.007)	核匹配	局部线性 回归匹配	均值
财产性收入	农一代	0.354*	0.478***	0.482***	0.469***	0.446
		(−0.187)	(−0.142)	(−0.148)	(−0.142)	
	农二代	0.46	0.65	0.897*	0.934*	0.735
		(−0.604)	(−0.579)	(−0.492)	(−0.482)	
转移性收入	农一代	0.317	0.14	0.154	0.138	0.187
		(−0.201)	(−0.153)	(−0.165)	(−0.156)	
	农二代	1.172*	1.322**	1.348**	1.290**	1.283
		(−0.652)	(−0.592)	(−0.527)	(−0.534)	
工资性收入	农一代	0.077	0.058	0.067	0.055	0.064
		(0.077)	(0.058)	(0.053)	(0.057)	
	农二代	0.026	0.011	0.024	0.010	0.018
		(0.141)	(0.140)	(0.101)	(0.096)	
经营性收入	农一代	−0.469*	−0.321*	−0.404**	−0.322*	−0.379
		(−0.272)	(−0.183)	(−0.193)	(−0.184)	
	农二代	0.633	0.349	0.413	0.556	0.488
		(−0.673)	(−0.655)	(−0.578)	(−0.576)	
工商性收入	农一代	0.370**	0.366***	0.371***	0.367***	0.369
		(−0.163)	(−0.132)	(−0.13)	(−0.13)	
	农二代	0.989*	0.867*	1.042**	1.100**	1.000
		(−0.588)	(−0.523)	(−0.506)	(−0.511)	

表 4-12(续)

收入类型	划分标准	K 近邻匹配 ($k=4$)	卡尺匹配 ($r=0.007$)	核匹配	局部线性 回归匹配	均值
农业性收入	农一代	-0.705^{***}	-0.563^{***}	-0.651^{***}	-0.564^{***}	-0.621
		(-0.26)	(-0.183)	(-0.191)	(-0.184)	
	农二代	-0.487	-0.645	-0.667	-0.584	-0.596
		(-0.586)	(-0.579)	(-0.454)	(-0.465)	

注:括号内为标准误;*、**、***分别表示在 10%、5%、1%的水平上显著。

从表 4-12 的估计结果来看,宅基地流转显著促进了"农一代"与"农二代"的财产性收入,具体提升幅度为 44.6% 和 73.5%,这与基准回归、稳健性检验的估计结果相吻合;宅基地流转对农户转移性收入具有正向影响,但仅对"农二代"的影响存在统计性上的显著性;在工资性收入方面,与之前的估计结果相同,依然是非显著的正相关关系。为验证上文中的解释,进一步观察宅基地流转对经营性收入的影响,并且分为工商性经营性收入与农业经营性收入展开分析,可以发现,宅基地流转对"农一代"家庭的经营性收入具有显著负向影响,而这种负向影响主要来源于农业经营性收入的下降,对"农二代"家庭的经营性收入与农业经营性收入的影响均不具有显著性,可能的原因是在"农二代"家庭中,进行农业生产活动的已经很少,因此宅基地流转与否,都不会对其农业经营性收入产生影响;但是从工商经营性收入来看,宅基地流转对两代农户工商经营性收入的处理效应分别为 0.369 和 1,并且在 10% 统计水平内显著,这说明宅基地流转获得收入后,确实能促进农户从事工商经营行业,改变家庭收入结构。

表 4-13 报告了宅基地流转对家庭总收入以及收入不平等影响效应(ATT)在地域上的差异,总体来看,宅基地流转对所有地区农户家庭总收入都具有正向效应,对收入不平等均具有负向效应,但这种影响效应并不具有显著性,四种匹配方法得到的结果基本一致,说明实证结果具有稳健性。

表 4-13　宅基地流转对农户总收入及收入不平等影响效应(ATT)的地域差异

匹配方法	总收入			收入不平等		
	东部	中部	西部	东部	中部	西部
K 近邻匹配 (k=4)	0.100	0.152	0.108	−0.024	−0.035	−0.022
	(0.112)	(0.124)	(0.124)	(0.025)	(0.026)	(0.028)
卡尺匹配 (r=0.007)	0.110	0.132	0.105	−0.027	−0.032*	−0.021
	(0.083)	(0.093)	(0.091)	(0.018)	(0.019)	(0.020)
核匹配	0.149*	0.154*	0.094	−0.036*	−0.036*	−0.019
	(0.078)	(0.086)	(0.087)	(0.019)	(0.018)	(0.019)
局部线性 回归匹配	0.106	0.131	0.123	−0.026	−0.031	−0.024
	(0.080)	(0.086)	(0.089)	(0.019)	(0.019)	(0.020)
均值	0.116	0.142	0.108	−0.028	−0.034	−0.022

注:括号内为标准误;*、**、***分别表示在 10%、5%、1% 的水平上显著。

第五节　宅基地流转影响农户收入的机制分析

在确定了宅基地流转与农户收入因果效应以及影响的异质性后,为进一步理清两者关系的内在形成机制,本部分通过中介效应进行检验分析。其中利用逐步回归法检验非农劳动力转移在宅基地流转对家庭总收入中是否发挥了中介效应的结果,如表 4-14 的上半部分所示。根据逐步回归检验的具体过程,一是由公式(4-1)得到回归(1)的估计结果,宅基地流转对农户收入具有显著影响;二是基于公式(4-6)得到宅基地流转能够显著促进非农劳动力转移的估计结果(2);三是根据式(4-7)得到回归(3)的结果,其中劳动力转移对农户收入具有显著影响,说明模型存在中介效应,即非农劳动力转移在宅基地流转对家庭总收入的影响中具有中介效应,假说 H1-4 得到验证。但回归(3)中宅基地流转的系数不具有显著性,即模型存在完全中介。但 Preacher and Hayes (2010)认为区分完全中介与部分中介在实际上是没有意义的,他们呼吁放弃完全中介的概念,将所有中介均看作为部分中介。[1] Zhao et al.(2010)同样认为直接报告间接效应与直接效应的显著性是可取的,当直接效应 c' [即式 (4-7) 中的 β_1] 不显著时,可以解释为:自变量主要通过中介变量影响因变量,在本书即为宅基地流转主要通过劳动力转移影响农户总收入。

表 4-14　非农劳动力转移的中介效应检验结果(总收入)

检验方法	变量名称	(1)总收入	(2)非农劳动力转移	(3)总收入
逐步回归检验	宅基地流转	0.299＊＊	0.088＊＊＊	0.208
		(0.144)	(0.026)	(0.141)
	非农劳动力转移	—	—	1.061＊＊＊
				(0.077)
	控制变量	控制	控制	控制
	常数项	8.947＊＊＊	0.978＊＊＊	7.909＊＊＊
		(0.322)	(0.055)	(0.316)

检验方法	类别	估计值	标准误	P 值
Soble 检验法	间接效应	0.098	0.032	0.002
	直接效应	0.192	0.129	0.137
	总效应	0.290	0.133	0.029
	间接效应占总效应的比重	33.79%	—	—

检验方法	类别	估计值	Percentile 95% CI		Bis-corrected 95% CI	
			下限	上限	下限	上限
Bootstrap 检验法	间接效应	0.098	0.046	0.151	0.041	0.143
	直接效应	0.192	−0.064	0.454	−0.078	0.449
	总效应	0.290	0.031	0.554	0.016	0.545
	间接效应占总效应的比重	33.79%	—	—	—	—

注:括号内为稳健标准误;＊、＊＊、＊＊＊分别表示在10%、5%、1%的水平上显著。

---

[1] 需要说明的是,在逐步回归中,完全中介与部分中介取决于回归系数 c' (即式 4-7 中的 β_1) 是否显著,但改系数的显著性还会受到样本量的影响,随着样本量的增大,标准误逐渐减小, c' 越容易得到显著的结果,所以完全中介与部分中介并没有实质性的区分,当样本量逐渐增大,完全中介有变成部分中介的可能性。因此本书将完全中介视为部分中介进行分析。

在逐步回归中,重点检验了模型中介效应的存在,对中介效应的具体效应大小没有进行分析,近年来逐步回归法的合理性与有效性等受到越来越多的质疑与批评,部分学者呼吁通过其他方法来代替逐步回归法。因此,为保证本研究中介效应结果的可靠性,我们进一步使用 Sobel 检验与非参数 Bootstrap 法对中介效应进行分析。通过表 4-14 下半部分可以发现,Sobel 检验中间接效应对应的 P 值小于 0.05,说明估计值均在 5% 以下的统计水平上显著,中介效应成立,其中间接效应估计值为 0.07,占总效应的 33.79%;Bootstrap 法被认为是统计检验力最高的方法,被广泛应用于中介效应检验(温忠麟和叶宝娟,2014),在该方法中,若直接效应的置信区间不包含的,则认为存在中介效应。因此,本书利用非参数 Bootstrap 通过 1 000 次的有放回再抽样,发现在 95% 置信区间内,间接效应的置信区间均不包括 0,可以判定模型存在中介效应,并且间接效应、直接效应与总效应的估计值与 Sobel 检验相同,间接效应占总效应比重同样为 33.7%,即宅基地流转主要通过劳动力转移的中介作用对农户总收入产生影响,这也表明逐步回归法得到的验证结论是可靠的。

除了对总收入的中介效应进行检验外,表 4-15 还报告了非农劳动力转移在宅基地流转对收入不平等的中介效应检验结果。

表 4-15　非农劳动力转移的中介效应检验结果(收入不平等)

检验方法	变量名称	(1)收入不平等	(2)非农劳动力转移	(3)收入不平等
逐步回归检验	宅基地流转	−0.071**	0.088***	−0.052*
		(0.030)	(0.026)	(0.030)
	非农劳动力转移	—	—	−0.230***
				(0.015)
	控制变量	控制	控制	控制
	常数项	0.858***	1.166***	0.935***
		(0.066)	(0.129)	(0.065)
Soble检验法	类别	估计值	标准误	P 值
	间接效应	−0.022	0.007	0.002
	直接效应	−0.055	0.027	0.041

表 4-15(续)

检验方法	变量名称	(1)收入不平等	(2)非农劳动力转移		(3)收入不平等	
	类别	估计值	标准误		P 值	
Soble 检验法	总效应	−0.076	0.028		0.006	
	间接效应占总效应的比重	28.94%	—		—	
	类别	估计值	Percentile 95% CI		Bis-corrected 95% CI	
			下限	上限	下限	上限
Bootstrap 检验法	间接效应	−0.022	−0.033	−0.011	−0.033	−0.011
	直接效应	−0.055	−0.110	−0.001	−0.109	−0.001
	总效应	−0.076	−0.132	−0.023	−0.133	−0.023
	间接效应占总效应的比重	28.94%	—		—	

注:括号内为稳健标准误;*、**、***分别表示在10%、5%、1%的水平上显著。

可以发现,逐步回归法同样证明了中介效应的存在,然后进一步利用 Soble 与非参数的 Bootstrap(同样重复抽样 1 000 次)法进行分析,得到间接效应值为−0.022,直接效应为−0.055,总效应值为−0.076,其中间接效应占总效应的 28.94%,虽然所占比重小于上述总收入的结果,但也说明非农劳动力转移在宅基地流转对农户收入不平等之间发挥了部分中介效应,而且这种中介效应的作用打破了宅基地流转会加剧农户收入不平等的理论分析,可能的原因是,劳动力转移后,农户之间在近邻效应的作用下,收入差距得到缩小,从而有效缓解了收入不平等的问题。

上文中仅检验了非农劳动力转移在宅基地流转与农户总收入和收入不平等中带来的中介效应,但非农劳动力转移对农户收入的影响主要体现在非农收入方面,尤其是工资性收入与工商经营性收入。表 4-16 进一步报告了利用非参数的 Bootstrap 法进行中介效应检验得到的检验结果,可以发现,间接效应的置信区间均不包含 0,说明非农劳动力转移在工资性收入与工商经营性收入间存在中介效应,其中间接效应占总效应的比重分别为 36.36%和 10.96%,即对工资性收入发挥的中介效应更高。

表 4-16　非农劳动力转移的中介效应检验(工资性与工商经营性收入)

收入类型	类别	估计值	Percentile 95% CI		Bis-corrected 95% CI	
			下限	上限	下限	上限
工资性收入	间接效应	0.036	0.019	0.055	0.020	0.056
	直接效应	0.063	−0.033	0.166	−0.035	0.166
	总效应	0.099	0.007	0.209	0.007	0.209
	间接效应占总效应的比重	36.36%	—	—	—	—
工商经营性收入	间接效应	0.050	0.031	0.071	0.033	0.074
	直接效应	0.407	0.143	0.679	0.139	0.679
	总效应	0.456	0.193	0.732	0.205	0.762
	间接效应占总效应的比重	10.96%	—	—	—	—

注:括号内为稳健标准误;＊、＊＊、＊＊＊分别表示在10％、5％、1％的水平上显著。

本 章 小 结

基于第二章宅基地流转对农户收入影响的理论分析与研究假说,本章采用 CHFS 的三期非平衡面板数据,综合运用随机效应模型、倾向得分匹配法、工具变量法以及中介效应检验法研究了宅基地流转对农户收入水平、收入不平等与收入结构的影响。研究发现:

(1)宅基地流转显著提升了农户的总收入水平,有效缓解了收入不平等的问题,相较于未流转户,宅基地流转户的收入水平显著提升了 12.5％,收入不平等指数下降了 2.9％。在收入结构方面,宅基地流转对财产性收入的提升最为明显,这主要由宅基地的财产属性所决定的。与此同时,宅基地流转降低了农业经营性收入,显著增加了工商经营性收入,其背后可能原因是:"双创"政策为农户提供了信心与政策支持,宅基地流转得到的启动资金为农户提供了创业资本,解决了农户从事工商经营的顾虑。此外,以上估计结果在更换模型与被解释变量的测度方法后仍然具有稳健性。

(2)从异质性来看,宅基地流转对"农二代"家庭收入水平与不平等的影响效应高于"农一代"家庭。相较于"农一代","农二代"更具有年龄优势与学习探索能力,所以在宅基地流转后,能够更迅速地发现提高家庭收入的新途径,比如从事工商经营,因此其有更大的概率提高家庭收入,缓解收入不平等。

(3)机制分析发现,非农劳动力转移在宅基地流转对农户总收入水平与收入不平等的影响中发挥着中介效应,具体中介效应的占比分别为33.79%和28.94%。在收入结构方面,劳动力转移在宅基地流转对工资性收入与工商经营性收入影响中发挥的中介效应分别为36.36%和10.96%。可能的原因有两方面,一是非农劳动力的转移有助于优化家庭劳动力配置,选择更有效提升家庭收入的就业结构;二是在近邻效应的作用下,农户间的收入差距得到缩小,从而有效缓解收入不平等。

(4)从控制变量来看,无论在收入水平还是收入结构的实证分析中,人力资本的质量与数量都对农户收入具有重要影响,受教育程度能够显著提高农户家庭总收入与其他收入(除农业经营性收入外),缓解农户收入不平等;虽然人口规模对收入均具有正向影响,对收入不平等具有负向影响,但少儿和老年抚养比与家庭收入具有显著负向关系,并会加剧收入不平等。以上研究结论说明,在宅基地流转过程中无需过分担忧农户收入水平与收入不平等状况变差,但要注意不同群体间的平衡发展以及人口负担所带来的经济压力。

第五章 宅基地流转对农户消费
影响的实证分析

> 节俭是一种美德,但过度节俭会抑制消费,影响经济发展。
> ——约翰·梅纳德·凯恩斯《就业、利息和货币通论》

不断扩大居民家庭消费水平是构建新发展格局的战略基点,而推动具有财产属性的宅基地有效流转,是挖掘农村消费潜力的强力引擎。基于第二章有关宅基地流转对农户消费影响的理论分析与研究假说,本章利用 2015—2019 年中国家庭金融调查(CHFS)追踪数据,综合运用随机效应模型、倾向得分匹配法、工具变量法以及链式中介效应检验等计量方法,着重考察宅基地流转对农户消费水平、消费结构和消费不平等的影响,以及劳动力转移与收入在其中发挥的中介效应。本章结构与内容如下:第一节是模型构建与变量说明;第二节是宅基地流转对农户消费水平、消费不平等以及消费升级(生存型消费、发展型消费、享受型消费)的基准回归;第三节是稳健性检验与内生性处理;第四节是基于农户分组的异质性分析;第五节是宅基地流转对农户消费影响的机制分析,分为简单中介效应分析与链式中介效应分析;最后为本章小结。

第一节 模型构建与变量说明

一、模型构建

为验证研究假说 H2-1"宅基地流转能够促进农户家庭消费",并考虑影

响农户消费的其他因素,本章仍然采用随机效应模型作为基准回归模型,如
下所示:

$$Con_{it} = \beta_0 + \beta_1 \, transfer_{it} + \beta_2 \, person_{it} + \beta_3 \, family_{it} + \beta_4 \, region_{it} + \mu_{it}$$

$$(5\text{-}1)$$

其中,Con_{it}代表被解释变量,即第 i 个农户在 t 年份的家庭总消费、消费不平
等以及分项消费,$transfer_{it}$为关键解释变量,即宅基地是否流转;$person_{it}$、
$family_{it}$以及$region_{it}$分别代表第 i 个农户在 t 期的户主特征、家庭特征与地
域特征;$\beta_0 \sim \beta_4$为待估计参数,μ_{it}模型的随机误差项。与第四章相同的是,在
关于面板数据在固定效应模型与随机效应模型的选择中,本章同样选择随
机效应模型中的可行广义最小二乘法(FGLS)来检验宅基地流转对农户消
费的影响效应。

宅基地是否流转是农户自我选择的结果,受到个体、家庭以及其他综合
因素影响,而非随机发生,这种由样本"自选择"所带来的选择性偏差会对估
计结果产生严重干扰。对于有宅基地流转的家庭,我们可以观测其流转后
的消费情况,却无法观测该农户未流转情况下的消费水平,也无法得知未流
转农户在流转后的消费变化,这实际上是一种"数据缺失"问题,也会给估计
结果带来偏误。为解决研究中存在的这种问题,Rosenbaum 等(1983)基于
反事实框架,提出了利用倾向得分匹配法(PSM)来寻找与处理组相似的反
事实对照组,现有研究表明,该方法能够有效克服样本"自选择"所带来的选
择偏差与有偏估计。

首先根据倾向得分匹配的思路,并借鉴已有研究(李涛和陈斌开,2014;
李江一和李涵,2016;易行健等,2020),将影响农户消费和宅基地流转的因
素尽可能纳入模型,即户主特征、家庭特征、区域特征等变量,来满足可忽略
性假设,减少偏差。其次,构建宅基地流转的决策模型,估计宅基地流转的
倾向得分。此处选用 Logit 模型进行估计:

$$PS_i = \text{Log}(transfer_i = 1 \mid X_i) = E(transfer_i = 0 \mid X_i) \qquad (5\text{-}2)$$

式中,i 代表不同的家庭,$transfer_i = 1$ 表示宅基地流转的家庭,$transfer_i = 0$
表示宅基地未流转的家庭,X_i 表示协变量。接下来是匹配方法的选择,已有
研究中,并没有明确说明哪一种匹配方法是最有效的,为保证匹配的稳健

性,本书使用了 4 种常用的匹配方法,分别是卡尺匹配、k 近邻匹配、核匹配以及局部线性回归匹配。其中 k 近邻匹配根据 Abadie 等(2004)的建议,选择 $k=4$,将均方误差控制到最小,卡尺匹配经计算 $r=0.008$,核匹配和局部线性回归匹配均使用默认宽带,分别为 0.06 和 0.08。最后利用平均处理效应(ATT、ATU、ATE)估计宅基地流转对农户消费所产生的影响:

$$ATT = E(Con_{1i} \mid transfer_i = 1) - E(Con_{0i} \mid transfer_i = 1) \qquad (5\text{-}3)$$

$$ATU = E(Con_{1i} \mid transfer_i = 0) - E(Con_{0i} \mid transfer_i = 0) \qquad (5\text{-}4)$$

$$ATE = E(Con_{1i}) - E(Con_{0i}) \qquad (5\text{-}5)$$

上式中 Con_{1i} 表示有宅基地流转农户的消费情况,$E(Con_{1i} \mid transfer_i = 1)$ 可以直接观测到,Con_{0i} 表示反事实对照组即宅基地未流转的农户消费情况,$E(Con_{0i} \mid transfer_i = 1)$ 并不能直接观测到。

同时,为检验非农劳动力转移和农户收入在宅基地流转影响农户消费的路径中是否具有中介作用,在第四章简单中介效应模型的基础上,借鉴 Baron 和 Kenny(1986)提出的逐步回归法以及 Allen and Griffeth(2001)的研究,扩展构建如下的链式中介效应模型:

$$M1_i = \alpha_0 + \alpha_1 transfer_i + \alpha_i X_i + \varepsilon_{i1} \qquad (5\text{-}6)$$

$$M2_i = \beta_0 + \beta_1 transfer_i + \beta_2 M1_i + \beta_i X_i + \varepsilon_{i2} \qquad (5\text{-}7)$$

$$Con_i = \gamma_0 + \gamma_1 transfer_i + \gamma_2 M1_i + \gamma_3 M2_i + \gamma_i X_i + \varepsilon_{i3} \qquad (5\text{-}8)$$

式中,$M1_i$ 是第一个中介变量非农劳动力转移,$M2_i$ 为第二个中介变量农户收入,式(5-6)~(5-8)采用混合 OLS 进行回归分析,若(5-6)式和(5-7)式的估计结果显著,则表示模型存在多重中介,若(5-8)式显著,说明存在多重链式中介。此外,为保证本研究中介效应检验结果的可靠性,进一步使用非参数 Bootstrap 法中介效应进行检验。链式中介的示意图如下:

与简单中介相比,链式中介的优势主要有三个方面,一是可以得到总的中介效应大小(独立中介与链式中介之和);二是能够在控制某一个中介变量(如 $M1$)的前提下,研究每个中介变量($M2$)的特定中介效应,以此减少简单中介模型中忽略其他中介变量而导致的估计偏差;三是可以将中介效应的大小进行对比,有助于我们判断哪个变量的中介效应更强,并剖析中介变量之间的关系,使研究更具理论与实践意义。

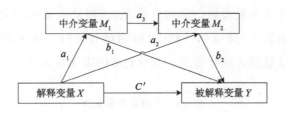

图 5-1　链式中介效应图

二、变量说明

本章的核心被解释变量是农户消费,主要包括农户总消费、生存型消费、发展型消费、享受型消费以及消费不平等,各变量具体包含的内容在前文生计测度指标选取部分已进行详细说明,此处不再赘述。需要特别说明的是,为保证数据的平稳性,克服变量间非线性问题,实证中分别对总消费、生存型消费、发展型消费以及享受型消费的年支出加 1 取自然对数,用其表征被解释变量。

本章关键解释变量为宅基地流转。主要利用 CHFS 问卷中"您家的宅基地是否有过以下经历?"进行度量,选项分为出租宅基地、抵押宅基地等,本书将有以上任一经历的赋值为 1,没有的赋值为 0。

考虑到家庭消费还受到人口资本、资产状况、地理位置等因素的影响,本书借鉴已有研究(李涛等,2014;李江一等,2016;孙小宇等,2021),从户主特征、家庭特征等方面选取控制变量,用以提高模型的准确性。具体地,户主层面的控制变量主要有户主年龄、健康状况、社会保障以及表征人力资本质量的受教育程度。在家庭特征层面,主要选择家庭人口数量来表示人力资本数量,是否有汽车等来表示资产状况,少儿抚养比与老年抚养比代表经济压力;此外,家庭的生活满意度同样会影响家庭的消费偏好与动机(曹守慧等,2023),所以,将其也纳入控制变量;最后,本书还在区域特征上进行了控制。但需要说明的是,表征户主与家庭特征的变量有很多,但它们作为全书的非核心解释变量,在具体选取的时候并非笼统保持每一章的指标完全相同,而是基于被解释变量的不同,根据"显著从优"的原则进行选取,通过相关性分析与模型诊断,将对农户生计具有显著影响的变量纳入模型。这样做的原因是避免将过多不显著的指标纳入模型,否则缺乏实际意义的同时还会造成模型自由度的损失,降低估计精度(廖明球等,2018;孙飞,2020),从而导致估计结果和统计量缺乏统计意义。变量具体的定义见表5-1。

表 5-1　变量的具体定义

变量类型	变量名称	变量定义
被解释变量	总消费	农户的家庭总消费加 1 取自然对数
	消费不平等	基于 Kakwani 个体相对剥夺指数测算的家庭总消费不平等指数,取值范围 0 到 1
	生存型消费	家庭衣、食、住三方面支出(元,加 1 取自然对数)
	发展型消费	家庭教育支出、交通通讯支出以及用于非家庭成员红白喜事等关系的支出(元,加 1 取自然对数)
	享受型消费	家庭文化娱乐支出以及生活服务的支出(元,加 1 取自然对数)
解释变量	宅基地流转	宅基地是否流转(转出):1=是,0=否
中介变量	非农劳动力转移	家庭的非务农劳动力数量/家庭总人口
	财产性收入	农户的家庭财产性收入(元,加 1 取自然对数)
	工商经营性收入	农户的工商经营性收入(元,加 1 取自然对数)
控制变量	户主性别	1=男性,0=女性
	户主年龄	户主实际年龄
	户主年龄的平方	户主实际年龄的平方/100
	户主受教育程度	文盲/半文盲=1,小学=2,初中=3,高中/中专/技校/职高=4,大专=5,大学本科=6,硕士=7,博士=8
	户主健康状况	1=非常不好,2=不好,3=一般,4=好,5=非常好
	户主养老保障	是否有社会养老保险:1=是,0=否
	户主医疗保障	是否有社会医疗保险:1=是,0=否
	家庭人口规模	家庭总人口数量
	少儿抚养比	家中 16 岁以下人口占家庭人口比重
	老年抚养比	家中 65 岁以上人口占家庭人口比重
	幸福感	1=非常不幸福,2=不幸福,3=一般,4=幸福,5=非常幸福
	汽车拥有情况	家庭是否拥有汽车:1=有,0=无
	地区	经济地区划分:1=东部,2=中部,3=西部

　　表 5-2 为相关变量的描述性统计,分别报告了总样本、不同年份样本的均值和方差。就农户消费来看,家庭总消费每年呈递增趋势,消费不平等逐年下降,尤其在 2017 年至 2019 年的波动幅度最大;在分项消费方面,生存型消费依然是家庭的重要支出,但发展型消费与享受型消费也在逐步提高,表明当前家庭消费仍处于升级阶段。此外,从统计数据来看,户主养老与医疗保障的覆盖率越来越高,这也为农户提升家庭消费减少了部分后顾之忧。

表 5-2　变量的描述性统计

变量名称	总样本		2015 年		2017 年		2019 年	
	平均值	标准差	平均值	标准差	平均值	标准差	平均值	标准差
家庭总消费	10.38	0.815	10.340	0.803	10.390	0.7960	10.540	0.886
消费不平等	0.418	0.244	0.430	0.240	0.416	0.243	0.381	0.254
生存型消费	9.900	0.793	9.843	0.776	9.952	0.800	9.994	0.821
发展型消费	8.776	1.410	8.777	1.380	8.772	1.339	8.784	1.669
享受型消费	7.368	1.587	7.485	1.421	7.046	1.613	7.685	1.961
非农劳动力转移	0.516	0.348	0.530	0.339	0.513	0.353	0.470	0.365
财产性收入	2.799	3.517	1.984	3.449	3.679	3.304	3.821	3.497
工商经营性收入	0.700	2.655	0.224	1.572	1.263	3.457	1.188	3.330
宅基地流转	0.135	0.342	0.124	0.329	0.140	0.347	0.167	0.374
户主性别	0.847	0.360	0.839	0.368	0.888	0.316	0.777	0.417
户主年龄	53.480	12.670	52.030	13.070	54.590	12.010	56.390	11.820
户主年龄的平方	30.200	13.580	28.780	13.740	31.240	13.120	33.190	13.350
户主受教育程度	2.819	1.088	2.856	1.130	2.811	1.036	2.696	1.036
户主健康状况	3.276	1.005	3.292	0.977	3.300	1.030	3.160	1.041
户主养老保障	0.795	0.404	0.779	0.415	0.810	0.392	0.819	0.385
户主医疗保障	0.971	0.168	0.993	0.081	0.944	0.229	0.949	0.221
家庭人口规模	3.800	1.676	3.945	1.697	3.730	1.653	3.410	1.577
少儿抚养比	0.128	0.161	0.136	0.163	0.123	0.159	0.110	0.159
老年抚养比	0.183	0.307	0.150	0.272	0.203	0.324	0.258	0.365
幸福感	3.751	0.872	3.664	0.843	3.850	0.848	3.846	0.992
汽车拥有情况	0.279	0.448	0.266	0.442	0.305	0.461	0.264	0.441
地区	2.020	0.861	1.963	0.866	2.013	0.856	2.251	0.817

第二节　宅基地流转与农户消费:基准回归

一、宅基地流转对农户消费及不平等的影响

本部分重点考察宅基地流转对农户消费以及消费不平等的影响,首先使用随机效应模型进行逐步回归,并通过混合 OLS 估计进行对比分析。表 5-3 的(1)~(3)列是在核心解释变量的基础上,依次加入户主特征、家庭特征的估计结果,从报告的回归结果可以看出,随着控制变量的依次加入,虽然宅基地流转的系数在缩小,但对家庭总消费的影响一直显著为正,第(4)列的估计系数为 0.19 也在 1% 统计水平上显著为正。此外,表中第(5)列的估计系数为负值,即宅基地流转与农户消费不平等呈负相关关系,虽然估计系数值略低于表 4-1 中收入不平等,但也具有显著性。综上表明宅基地流转能够促进农户家庭总消费的提高,并缓解消费不平等,假说 H2-1 得到初步验证;但假说 H2-2 中关于消费不平等的假说未能得到有效验证,这也反映出"理论是灰色的,而实践之树常青"的道理所在,即不必过分担忧宅基地流转带来消费不平等的扩大,实证分析打破了原有的刻板认知,对于具体作用机制的进一步分析将在本章第四节开展。

表 5-3　宅基地流转对农户消费及消费不平等的影响

变量名称	(1)	(2)	(3)	(4)	(5)
	总消费	总消费	总消费	总消费	消费不平等
宅基地流转	0.407***	0.268***	0.196**	0.190***	-0.064***
	(0.106)	(0.092)	(0.081)	(0.071)	(0.023)
户主性别		0.006	-0.038	-0.087***	0.013*
		(0.029)	(0.026)	(0.027)	(0.008)
户主年龄		0.004	-0.020***	-0.013**	0.007***
		(0.006)	(0.006)	(0.006)	(0.002)
户主年龄的平方		-0.018***	0.012**	0.005	-0.004**
		(0.006)	(0.006)	(0.006)	(0.002)

表 5-3(续)

变量名称	(1)	(2)	(3)	(4)	(5)
	总消费	总消费	总消费	总消费	消费不平等
户主受教育程度		0.120***	0.106***	0.114***	−0.032***
		(0.011)	(0.010)	(0.010)	(0.003)
户主健康状况		0.091***	0.074***	0.087***	−0.022***
		(0.011)	(0.010)	(0.011)	(0.003)
户主养老保障		0.023	0.005	0.016	0.001
		(0.026)	(0.023)	(0.023)	(0.007)
户主医疗保障		0.017	0.006	−0.125**	0.003
		(0.059)	(0.055)	(0.058)	(0.016)
家庭人口规模			0.110***	0.106***	−0.033***
			(0.007)	(0.007)	(0.002)
少儿抚养比			−0.036	−0.030	0.009
			(0.071)	(0.068)	(0.021)
老年抚养比			−0.342***	−0.258***	0.100***
			(0.048)	(0.045)	(0.014)
汽车拥有情况			0.447***	0.510***	−0.135***
			(0.025)	(0.022)	(0.007)
幸福感			0.020*	0.034***	−0.006*
			(0.011)	(0.012)	(0.003)
流转时间			−0.034	−0.024	0.012
			(0.036)	(0.032)	(0.010)
地区	−0.118***	−0.071***	−0.063***	−0.034***	0.018***
	(0.016)	(0.014)	(0.013)	(0.011)	(0.004)
常数项	10.546***	10.112***	10.070***	9.955***	0.498***
	(0.037)	(0.178)	(0.172)	(0.170)	(0.051)
年份	控制	控制	控制	—	控制
样本量			4 894		

注:括号内为稳健标准误;*、**、***分别表示在10%、5%、1%的水平上显著。

其他控制变量与家庭消费也有显著的相关关系:首先,从户主特征来看,户主的受教育程度显著提升了家庭总消费,缓解了消费不平等,户主健康状况也与消费呈现正相关关系。其中,户主受教育年限主要通过改变家庭消费习惯和观念来影响家庭消费,进而给消费偏好与消费行为带来差异(刘子兰等,2018),通常来说,户主受教育程度高的家庭掌握更多的消费知识与技能,对新事物的接受能力更强,并且存在较高的收入预期,因此,人力资本水平高的家庭具有较高的边际消费倾向和较强的财富效应,消费水平的提升更为显著。其次,在家庭特征层面,家庭人口数量对消费具有显著促进作用,这与以往学者的研究(胡银根等,2018)具有相同的结论;同时,老年抚养比对家庭消费产生显著负向效应,也是提高家庭消费不平等的重要因素,人口规模虽然会提高家庭消费,但也显著缓解了家庭消费不平等问题;拥有汽车的家庭消费水平得到显著提升。最后,在地域层面,相比于经济落后地区(西部),居住在经济发达地区(东部)的农户,因其有获得更高收入的概率,并依靠较高的市场活跃性与交易便利性,从而更大程度提升了家庭消费水平。

二、宅基地流转对农户消费升级的影响

表 5-4 进一步报告了宅基地流转对农户生存型、发展型和享受型消费影响的回归结果,从估计系数可以看出,宅基地流转对农户生存型消费、发展型消费和享受型都有显著的促进效用,并且对三者的估计系数依次增加,说明宅基地流转能够推动农户的消费升级。从控制变量来看,首先,在人力资本方面,户主的教育程度对各类消费具有显著正向影响,其中对发展型消费的提高作用大于对生存型消费大于对享受型消费,其原因在于生存型消费属于基础性消费,家庭消费并不会因户主受教育程度的不同而产生很大差异(刘子兰等,2018),但会在一定程度上影响家庭消费者的认知与眼界,并改变消费观念,提升家庭的发展型消费与享受型消费;此外,人力资本中的家庭人口规模也可以显著提升各类消费,可能的原因是,在控制其他变量的情况下,家庭人口数量多意味着对各类产品的需求更大,也表明在未来家庭中有更多的成员从事劳动,大的需求与高的预期收入都促进了消费水平的提高。因此,回归结果与经济现实是吻合的。其次,从户主年龄来看,发展型消费与年龄呈显著正相关关系,但与年龄平方呈显著负相关关系,说明发

展型消费随户主年龄呈倒 U 形变化,这是因为中年家庭承担着更多的子女教育以及维护社会关系网络的责任,因此其发展型消费水平更高。最后,地区间的消费差异只体现在生存型消费与享受型消费上,在发展型消费方面没有显著影响,也间接说明每个地区都在各自能力范围内注重教育等人力资本的提升,经济欠发达地区的教育也越来越得到重视。基于以上分析,假说 H2-2 中宅基地流转能够促进农户消费升级的部分得到验证。

表 5-4　宅基地流转对消费升级影响的估计结果

变量名称	(1)	(2)	(3)
	生存型消费	发展型消费	享受型消费
宅基地流转	0.192**	0.289**	0.422***
	(0.085)	(0.126)	(0.148)
户主性别	−0.040	−0.009	−0.204***
	(0.028)	(0.050)	(0.058)
户主年龄	−0.025***	0.019*	−0.050***
	(0.006)	(0.011)	(0.012)
户主年龄的平方	0.018***	−0.033***	0.034***
	(0.006)	(0.011)	(0.012)
户主受教育程度	0.085***	0.156***	0.212***
	(0.011)	(0.017)	(0.023)
户主健康状况	0.078***	0.091***	0.090***
	(0.011)	(0.018)	(0.023)
户主养老保障	−0.034	0.068	0.019
	(0.025)	(0.042)	(0.050)
户主医疗保障	0.010	0.024	−0.009
	(0.060)	(0.110)	(0.152)
家庭人口规模	0.097***	0.183***	0.089***
	(0.008)	(0.012)	(0.014)
少儿抚养比	0.008	0.015	0.144
	(0.076)	(0.111)	(0.144)
老年抚养比	−0.293***	−0.588***	−0.352***
	(0.050)	(0.098)	(0.111)

表 5-4(续)

变量名称	(1)	(2)	(3)
	生存型消费	发展型消费	享受型消费
幸福感	0.027**	0.020	0.049*
	(0.012)	(0.021)	(0.025)
汽车拥有情况	0.299***	0.792***	0.672***
	(0.025)	(0.040)	(0.051)
地区	−0.072***	−0.001	−0.142***
	(0.013)	(0.022)	(0.026)
流转时间	−0.028	−0.080	−0.141**
	(0.038)	(0.061)	(0.067)
常数项	9.764***	7.013***	7.933***
	(0.186)	(0.329)	(0.398)
年份	控制	控制	控制
样本量	4 894		

注:括号内为稳健标准误;*、**、***分别表示在10%、5%、1%的水平上显著。

第三节 稳健性检验与内生性处理

为确保上述估计结果的稳健性,本部分采取替换计量模型与被解释变量的方法进行稳健性检验。具体地,先是利用倾向得分匹配法来克服样本自选择所导致的估计偏差,得到宅基地流转对农户消费的平均处理效应;然后对被解释变量的测度由总消费变为人均消费,依然通过随机效应模型进行估计。此外,考虑到模型可能存在内生性,从而给估计结果带来偏误,本章同样对内生性问题进行检验,并引入工具变量对内生性问题进行解决,进一步保证估计结果的准确性。

一、稳健性检验

(一)更换计量模型:倾向得分匹配

为保证样本数据的匹配质量,更加直观地对比样本匹配前后的倾向得分差异,本书绘制了样本匹配前(图5-2)和匹配后(图5-3)的密度函数图,以此来检验样本的共同支撑域。可以发现,经过倾向得分匹配后,宅基地流转与未流转样本在倾向得分的分布上具有较好的一致性,接近于完全重叠,充分确保了匹配后的样本具有良好可比性。

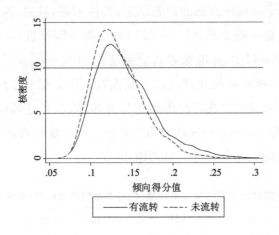

图 5-2　匹配前核密度函数图

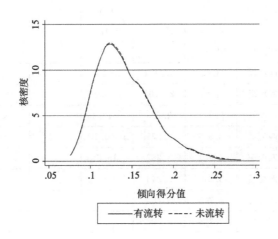

图 5-3　匹配后核密度函数图

借鉴 Rubin(2001)的方法,下面主要从三个维度进行平衡性检验,一是对比匹配前后标准偏差的大小,若偏差在匹配后明显减小则代表着处理组与对照组的差异减小;二是协变量的均值差异,通过 t 检验进行显著性判断,比较处理组与对照组的协变量在匹配后是否存在差异；三是从整体上考察样本匹配的平衡性，主要通过观察伪 R^2（Pseudo-R^2）、LR 统计量、偏差均值（mean bias）、B 值和 R 值[1]的具体变化。

表 5-5 报告了前两种方法的检验结果，具体来看，首先，匹配前有个别处理组与对照组的标准偏差比较高，在经过倾向得分匹配后，所有控制变量的标准偏差均在 10% 以下，标准偏差减少幅度在 58%～99.99%，意味着总偏误得到有效降低，样本匹配比较成功。其次，由 T 检验中的 p 值可以发现，宅基地流转户与未流转户在匹配前存在显著差异，但经过倾向得分匹配后，t 值出现明显下降，说明在经过倾向得分匹配后，宅基地流转户与未流转户间的系统性差异得到完全消除或显著缩小。

表 5-5　全部样本卡尺匹配变量均值、标准偏差的检验结果（家庭总消费）

变量名称	匹配前/后	均值		标准偏差 /%	标准偏差减少/%	T 检验	
		处理组	对照组			t	$p > \lvert t \rvert$
户主性别	匹配前	0.832	0.849	−4.6	66.5	−1.11	0.267
	匹配后	0.833	0.828	1.5		0.27	0.786
户主年龄	匹配前	51.932	53.720	−4.6	66.5	−1.11	0.267
	匹配后	51.970	51.987	1.5		0.27	0.786
户主年龄的平方	匹配前	28.623	30.451	−14	99	−3.38	0.001
	匹配后	28.656	28.702	−0.1		−0.02	0.980
户主受教育程度	匹配前	2.973	2.795	−13.4	97.5	−3.22	0.001
	匹配后	2.968	2.975	−0.3		−0.06	0.950
户主健康状况	匹配前	3.241	3.282	15.5	96.1	3.91	0
	匹配后	3.242	3.243	−0.6		−0.11	0.916
户主养老保障	匹配前	0.793	0.795	−4	99.9	−0.98	0.329
	匹配后	0.794	0.794	0		0	1

---

① 偏差均值（mean bias）为标准化偏差的均值。B 值即 Rubin's B，为处理组与控制组之间倾向得分（PS）均值的标准化差异；R 值为 Rubin's R，为处理组与控制组的倾向得分方差之比。根据 Rubin（2001）的观点，当 $B < 25\%$，并且 R 在 [0.5, 2] 内，可认为匹配平衡性假设条件得到了充分满足。

表 5-5(续)

变量名称	匹配前/后	均值		标准偏差/%	标准偏差减少/%	T检验	
		处理组	对照组			t	$p>|t|$
户主医疗保障	匹配前	0.974	0.970	2.3	87.3	0.54	0.587
	匹配后	0.974	0.974	0.3		0.06	0.956
家庭人口规模	匹配前	3.819	3.797	1.3	58.9	0.31	0.755
	匹配后	3.821	3.812	0.5		0.10	0.922
少儿抚养比	匹配前	0.136	0.127	5.8	85.2	1.40	0.163
	匹配后	0.136	0.135	0.9		0.15	0.878
幸福感	匹配前	3.704	3.758	−6.2	97.4	−1.49	0.136
	匹配后	3.706	3.705	0.2		0.03	0.976
老年抚养比	匹配前	0.178	0.183	−1.9	86.6	−0.46	0.648
	匹配后	0.178	0.177	0.3		0.05	0.962
汽车拥有情况	匹配前	0.340	0.269	15.5	94.5	3.81	0
	匹配后	0.339	0.335	0.9		0.15	0.879
地域	匹配前	1.992	2.024	−3.6	96.4	−0.88	0.379
	匹配后	1.994	1.993	0.1		0.02	0.981

最后,从整体上对平衡性进行检验,检验结果如表 5-6 所示,表中主要报告了匹配前以及利用四种匹配方法后得到的伪 R^2、LR 统计量、偏差均值、B 值与 R 值。通过对比各数值的变化可以发现,各检验指标在匹配后均呈下降趋势,其中,伪 R^2 缩小了接近 10 倍,LR 统计量由 39.61 下降到 0.27 ~ 6.87,偏差均值由 6.8 下降为 0.4 ~ 3.2。B 值在匹配之前大于临界值,匹配后最大值也仅为 14.4%,显著小于 25%。以上数值的变化说明倾向得分匹配有效减小了处理组与对照组在控制变量上的差异,样本的选择性偏误也得到了较大程度的降低。上述检验结果充分证明了匹配后的样本满足条件独立分布假设,样本自选择所导致的估计偏误得到消除。

根据公式(5-3)~(5-5)计算宅基地流转对农户总消费以及消费不平等的处理组平均处理效应(ATT)、对照组平均处理效应(ATU)和总样本平均处理效应(ATE),具体计算结果如表 5-7 所示。所有匹配方法得到的处理效应差异并不大,再次表明样本数据具有较好的稳健性,重要的是,数据结果也体现了宅基地流转对农户消费具有显著的促进作用，对消费不平等具有显著抑制作用，H2-1 得到进一步验证。为便于下文的实证分析，此处选择四种方法的平均值来表征影响效应。

表 5-6　匹配平衡性假定检验结果（总消费）

匹配方法	伪 R^2	LR 统计量	偏差均值 Mean Bias	B 值/%	R 值
匹配前	0.010	39.61	6.8	25.9*	1.20
匹配后					
K 近邻匹配($k=4$)	0.001	1.75	1.1	7.3	0.83
卡尺匹配($r=0.008$)	0.000	0.27	0.4	2.9	0.98
核匹配	0.003	4.91	3.2	12.2	1.29
局部线性回归匹配	0.004	6.87	3.0	14.4	0.83

注：$B>25\%$ 或者 R 在区间 $[0.5,2]$ 外者均标注 *，未标注 * 代表匹配比较成功。

表 5-7　宅基地流转农户消费水平及不平等的平均处理效应

匹配方法	ATT		ATU		ATE	
	总消费	不平等	总消费	不平等	总消费	不平等
K 近邻匹配	0.146***	−0.044***	0.109**	−0.033**	0.114***	−0.035***
($k=4$)	(0.042)	(0.013)	(0.044)	(0.013)	(0.042)	(0.012)
卡尺匹配	0.144***	−0.044***	0.126***	−0.038***	0.129***	−0.039***
($r=0.008$)	(0.032)	(0.010)	(0.035)	(0.010)	(0.034)	(0.010)
核匹配	0.180***	−0.054***	0.133***	−0.041***	0.139***	−0.043***
	(0.033)	(0.010)	(0.033)	(0.010)	(0.033)	(0.010)
局部线性回归匹配	0.130***	−0.039***	0.141***	−0.042***	0.139***	−0.042***
	(0.031)	(0.009)	(0.036)	(0.011)	(0.035)	(0.011)
均值	0.150	−0.045	0.127	−0.039	0.130	−0.040

注：括号内为标准误；*、**、*** 分别表示在 10%、5%、1% 的水平上显著。

具体来看，经过 PSM 反事实估计后，宅基地流转显著提升了农户家庭总消费，其中，处理组的影响净效应为 0.15，说明在解决样本选择性偏差后，宅基地流转使得农户总消费显著提高 15%；对照组的平均处理效应为 0.127，则表明当前宅基地未流转的农户若选择流转够，其总消费将会提升 12.7%。同样，宅基地流转对消费不平等也具有显著的缓解效应，并且处理效应高于对收入不平等的影响,在排除其他影响因素后,处理组的平均处理效应为-0.045,并且在1%的统计水平上显著,说明宅基地流转户的消费不平等指数下降了4.5%,而未流转宅基地的农户在选择流转后,其消费不平等指数也将平均下降3.9%左右。

在第二节的基准回归中发现宅基地流转对生存型、发展型和享受型消费均具有显著提升作用,能够有效推动农户的家庭消费升级。此处在解决样本自选择问题后,进一步探讨宅基地流转对不同类型消费的影响效应,表5-8报告了倾向得分匹配的估计结果。首先,从整体上来看,宅基地流转依然对生存型、发展型和享受型消费具有正向影响,且在1%的统计水平上显著,在排除其他影响因素后,流转户的三项消费分别提升了14.3%、14.6%和14.4%,也就是说宅基地流转对不同消费类型的影响存在差异,但发展型与享受型消费的效应高于生存型消费,也表明宅基地流转有利于农户的家庭消费升级,H2-2得以验证。

表 5-8　宅基地流转对农户消费升级的平均处理效应

消费类型	处理效应	K 近邻匹配 (k=4)	卡尺匹配 (r=0.008)	核匹配	局部线性回归匹配	均值
生存型消费	ATT	0.132***	0.142***	0.159***	0.138***	0.143
		(0.039)	(0.029)	(0.028)	(0.028)	
	ATU	0.122***	0.134***	0.141***	0.148***	0.136
		(0.039)	(0.032)	(0.030)	(0.033)	
	ATE	0.123***	0.136***	0.146***	0.146***	0.138
		(0.037)	(0.031)	(0.030)	(0.032)	
发展型消费	ATT	0.151**	0.133**	0.185***	0.115**	0.146
		(0.073)	(0.052)	(0.051)	(0.052)	
	ATU	0.060	0.104*	0.119**	0.118**	0.100
		(0.068)	(0.058)	(0.060)	(0.057)	
	ATE	0.072	0.108*	0.128**	0.118**	0.107
		(0.066)	(0.057)	(0.058)	(0.056)	

表 5-8(续)

消费类型	处理效应	K 近邻匹配 (k=4)	卡尺匹配 (r=0.008)	核匹配	局部线性回归匹配	均值
享受型消费	ATT	0.129 (0.094)	0.133** (0.064)	0.198*** (0.063)	0.117* (0.063)	0.144
	ATU	0.114 (0.075)	0.115* (0.065)	0.127* (0.066)	0.130** (0.066)	0.122
	ATE	0.116 (0.073)	0.117* (0.064)	0.136** (0.065)	0.127* (0.065)	0.124

注:括号内为标准误;*、**、***分别表示在10%、5%、1%的水平上显著。

（二）更换被解释变量

表 5-9 报告了第二种稳健性检验,即更换被解释变量的估计结果,主要将基准回归中农户的家庭消费对数更换为人均家庭消费对数,并通过随机效应模型进行检验,解决因人口规模不同所导致的估计偏误。首先,在总消费方面,宅基地流转对农户人均总消费的估计系数为 0.183,且在 1% 水平上显著,相比基准回归中的 0.196,所差无几;其次,从分项消费来看,宅基地流转对分项人均消费的估计系数也略低于基准回归的结果,但在影响效应大小的顺序上仍保持一致,即对发展型和享受型消费的影响高于生存型消费,说明在更换被解释变量后,宅基地流转依然能够提升农户总消费并促进消费结构升级;最后,在控制变量上,户主受教育程度对农户消费依然具有正向影响,其他变量的影响方向也基本与基准回归保持一致,仅有家庭人口规模的估计系数出现反向影响,这主要是因为此处的被解释变量为人均消费,与家庭人口规模在函数上呈现反比例关系。综合以上所有稳健性检验表明,本书的估计结果是稳健可靠的。

表 5-9　宅基地流转对农户人均消费影响的估计结果

变量名称	(1) 人均总消费	(2) 人均生存型消费	(3) 人均发展型消费	(4) 人均享受型消费
宅基地流转	0.183** (0.080)	0.180** (0.084)	0.271** (0.123)	0.388*** (0.145)

表 5-9(续)

变量名称	(1)	(2)	(3)	(4)
	人均总消费	人均生存型消费	人均发展型消费	人均享受型消费
户主性别	−0.072***	−0.075***	−0.049	−0.229***
	(0.026)	(0.028)	(0.048)	(0.057)
户主年龄	−0.030***	−0.034***	0.008	−0.061***
	(0.006)	(0.006)	(0.011)	(0.012)
户主年龄的平方	0.023***	0.029***	−0.022*	0.047***
	(0.006)	(0.006)	(0.011)	(0.012)
户主受教育程度	0.110***	0.090***	0.160***	0.213***
	(0.010)	(0.011)	(0.017)	(0.022)
户主健康状况	0.074***	0.078***	0.090***	0.088***
	(0.010)	(0.011)	(0.018)	(0.022)
户主养老保障	0.001	−0.037	0.063	0.017
	(0.023)	(0.025)	(0.041)	(0.047)
户主医疗保障	0.001	0.006	0.016	−0.036
	(0.054)	(0.060)	(0.106)	(0.138)
家庭人口规模	−0.146***	−0.159***	−0.074***	−0.168***
	(0.007)	(0.008)	(0.012)	(0.013)
少儿抚养比	−0.105	−0.060	−0.063	0.072
	(0.072)	(0.077)	(0.110)	(0.140)
老年抚养比	−0.278***	−0.230***	−0.527***	−0.302***
	(0.048)	(0.050)	(0.095)	(0.107)
幸福感	0.017	0.024**	0.016	0.041*
	(0.011)	(0.012)	(0.020)	(0.024)
汽车拥有情况	0.421***	0.273***	0.770***	0.641***
	(0.025)	(0.025)	(0.039)	(0.049)
地区	−0.067***	−0.076***	−0.004	−0.147***
	(0.013)	(0.013)	(0.021)	(0.025)
流转时间	−0.031	−0.025	−0.074	−0.129**
	(0.035)	(0.037)	(0.059)	(0.065)
常数项	10.055***	9.752***	7.032***	8.006***
	(0.172)	(0.187)	(0.318)	(0.377)

表 5-9(续)

变量名称	(1)	(2)	(3)	(4)
	人均总消费	人均生存型消费	人均发展型消费	人均享受型消费
年份	控制	控制	控制	控制
样本量	4 894			

注:括号内为稳健标准误;*、**、***分别表示在 10%、5%、1%的水平上显著。

二、内生性处理

在本书研究中,我们假设解释变量"宅基地是否流转"是严格外生的,然而事实上这并不是一个随机发生的外生事件。虽然在模型设定中从多维度对控制变量进行了选择,以期减少内生性的干扰,但根据消费理论,影响家庭消费决策的因素不仅仅包括家庭财富、个人需求、人力资本等方面,还有一些控制变量所不能涵盖的因素,并且其中一些遗漏变量可能与宅基地流转决策相关,因此,传统的线性回归模型可能存在因遗漏变量所导致的内生性问题,给估计结果带来偏误。目前,寻找满足相关性与外生性要求的工具变量是解决模型内生性的有效方法,本书借鉴已有研究(易行健等,2017),选择农户所在村庄(社区)中有宅基地流转农户的占比作为"是否有宅基地流转"的工具变量。从理论上来讲,农户是否进行宅基地流转受到社区内其他农户宅基地流转的影响,而其他农户宅基地的流转又对本农户的消费决策影响并不大,所以这一工具变量满足了相关性与外生性的要求。

除了从理论上分析模型的内生性与工具变量的适用性外,本书还利用 Hausman 检验与异方差稳健的 DWH 检验法在统计上做进一步验证,上述两种检验方法的原假设均为"所有解释变量均为外生,即不存在内生变量"具体检验结果如表 5-10 所示,可以发现,总消费、消费不平等以及各分项消费的 Hausman 检验结果均在 1%显著水平上拒绝原假设,即认为宅基地流转是内生变量,为确保检验结果的可靠性,进一步报告了异方差稳健的 DWH 检验,结果与 Hausman 检验具有一致性,综上我们认为,宅基地流转是内生性解释变量。

在使用工具变量进行内生性分析之前,需要对村庄(社区)有宅基地流转的农户占比的有效性进行检验,具体包括不可识别检验(Underidentification test)以及弱工具变量检验(Weak identification test)等(陈强,2014)。通过 Stata 软件进行检验得到表 5-10 下半部分,其中,不可识别检验的 Kleibergen-Paap rk LM statistic 统计量为 14.644,对应 P 值接近于 0,在 1%水平上显著;弱工具变量的 Cragg-Donald Wald F 统计量与 Kleibergen-Paap rk Wald F 统计量分别为 43.408 和 16.380,均大于 Stock-Yogo weak ID test critical values 中 10%偏误的临界值,拒绝村庄(社区)有宅基地流转的农户占比"存在弱工具变量"原假设。综上表明,本书选定的工具变量不存在不可识别以及弱工具变量问题,进一步佐证了工具变量的合理性。

表 5-10　内生性检验结果

检验方法	指标	总消费	消费不平等	生存型消费	发展型消费	享受型消费
Hausman 检验	chi²(1)	61.98***	59.82***	58.06***	18.35***	18.91***
DWH 检验	Durbin(score) chi²(2)	62.186***	60.021***	58.251***	18.413***	18.971***
	Wu-Hausman F	31.378***	30.271***	29.368***	9.207***	9.487***
不可识别检验	Kleibergen-Paap rk LM	14.644***				
弱工具变量检验	Cragg-Donald Wald F	43.408				
	Kleibergen-Paap rk Wald F	16.380				
	Stock-Yogo weak ID test critical values (10% maximal IV size)	15.723				

引入工具变量的回归结果如表 5-11 所示,在使用工具变量后,宅基地流转农户总消费的估计显著为正,对消费不平等的估计系数在 1%水平上为负,证明宅基地流转有效提高了农户总消费,缓解了消费不平等问题。从分项消费来看,宅基地流转对三项消费的估计系数均显著为正,其中对享受型消费的估计系数最大,这与基准回归的结果基本符合,表明宅基地流转对促进消费升级具有重要意义,H2-2 得到进一步验证,也说明了在克服内生性后,本书的研究结果仍然具有准确性。

表 5-11   内生性处理结果

变量名称	(1) 总消费	(2) 消费不平等	(3) 生存型消费	(4) 发展型消费	(5) 享受型消费
宅基地流转	6.329 * * *	−1.861 * * *	6.415 * * *	6.175 * * *	7.842 * * *
	(1.898)	(0.557)	(1.967)	(1.986)	(2.997)
户主性别	−0.082 *	0.026 * *	−0.071	−0.028	−0.280 * * *
	(0.042)	(0.012)	(0.043)	(0.059)	(0.070)
户主年龄	−0.008	0.003	−0.012	0.028 * *	−0.043 * * *
	(0.009)	(0.003)	(0.009)	(0.013)	(0.015)
户主年龄的平方	0.004	−0.002	0.010	−0.037 * * *	0.033 * *
	(0.008)	(0.002)	(0.009)	(0.012)	(0.014)
户主受教育程度	0.112 * * *	−0.033 * * *	0.089 * * *	0.161 * * *	0.213 * * *
	(0.016)	(0.005)	(0.016)	(0.020)	(0.027)
户主健康状况	0.082 * * *	−0.024 * * *	0.088 * * *	0.090 * * *	0.082 * * *
	(0.017)	(0.005)	(0.017)	(0.022)	(0.028)
户主养老保障	0.010	−0.001	−0.025	0.082	0.004
	(0.038)	(0.011)	(0.040)	(0.050)	(0.063)
户主医疗保障	−0.079	0.028	−0.102	0.021	0.098
	(0.099)	(0.029)	(0.103)	(0.133)	(0.182)
家庭人口规模	0.114 * * *	−0.035 * * *	0.101 * * *	0.187 * * *	0.096 * * *
	(0.011)	(0.003)	(0.011)	(0.015)	(0.017)
少儿抚养比	−0.194	0.058	−0.147	−0.127	−0.067
	(0.127)	(0.037)	(0.132)	(0.149)	(0.196)
老年抚养比	−0.312 * * *	0.092 * * *	−0.268 * * *	−0.603 * * *	−0.387 * * *
	(0.068)	(0.020)	(0.070)	(0.103)	(0.125)
幸福感	0.029	−0.009 *	0.035 *	0.025	0.040
	(0.018)	(0.005)	(0.019)	(0.026)	(0.031)
汽车拥有情况	0.415 * * *	−0.126 * * *	0.255 * * *	0.735 * * *	0.562 * * *
	(0.047)	(0.014)	(0.048)	(0.056)	(0.075)
地区	−0.037 * *	0.011 * *	−0.053 * * *	0.014	−0.126 * * *
	(0.018)	(0.005)	(0.018)	(0.024)	(0.029)
流转时间	−2.509 * * *	0.738 * * *	−2.539 * * *	−2.462 * * *	−3.139 * * *
	(0.767)	(0.225)	(0.794)	(0.805)	(1.210)

表 5-11(续)

变量名称	(1)	(2)	(3)	(4)	(5)
	总消费	消费不平等	生存型消费	发展型消费	享受型消费
常数项	9.596***	0.633***	9.318***	6.587***	7.451***
	(0.289)	(0.085)	(0.299)	(0.389)	(0.497)
样本量	4 894				

注:括号内为稳健标准误;*、**、*** 分别表示在 10%、5%、1% 的水平上显著。

第四节　基于农户分组的异质性分析

现实中,即便两个农户的宅基地都发生流转,流转对消费产生的影响也不尽相同。虽然前文中通过平均处理效应测度了宅基地流转对农户消费影响的净效应,但全样本未分组的平均处理效应仅能反映农户消费变化的平均值,无法体现样本农户影响效应的结构性差异,即组群差异。基于此,本节从代际分别、经济区域、家庭收入水平三个维度进行组群差异探讨,丰富宅基地流转对家庭消费效应的研究内容,并对假说 H2-3 的准确性进行检验。

出生年代和成长环境的差异会对个体的消费观念和乡土情结产生很大的影响,使出生于不同年代的个体因社会环境迥异而在消费观念与行为上存在明显差异,即消费存在代际效应(刘子兰等,2018)。20 世纪 80 年代以来,"农一代"与"农二代"的代际更迭推动了"乡土中国"到"城乡中国"的历史性结构转变,在这一阶段,两代人与土地、村庄、农业生产的关系,都表现出巨大差异。因此,本书从"农一代"与"农二代"的代际角度出发,分析宅基地流转对家庭消费影响的异质性。从表 5-12 来看,宅基地流转对"农一代"与"农二代"家庭总消费的处理效应为 0.144 和 0.217,即宅基地流转分别提升了"农一代"与"农二代"家庭 14.4% 和 21.7% 的总消费,并且分别缓解了 4.5% 和 6.7% 的消费不平等。总体来看,宅基地流转对"农二代"家庭的促进作用更大。

表 5-12　宅基地流转对农户总消费及消费不平等影响效应(ATT)的代际差异

匹配方法	总消费		消费不平等	
	农一代	农二代	农一代	农二代
K 近邻匹配(k=4)	0.136***	0.200*	−0.046***	−0.063**
	(0.042)	(0.107)	(0.013)	(0.029)
卡尺匹配(r=0.008)	0.140***	0.191*	−0.043***	−0.060**
	(0.029)	(0.098)	(0.009)	(0.027)
核匹配	0.167***	0.234***	−0.051***	−0.071***
	(0.035)	(0.072)	(0.010)	(0.019)
局部线性回归匹配	0.132***	0.244***	−0.040***	−0.073***
	(0.028)	(0.071)	(0.009)	(0.020)
均值	0.144	0.217	−0.045	−0.067

注:括号内为标准误;*、**、***分别表示在10%、5%、1%的水平上显著。

表 5-13 报告了宅基地流转对农户生存型、发展型与享受型消费在不同代际之间的影响效应。

表 5-13　宅基地流转对农户消费升级影响效应(ATT)的代际差异

匹配方法	生存型消费		发展型消费		享受型消费	
	农一代	农二代	农一代	农二代	农一代	农二代
K 近邻匹配 (k=4)	0.166***	0.123	0.154*	0.233*	0.099	0.468**
	(0.042)	(0.115)	(0.079)	(0.135)	(0.093)	(0.200)
卡尺匹配 (r=0.008)	0.154***	0.107	0.126**	0.243*	0.111*	0.355**
	(0.029)	(0.114)	(0.059)	(0.137)	(0.062)	(0.171)
核匹配	0.175***	0.166*	0.170***	0.288***	0.156**	0.355**
	(0.031)	(0.092)	(0.063)	(0.107)	(0.064)	(0.151)
局部线性回归匹配	0.147***	0.178*	0.117**	0.296***	0.102*	0.355**
	(0.029)	(0.091)	(0.058)	(0.108)	(0.062)	(0.157)
均值	0.161	0.144	0.142	0.265	0.117	0.383

注:括号内为标准误;*、**、***分别表示在10%、5%、1%的水平上显著。

　　具体来看,宅基地流转对生存型消费的影响在两代之间的差异并不大,分别显著提升了 16.1% 和 14.4%,可能的原因是宅基地流转后,农户利用所得收益改善了其租房居住环境①。但在发展型消费与享受型消费上,宅基地流转对"农二代"有 0.265 和 0.383 的净效应,远高于"农一代"的 0.142 和 0.117,可能的原因是"农二代"正处中年,需要承担抚育子女和赡养老人的双重责任,并且是家庭社会关系的主要维系者,因此其在教育、人情往来以及娱乐等方面的支出较高,导致其发展型消费与享受型消费比"农一代"分别高 12.3％和 26.6％。此外,单独观察两代农户的三项消费可以发现,宅基地流转对"农一代"生存型消费的影响效应最高,但对"农二代"生存型消费的影响最低,说明宅基地流转对不同代际农户消费升级的影响存在差异,更能促进"农二代"家庭的消费升级。

在经济区域层面,宅基地流转对东、中、西地区的家庭总消费都具有显著的促进作用,在影响效应的大小上顺序为:中部＞东部＞西部,倾向得分匹配测算的详细结果如表 5-14 所示。具体来看,宅基地流转对东部与西部农户总消费的处理效应差别不大,家庭总消费分别提高了 15.2％和18.3％,但西部地区的总消费仅提升了 8.2％;在消费不平等方面,三个地区之间的效应大小顺序仍与总消费保持一致,宅基地流转对中部地区农户消费不平等的缓解效应更高。造成这些差异的可能原因是:东、中部地区的经济发展一直领先于西部地区,城市快速扩张导致宅基地流转的市场需求更多,同时农民离开农村到城市务工、安家的机会也更多,因此东、中部家庭在宅基地流转后能够更高效地进入城市生活,消费品的购买便利性更强,消费水平也得到有效提高,尤其是中部地区距离东部地区更近,农民更容易进入经济最发达的东部地区务工与生活,其消费水平与收入不平等的变化更明显。

为进一步分析宅基地流转对不同区域农户在消费升级方面的影响,表 5-15展示了对应的估计结果。首先,宅基地流转对东部、中部和西部地区农户的生存型消费分别提升了 14.7％、18.6％和 9.7％,其中对西部地区的显著性也低于其他两个地区;其次,从发展型消费来看,宅基地流转对东部

---

①　第三次农业普查数据显示,2016 年末,87.5％的农户仅有一处住房,91.3％的农户没有商品房,即绝大多数流转农户在获得宅基地流转收益后会增加在租房(生存型)方面的开支,此外,在下文经济区域差异分析中,东部地区的生存型消费净效应高于中部和西部,一个潜在原因是东部房租价格更高,导致该区域的生存型消费支出更多。

与西部地区农户的影响均不明显,但显著促进了中部家庭的发展型消费;最后,宅基地流转仅对东部地区农户的享受型消费具有显著影响,能够有效提升 32.6% 的享受型消费。综上,宅基地流转与不同地域农户的不同类型消费的关系具有显著差异,相较于西部地区,宅基地流转更能促进中部和东部地区农户的消费升级,因此,在宅基地流转过程中,要警惕地区之间的发展不平衡问题,避免地区间贫富差距的扩大。

表 5-14　宅基地流转对农户总消费及消费不平等影响效应(ATT)的地域差异

匹配方法	总消费			消费不平等		
	东部	中部	西部	东部	中部	西部
K 近邻匹配	0.140 *	0.186 * *	0.032	−0.044 * *	−0.058 * *	−0.008
(k=4)	(0.072)	(0.084)	(0.076)	(0.021)	(0.025)	(0.023)
卡尺匹配	0.143 * * *	0.178 * * *	0.090 *	−0.043 * * *	−0.056 * * *	−0.024
(r=0.008)	(0.048)	(0.061)	(0.054)	(0.014)	(0.018)	(0.016)
核匹配	0.180 * * *	0.186 * * *	0.113 * * *	−0.054 * * *	−0.060 * * *	−0.032 * *
	(0.046)	(0.056)	(0.053)	(0.014)	(0.017)	(0.016)
局部线性回归匹配	0.144 * * *	0.181 * * *	0.093 *	−0.043 * * *	−0.059 * * *	−0.025 *
	(0.047)	(0.055)	(0.051)	(0.014)	(0.016)	(0.015)
均值	0.152	0.183	0.082	−0.046	−0.058	−0.022

注:括号内为标准误;*、* *、* * *分别表示在 10%、5%、1% 的水平上显著。

表 5-15　宅基地流转对农户消费升级影响效应(ATT)的地域差异

消费类型	分类标准	K 近邻匹配 (k=4)	卡尺匹配 (r=0.008)	核匹配	局部线性回归匹配	均值
生存型消费	东部	0.140 * *	0.142 * * *	0.167 * * *	0.139 * * *	0.147
		(0.071)	(0.049)	(0.047)	(0.047)	
	中部	0.177 *	0.185 * * *	0.196 * * *	0.187 * * *	0.186
		(0.097)	(0.069)	(0.067)	(0.071)	
	西部	0.055	0.109 * *	0.120 * *	0.104 * *	0.097
		(0.071)	(0.051)	(0.050)	(0.051)	

表 5-15(续)

消费类型	分类标准	K 近邻匹配 ($k=4$)	卡尺匹配 ($r=0.008$)	核匹配	局部线性 回归匹配	均值
发展型消费	东部	0.152	0.106	0.049	0.097	0.101
		(0.131)	(0.097)	(0.113)	(0.097)	
	中部	0.193	0.168*	0.251**	0.261**	0.218
		(0.136)	(0.095)	(0.105)	(0.116)	
	西部	0.054	0.109	0.146*	0.041	0.088
		(0.110)	(0.079)	(0.082)	(0.081)	
享受型消费	东部	0.316**	0.299***	0.393***	0.294***	0.326
		(0.127)	(0.088)	(0.082)	(0.088)	
	中部	−0.051	−0.034	−0.015	−0.028	−0.032
		(0.189)	(0.140)	(0.122)	(0.132)	
	西部	0.016	−0.001	0.048	0.007	0.018
		(0.133)	(0.095)	(0.098)	(0.093)	

注:括号内为标准误;*、**、*** 分别表示在 10%、5%、1% 的水平上显著。

消费受到家庭收入的直接影响,在控制其他影响因素不变的条件下,进一步探讨宅基地流转对不同收入水平家庭的消费影响(见表 5-16)。低、中、高收入组的农户在宅基地流转后总消费分别显著提升 10.3%、9.1% 和 18.4%;而在消费不平等方面,宅基地流转缓解消费不平等的效应大小依然是高收入组>低收入组>中收入组。总体来看,虽然宅基地流转能够有效改善低收入家庭的消费情况,缩小与中收入组的差距,但宅基地流转对高收入组的影响更大,因此在推动宅基地流转中要更注意保障低收入群体的生计水平不降低。

表 5-16　宅基地流转对家庭总消费及不平等影响效应(ATT)的收入差异

匹配方法	总消费			消费不平等		
	低收入组	中收入组	高收入组	低收入组	中收入组	高收入组
K 近邻匹配 ($k=4$)	0.084	0.083	0.172***	−0.028	−0.027	−0.051***
	(0.073)	(0.068)	(0.064)	(0.022)	(0.021)	(0.018)

表 5-16(续)

匹配方法	总消费			消费不平等		
	低收入组	中收入组	高收入组	低收入组	中收入组	高收入组
卡尺匹配 (r=0.008)	0.104*	0.096*	0.176***	−0.033**	−0.028*	−0.050***
	(0.053)	(0.053)	(0.050)	(0.016)	(0.016)	(0.014)
核匹配	0.117**	0.101**	0.194***	−0.038**	−0.032**	−0.056***
	(0.050)	(0.049)	(0.046)	(0.015)	(0.016)	(0.012)
局部线 性回归匹配	0.107**	0.084*	0.193***	−0.035**	−0.026*	−0.056***
	(0.051)	(0.048)	(0.048)	(0.015)	(0.015)	(0.013)
均值	0.103	0.091	0.184	−0.034	−0.028	−0.053

注:括号内为标准误;*、**、***分别表示在10%、5%、1%的水平上显著。

从消费升级的角度来看(表 5-17),宅基地流转对所有收入组的生存型消费均具有显著提升作用;在发展型消费上,对低、中收入组并没有显著影响,却显著提高了高收入组 25.6%的发展型消费;此外,宅基地流转还显著提升了低收入组农户 18.9%的享受型消费,表明宅基地流转有利于促进低收入组与高收入组的消费升级。区域层面与收入层面的分析,也从侧面反映出当前地区间发展不平衡与居民贫富差距明显的问题依然存在,因此,在宅基地流转的过程中,要注重保障"弱势群体"的权益,避免不平衡与贫富差距的扩大。

表 5-17 宅基地流转对家庭消费升级影响效应(ATT)的收入差异

消费类型	分类标准	K 近邻匹配 (k=4)	卡尺匹配 (r=0.008)	核匹配	局部线性 回归匹配	均值
生存型消费	低收入组	0.117	0.121**	0.126**	0.119**	0.121
		(0.075)	(0.057)	(0.053)	(0.051)	
	中收入组	0.091	0.110**	0.111**	0.099**	0.103
		(0.056)	(0.049)	(0.047)	(0.046)	
	高收入组	0.167**	0.183***	0.190***	0.186***	0.182
		(0.069)	(0.050)	(0.048)	(0.046)	

表 5-17(续)

消费类型	分类标准	K 近邻匹配 (k=4)	卡尺匹配 (r=0.008)	核匹配	局部线性回归匹配	均值
发展型消费	低收入组	−0.084 (0.145)	−0.006 (0.130)	0.021 (0.124)	0.009 (0.113)	−0.015
	中收入组	0.028 (0.096)	0.046 (0.073)	0.060 (0.073)	0.040 (0.072)	0.044
	高收入组	0.233** (0.092)	0.242*** (0.077)	0.270*** (0.070)	0.280*** (0.071)	0.256
享受型消费	低收入组	0.111 (0.168)	0.211* (0.119)	0.225** (0.106)	0.208** (0.104)	0.189
	中收入组	0.119 (0.142)	0.083 (0.106)	0.085 (0.105)	0.068 (0.105)	0.089
	高收入组	0.040 (0.122)	0.048 (0.093)	0.109 (0.089)	0.066 (0.085)	0.066

注:括号内为标准误;*、**、***分别表示在 10%、5%、1%的水平上显著。

第五节　宅基地流转影响农户消费的机制分析

上文基准回归以及稳健性检验与内生性处理后的实证结果表明,宅基地流转会对农户总消费带来显著正向影响。众所周知,收入水平的高低决定消费能力的高低,是影响消费的重要因素。在第四章中,我们发现宅基地流转对农户收入的影响主要体现在两个方面,一是宅基地流转能够显著提升农户收入水平,并且受宅基地财产属性的影响,宅基地流转对农户财产性收入的影响最为明显;二是对工商经营性收入具有显著正向影响,在宅基地流转对农户收入的机制分析中,非农劳动力转移发挥了重要的中介效应,但宅基地流转后并没有显著提升工资性收入,而是显著增加了工商经营性收入。基于此,在本部分的机制分析中,首先检验农户财产性收入在宅基地流转对农户消费的影响中是否发挥了中介效应,然后检验宅基地流转对农户消费的影响中是否存在经由非农劳动力转移与工商经营性收入的链式中介效应。

一、宅基地流转对农户消费的简单中介效应分析

表 5-18(上半部分)报告了逐步回归法检验农户财产性收入在宅基地流转对农户消费中是否发挥中介效应的检验结果①。

表 5-18 农户财产性收入的中介效应检验结果(消费水平)

检验方法	变量类型	(1)总消费	(2)财产性收入	(3)总消费		
逐步回归法检验	宅基地流转	0.196 * *	0.864 *	0.175 * *		
		(0.081)	(0.452)	(0.081)		
	财产性收入	—	—	0.025 * * *		
				(0.003)		
	控制变量	控制	控制	控制		
	常数项	10.070 * * *	−1.612 *	10.106 * * *		
		(0.172)	(0.894)	(0.170)		
Soble 检验法	类别	估计值	标准误	P 值		
	间接效应	0.027	0.013	0.044		
	直接效应	0.163	0.072	0.024		
	总效应	0.190	0.074	0.010		
	间接效应占总效应的比重	14.1%	—	—		
Bootstrap 检验法	类别	估计值	Percentile 95% CI		Bis-corrected 95% CI	
			下限	上限	下限	上限
	间接效应	0.027	0.004	0.056	0.002	0.058
	直接效应	0.163	0.028	0.298	0.025	0.294
	总效应	0.190	0.057	0.322	0.052	0.320
	间接效应占总效应的比重	14.1%	—	—	—	—

注:括号内为稳健标准误;*、* *、* * *分别表示在10%、5%、1%的水平上显著。

具体来看,在回归(1)宅基地流转对农户总消费的估计结果中,宅基地流转的系数在 5% 水平上显著;回归(2)也表明宅基地流转显著增加了农户

① 此处选择财产性收入作为农户消费简单中介变量的主要原因是:宅基地流转对财产性收入带来的影响是最直接的,因为宅基地流转所激发的是其财产属性,本书重点关注的也是财产属性激发给农户生计带来的影响,因此此处选择财产性收入更具合理性。

的财产性收入,宅基地流转的估计系数为 0.864;回归(3)将核心解释变量与中介变量同时纳入模型后,宅基地流转与农户财产性收入均对农户总消费具有显著正向影响。通过以上估计结果可以表明,农户财产性收入在宅基地流转对农户总消费的影响中存在部分中介效应,假说 H2-4 得到验证。

逐步回归分析重点检验了中介效应是否存在的问题,对于具体的效应值没有进行分析,为进一步保证上述结果的可靠性,表 5-18 的下半部分报告了利用 Sobel 检验法与 Bootstrap 检验法检验的结果。在 Sobel 检验中,所有效应值对应的 P 值均小于 0.05,说明中介效应成立;在 Bootstrap 检验中,重复抽样 1000 次所得到的间接效应的两个置信区间分别为[0.004,0.056]、[0.002,0.058],均不包括 0,其他效应的置信区间也不包含 0,同样说明中介效应成立。此外,两个检验方法除了进一步证明中介效应的存在外,在具体效应值上也具有一致性,具体地,宅基地流转对农户消费的总效应为 0.190,直接效应为 0.163,间接效应占总效应的比重为 14.1%,即财产性收入在宅基地流转对农户总消费的影响中发挥了 14.1% 的部分中介效应。

除了检验财产性收入在宅基地流转与农户收入间所产生的中介效应外,表 5-19 进一步报告了其在宅基地流转与消费不平等中发挥的中介作用。可以发现,逐步回归法同样证明了中介效应的存在,进一步利用 Soble 与非参数的 Bootstrap(同样重复抽样 1 000 次)法进行检验,得到间接效应值为 -0.004,直接效应为 -0.038,总效应值为 -0.042,其中间接效应占总效应的 10.3%,这也说明宅基地流转对消费不平等的影响并不符合第二章分析中的"马太效应",财产性收入的增加能够在宅基地流转缓解消费不平等中发挥 10.3% 的中介作用。

表 5-19　农户财产性收入的中介效应检验结果(消费不平等)

检验方法	变量类型	(1)消费不平等	(2)财产性收入	(3)消费不平等
逐步回归检验	宅基地流转	-0.038***	0.407**	-0.035***
		(0.010)	(0.167)	(0.009)
	财产性收入	—	—	-0.007***
		—	—	(0.001)

表 5-19(续)

检验方法	变量类型	(1)消费不平等	(2)财产性收入	(3)消费不平等
逐步回归检验	控制变量	控制	控制	控制
	常数项	0.497***	−1.601*	0.487***
		(0.051)	(0.893)	(0.051)
Soble检验法	类别	估计值	标准误	P 值
	间接效应	−0.004	0.001	0.003
	直接效应	−0.038	0.008	0.000
	总效应	−0.042	0.008	0.000
	间接效应占总效应的比重	10.3%	—	—

检验方法	类别	估计值	Percentile 95% CI		Bis-corrected 95% CI	
			下限	上限	下限	上限
Bootstrap检验法	间接效应	−0.004	−0.007	−0.001	−0.008	−0.001
	直接效应	−0.038	−0.055	−0.025	−0.053	−0.024
	总效应	−0.042	−0.058	−0.028	−0.058	−0.028
	间接效应占总效应的比重	10.3%	—	—	—	—

注:括号内为稳健标准误;*、**、***分别表示在10%、5%、1%的水平上显著。

二、宅基地流转对农户消费的链式中介效应分析

表 5-20 报告了模型(5-6)～(5-8)的估计结果[①]。回归(1)是以非农劳动力转移为解释变量,可以看出,宅基地流转的系数为 0.072,且在 1%水平上显著,表明宅基地流转能够促进非农劳动力转移;回归结果(2)中,宅基地流转与非农劳动力转移的系数分别为 0.732 和 0.595,说明宅基地流转与非农劳动力转移均能显著提升农户的工资性收入;回归(3)以农户总消费为被解释变量,并将两个中介变量都纳入模型中,结果显示,宅基地流转、工资性收入与非农劳动力转移的系数均显著为正。表 5-20 的估计结果表明,宅基地流转可以通过单向的促进非农劳动力转移或者提高工资性收入间接提升农户消费水平,也可以通过"促进非农劳动力转移→提高工资性收入"这一链

---

① 在后文链式中介部分未继续使用财产性收入作中介变量,原因在于劳动力转移对工资性收入的中介效应更为显著,所以更换为工资性收入。

式机制提升农户总消费。

表 5-20　链式多重中介效应模型估计结果

变量名称	(1)非农劳动力转移	(2)工资性收入	(3)总消费
宅基地流转	0.072***	0.732*	0.131*
	(0.022)	(0.377)	(0.069)
非农劳动力转移	—	0.595***	0.515***
	—	(0.120)	(0.038)
工资性收入	—	—	0.028***
	—	—	(0.004)
常数项	0.999***	−1.349*	9.458***
	(0.053)	(0.731)	(0.170)
控制变量	控制	控制	控制
样本量	4 894		

注:括号内为稳健标准误;*、**、*** 分别表示在 10％、5％、1％的水平上显著。

为保证本研究链式中介效应检验结果的可靠性,我们进一步使用非参数 Bootstrap 法做进一步检验,表 5-21 报告了 OLS 模型下,利用 Bootstrap 法(重复抽样 1 000 次)检验链式多重中介效应的结果。可以发现,宅基地流转→非农劳动力转移→农户总消费路径的效应值最高,95％的置信区间分别为[0.004,0.058]和[0.016,0.060],均不包含 0,说明中介效应显著。宅基地流转→工资性收入→农户总消费的效应值为 0.021,置信区间同样不包含 0,说明中介效应显著,H2-4 成立。宅基地流转→非农劳动力转移工资性收入→农户总消费的置信区间同样表明中介效应的存在,H2-5 成立。这意味着从非农劳动力转移到工资性收入产生了显著的连续中介效应,即宅基地流转可以通过"促进非农劳动力转移→提高工资性收入"的链式中介途径提升农户总消费。

进一步分析可得到,宅基地流转对农户消费的总中介效应为 0.059,而总效应为 0.131,所以总中介效应占总效应的比重为 45.04％,在不同类型的中介效应中,非农劳动力转移的独立中介效应最大,效应值为 0.037,占总效应的 28.24％,工资性收入的独立中介效应次之,效应值为 0.021,链式中介的影响效应最低,说明宅基地流转通过促进非农劳动力转移,进而提升农户总消费这条路径最为显著,是宅基地流转提升农户消费最为重要的影响机制。

表 5-21　Bootstrap 链式中介效应检验结果

中介效应类型	中介效应值	Percentile 95% CI		Bis-corrected 95% CI	
		下限	上限	下限	上限
宅基地流转→非农劳动力转移→农户总消费	0.037	0.014	0.058	0.016	0.060
宅基地流转→工资性收入→农户总消费	0.021	0.001	0.042	0.001	0.046
宅基地流转→非农劳动力转移→工资性收入→农户总消费	0.001	0.001	0.002	0.001	0.003
总中介效应	0.059	0.267	0.091	0.029	0.093
总效应	0.131	0.008	0.265	0.010	0.263

注:括号内为稳健标准误;*、**、***分别表示在10%、5%、1%的水平上显著。

本 章 小 结

基于第二章宅基地流转对农户消费影响的理论分析与研究假说,本章采用 CHFS 三期非平衡面板数据,综合运用随机效应模型、倾向得分匹配法、工具变量法以及多重中介效应检验法剖析了宅基地流转对农户消费的影响。研究发现:

(1)宅基地流转对农户家庭总消费具有显著正向影响,并能有效缓解消费不平等,促进消费升级。具体来看,宅基地对农户总消费的影响净效应为15%,对生存型、发展型和享受型消费的净效应分别为 14.3%、14.6% 和14.4%,其中发展型与享受型消费受到的促进效应相对较大。

(2)组群差异结果表明,宅基地流转对"农二代"家庭消费的促进效应总体高于"农一代",除了在总消费处理效应上相差 7.3% 外,宅基地流转更能促进"农二代"家庭消费升级;此外,中部地区与东部地区宅基地流转对农户消费的影响效应高于西部地区,但对于西部地区的农户来说,宅基地流转能够显著促进家庭生存型消费,改善基本生活水平;最后,宅基地流转对高收入组农户消费的影响效应超过对中、低收入组农户。

(3)机制分析发现,宅基地流转能够通过增加农户财产性收入间接提升消费水平、降低消费不平等。除此之外,还存在由非农劳动力转移、工商经营性收入这两个中介变量构成的三条间接路径对农户消费产生影响,即宅基地流转可通过"促进非农劳动力转移→提高工资性收入"这一链式机制提升农户总消费,其中劳动力转移的独立中介效应最大。

(4)人力资本能够显著提升农户消费,其中,户主受教育程度和家庭人口数量对发展型消费的提升作用最为显著,但在生存型消费与享受型消费之间,户主受教育程度更能促进享受型消费,家庭人口数量则更能促进生存型消费。

第六章 宅基地流转对农户家庭金融脆弱性影响的实证分析

> 除非我们理解了是什么导致了经济和金融的不稳定性，否则我们就不能开出药方———制定政策———以修正或消除这种不稳定性。
>
> ———海曼·P. 明斯基《稳定不稳定的经济———一种金融不稳定视角》

推进宅基地流转是中国新一轮农村宅基地制度改革的重点任务，而作为农户家庭的核心资产，宅基地流转所带来的资产配置变动势必对家庭金融脆弱性产生重要影响。根据第二章的理论分析与研究假说，本章内容安排如下：第一节为模型构建与变量说明；第二节利用随机效应模型实证检验宅基地流转对农户家庭金融脆弱性的影响，并对不同时期的金融脆弱性进行检验；第三节通过倾向得分匹配法、多元 Logit 模型、IV-2SLS 模型等对基准回归结果进行稳健性检验与内生性处理；第四节考察宅基地流转对不同代际、地域等农户家庭金融脆弱性影响的异质性；第五节利用简单中介效应模型与链式中介效应模型分别检验农户收入、劳动力转移和金融素养在宅基地流转与家庭金融脆弱性之间所发挥的机制作用；最后进行本章小结。

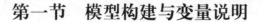

第一节　模型构建与变量说明

一、模型构建

为检验宅基地流转是否降低了家庭金融脆弱性,本书构建如下基准回归的计量模型:

$$\mathrm{FVI}_{it} = \alpha + \beta_1 \mathrm{transfer}_{it} + \alpha_i X_{it} + \varepsilon_{it} \tag{6-1}$$

其中,i 代表农户个体;t 代表年份;FVI_{it} 代表 i 农户 t 年份的家庭金融脆弱性;$\mathrm{transfer}_{it}$ 是解释变量宅基地是否流转;X_{it} 代表控制变量,包括户主特征、家庭特征等;α 是常数项;ε_{it} 是随机误差项。在关于面板数据在固定效应模型与随机效应模型的选择问题上:首先,本书的研究样本虽然是全国层面的,但是从全国农户中随机抽取中得到的,更适用于随机效应模型;其次,Hausman 检验结果也接受零假设,因此,本章依然选择随机效应模型检验宅基地流转对家庭脆弱性的影响效应。

对于倾向得分匹配法的模型设计,前文已经进行了详细的阐述,仅需要把收入或消费替换为金融脆弱性即可;对于链式中介模型的应用,同样只需把工商经营性收入换为金融素养,此处均不再赘述。

但在稳健性检验部分,拟将家庭金融脆弱性划分为 0～2 的离散型变量进行检验,因此需选择面板多元 Logit 模型进行估计,假定"低度脆弱＝0,中度脆弱＝1,高度脆弱＝2",以"低度脆弱"为参照组,构建如下计量模型:

$$\log it\,\pi_1 = \ln\left(\frac{\pi_1}{\pi_0}\right) = \beta_0 + \beta_1 \mathrm{transfer}_{it} + \beta_2 X_{it} + \mu_{it} \tag{6-2}$$

$$\lg it\,\pi_2 = \ln\left(\frac{\pi_2}{\pi_0}\right) = \gamma_0 + \gamma_1 \mathrm{transfer}_{it} + \gamma_2 X_{it} + \varphi_{it} \tag{6-3}$$

式中,$\pi_0 + \pi_1 + \pi_2 = 1$,$X_{it}$ 表示控制变量。估计系数 β_i 与 γ_i 表示在控制其他变量情况的影响下,对应 X_i 变化一个单位时,$\ln\left(\frac{\pi_i}{\pi_0}\right)$ 变化的比率,为便于解

释,本书进一步计算出$\frac{\pi_i}{\pi_0}$的比率,即几率比(Odds ratio)[1]对模型的估计结果进行解释。

二、变量说明

金融脆弱性(FVI)。现有研究多从"过度负债"与"应急储蓄"两个维度对家庭金融脆弱性进行测度(孟德锋等,2019;张冀等,2020),并通过相关阈值对变量进行赋值,以非连续离散型变量反映样本家庭的金融脆弱程度。虽然利用阈值一分为二并简单加总的赋值方法能够判断家庭是否因超过某一临界值而出现脆弱性的情况,但无法判断超过临界值后的脆弱程度,若采用连续变量测度家庭金融脆弱性则可以克服这一不足。因此,本书借鉴已有研究(岳崴等,2021;Sri et al.,2021;He and Zhou,2022),从生存保障、基础社交保障、债务负担等多个维度选取表征家庭金融脆弱性的评价指标(表3-6),然后通过对数据的标准化处理和熵值法赋权求和,即可得到家庭金融脆弱性指数,该指数值越小表示家庭金融脆弱性越低,即家庭金融更安全。

宅基地流转。作为本书的核心解释变量,对宅基地流转的变量设置主要根据CHFS问卷中"您家的宅基地是否有过以下经历?"这一问题进行测度,选项分为出租宅基地、抵押宅基地等,回答中有以上任一流转经历的赋值为1,没有的赋值为0。不可否认,相较于定距变量和定比变量,采用"是否流转"的二分定类变量无法获得农户宅基地流转程度的精确数据。但不同于耕地流转,"房地一体"、难以分割的农村宅基地多以"处"为计量单位,在农村实际流转过程中一般会整处流转。因此,在受CHFS数据库限制的条件下本书将宅基地流转变量设置为二分定类变量具有现实合理性。

中介变量。在分析宅基地流转对家庭金融脆弱性的作用机制时,选择非农劳动力转移和金融素养作为中介变量,其中,非农劳动力转移是指家庭的非务农劳动力人数占家庭总人口的比重。而金融素养主要基于世界银行

---

[1] 几率比:即陷入某一程度脆弱性的概率与陷入基准组低度脆弱性的概率比值,也被成为相对风险(relative risk)。

金融能力测度框架[①]与已有研究（Atkinson and Messy，2011；刘波等，2020；廖理等，2021），从金融知识、金融态度与金融行为三个维度进行测度，然后通过对数据的标准化处理和熵值法赋权求和，即可得到金融素养指数，具体指标如表 6-1 所示。

控制变量。考虑到家庭金融脆弱性还受到家庭人员特征、资产状况、地理位置等因素的影响，参考已有文献（Ali et al.，2019；吴郁玲等，2021），从户主特征、家庭特征等方面进行控制变量的选取，用以降低估计偏误，提高模型的准确性。具体地，户主层面的控制变量主要包括户主性别、年龄、受教育程度、健康状况以及医疗和养老等社会保障；家庭层面主要选择生活满意度、人口规模、是否有汽车以及表征人口负担的少儿抚养比与老年抚养比；最后还在区域特征上进行了控制。变量的具体定义见表 6-2。

表 6-1　金融素养评价指标体系构建

维度	指标层	指标定义
金融知识	利率计算	假设银行年利率是 4%，把 100 元钱存 1 年定期，可获得的本金和利息是？不知道＝0；算错＝1；算对＝2
	通胀计算	假设银行年利率是 5%，通货膨胀率是 8%，100 元存银行一年之后能够买到的东西将变多/少？不知道＝0；算错＝1；算对＝2
	风险判断	股票和基金哪个风险更大？基金＝0；股票＝1
金融态度	信息关注度	对经济、金融方面的信息关注程度。从不关注＝0；很少/一般关注＝1；很/非常关注＝2
	未来态度	未来五年是否有购买或新建住房的计划？无＝0；有＝1
	风险偏好	投资倾向类型。不愿承担/不知道风险＝0；可以承担风险＝1
金融行为	课程培训	是否上过经济或金融类课程（含临时）？否＝0；是＝1
	信息获取渠道	关注财经类新闻的渠道。没有＝0；1～2 种＝1；2 种以上＝2
	收支平衡	家庭总收入与总消费的差值。收入＜消费＝0；收入＞消费＝1

[①] Financial Capability Surveys Around the World：Why Financial Capability Is Important and How Surveys Can Help. Available online：https://documents. worldbank. org/en/ publication/documents－reports/documentdetail/693871468340173654 （Accessed on 15 February 2022）。

· 153 ·

表 6-2　变量的具体定义

变量类型	变量名称	变量定义
被解释变量	家庭金融脆弱性	家庭金融脆弱性指数:0~10
解释变量	宅基地流转	宅基地是否流转(转出):是=1,否=0
中介变量	非农劳动力转移	家庭的非务农劳动力数量/家庭总人口
	金融素养	金融素养得分:0~10
控制变量	户主性别	1=男性,0=女性
	户主年龄	户主实际年龄
	户主年龄的平方	户主实际年龄的平方/100
	户主受教育程度	文盲/半文盲=1,小学=2,初中=3,高中/中专/技校/职高=4,大专=5,大学本科=6,硕士=7,博士=8
	户主健康状况	非常不好=1,不好=2,一般=3,好=4,非常好=5
	户主养老保障	是否有社会养老保险:是=1,否=0
	户主医疗保障	是否有社会医疗保险:是=1,否=0
控制变量	家庭人口规模	家庭总人口数量
	少儿抚养比	家中16岁以下人口占家庭人口比重
	老年抚养比	家中65岁以上人口占家庭人口比重
	幸福感	非常不幸福=1,不幸福=2,一般=3,幸福=4,非常幸福=5
	汽车拥有情况	家庭是否拥有汽车,有=1,无=0
	地区	经济地区划分:东部=1,中部=2,西部=3

　　表 6-3 为相关变量的描述性统计,分年份报告了不同变量的平均值与标准差,可以发现,农户的家庭金融脆弱性在总体呈下降状态;金融素养的波动性比较大,也从侧面表明当前农户的金融素养水平参差不齐,差异性较大;其他变量的波动情况在之前的两章已进行分析,此处不再重复分析。

表 6-3　相关变量的描述性统计

变量名称	总样本		2015 年		2017 年		2019 年	
	平均值	标准差	平均值	标准差	平均值	标准差	平均值	标准差
家庭金融脆弱性	8.513	0.647	8.537	0.603	8.469	0.714	8.528	0.634
宅基地流转	0.135	0.342	0.124	0.329	0.140	0.347	0.167	0.374
非农劳动力转移	0.516	0.348	0.530	0.339	0.513	0.353	0.470	0.365

表 6-3（续）

变量名称	总样本		2015 年		2017 年		2019 年	
	平均值	标准差	平均值	标准差	平均值	标准差	平均值	标准差
金融素养	2.535	1.875	2.705	1.978	2.294	1.664	2.455	1.877
户主性别	0.847	0.360	0.839	0.368	0.888	0.316	0.777	0.417
户主年龄	53.480	12.670	52.030	13.070	54.590	12.010	56.390	11.820
户主年龄的平方	30.200	13.580	28.780	13.740	31.240	13.120	33.190	13.350
户主受教育程度	2.819	1.088	2.856	1.130	2.811	1.036	2.696	1.036
户主健康状况	3.276	1.005	3.292	0.977	3.300	1.030	3.160	1.041
户主养老保障	0.795	0.404	0.779	0.415	0.810	0.392	0.819	0.385
户主医疗保障	0.971	0.168	0.993	0.081	0.944	0.229	0.949	0.221
家庭人口规模	3.800	1.676	3.945	1.697	3.730	1.653	3.410	1.577
少儿抚养比	0.128	0.161	0.136	0.163	0.123	0.159	0.110	0.159
老年抚养比	0.183	0.307	0.150	0.272	0.203	0.324	0.258	0.365
幸福感	3.751	0.872	3.664	0.843	3.850	0.848	3.846	0.992
汽车拥有情况	0.279	0.448	0.266	0.442	0.305	0.461	0.264	0.441
地区	2.020	0.861	1.963	0.866	2.013	0.856	2.251	0.817

第二节　宅基地流转与农户家庭金融脆弱性：基准回归

一、宅基地流转对农户家庭金融脆弱性的影响

表 6-4 报告了宅基地流转对家庭金融脆弱性的估计结果，主要利用随机效应模型进行估计，并通过聚类稳健标准误解决了可能出现的异方差问题。表中第（1）～（3）列是在核心变量的基础上依次加入户主特征、家庭特征与区域特征的估计结果，从回归结果可以看出，宅基地流转对农户家庭金融脆弱性的影响一直显著为负，控制变量的加入只是改变了估计系数的大小，并未影响系数方向，这表明宅基地流转能够显著缓解农户的家庭金融脆弱性。此外，第（4）列报告了混合 OLS 的估计结果，宅基地流转的估计系数为−0.108，且在 1% 统计水平显著，依然证明宅基地流转能够缓解家庭金融脆

弱性,假说 H3-1 得到初步验证。

表 6-4 宅基地流转对家庭金融脆弱性的影响

变量名称	(1) 家庭金融脆弱性	(2) 家庭金融脆弱性	(3) 家庭金融脆弱性	(4) 家庭金融脆弱性
宅基地流转	−0.173***	−0.148***	−0.126***	−0.108***
	(0.044)	(0.040)	(0.037)	(0.029)
户主性别		0.011	0.034	0.045**
		(0.025)	(0.024)	(0.023)
户主年龄		−0.010**	−0.005	−0.005
		(0.005)	(0.005)	(0.005)
户主年龄的平方		0.009**	0.003	0.003
		(0.004)	(0.005)	(0.004)
户主受教育程度		−0.142***	−0.109***	−0.106***
		(0.011)	(0.011)	(0.010)
户主健康状况		−0.071***	−0.044***	−0.057***
		(0.008)	(0.008)	(0.008)
户主养老保障		−0.062***	−0.047**	−0.067***
		(0.020)	(0.019)	(0.018)
户主医疗保障		0.052	0.039	0.130**
		(0.063)	(0.061)	(0.060)
家庭人口规模			−0.034***	−0.030***
			(0.006)	(0.006)
少儿抚养比			0.206***	0.254***
			(0.061)	(0.058)
老年抚养比			0.068*	0.032
			(0.037)	(0.035)
幸福感			−0.044***	−0.055***
			(0.009)	(0.009)
汽车拥有情况			−0.319***	−0.379***
			(0.024)	(0.024)
地区			0.166***	0.153***
			(0.012)	(0.010)

表 6-4(续)

变量名称	(1)	(2)	(3)	(4)
	家庭金融脆弱性	家庭金融脆弱性	家庭金融脆弱性	家庭金融脆弱性
常数项	8.558 * * *	9.444 * * *	9.172 * * *	9.164 * * *
	(0.012)	(0.157)	(0.157)	(0.146)
年份	控制	控制	控制	—
样本量	4 894			

注:括号内为稳健标准误;*、**、***分别表示在10%、5%、1%的水平上显著。

其他控制变量与家庭金融脆弱性也有显著的相关关系:首先,从户主特征来看,户主受教育程度、健康状况与拥有社会养老保障均降低了家庭金融脆弱性。而户主受教育程度主要通过降低债务负担概率与稳定收入来影响家庭金融脆弱性(张冀等,2020),具体来说,户主受教育程度高的家庭可能有更出色的财务管理能力,能够科学有效的配置家庭资产,降低陷入债务陷阱的概率,且在收入上更具有稳定性,应对风险冲击能力也相应得到提高,能够有效缓解家庭金融脆弱性;而户主健康状况越好的家庭,意味其面对疾病风险就越小,受到医疗支出等的意外冲击的概率也更小,家庭金融脆弱性也相对更低(岳崴等,2021)。其次,在家庭特征层面,人口规模与家庭金融脆弱性呈负相关关系,但少儿抚养比却显著提高了家庭金融脆弱性程度,可能的原因是人口规模大的家庭有更多的成员从事劳动,其收入水平的增加抑制了金融脆弱性的提高,而少儿占比较高意味着教育等发展型消费较高,家庭负担过高导致金融脆弱性显著提高,这与已有研究具有相同结论(孟德锋等,2019)。最后,在地域层面,农户所生活的经济区域不同也会给家庭金融脆弱性带来影响,总体来看,经济发达区域农户的家庭金融脆弱性相对较低。

二、宅基地流转对农户不同时期金融脆弱性的影响

本书的金融脆弱性由多个维度赋权加总得到,为全面剖析宅基地流转对不同时期金融脆弱性所发挥的影响效应,此处以不同时期的金融脆弱性

分项指标为被解释变量①,利用随机效应模型进行回归分析,具体结果如表6-5所示。从核心解释变量来看,宅基地流转对短期与中短期的金融脆弱性的影响系数不仅比较小,还不具有显著性;但其对中长期和长期的影响系数分别为0.691和0.380,并且在5%和1%的统计水平上显著,说明宅基地流转能够缓解农户在中长期和长期的金融脆弱性;列(5)的估计结果表明,宅基地流转对农户意外时期金融脆弱性的影响不具有显著性。

表6-5 宅基地流转对不同时期家庭金融脆弱性影响的估计结果

变量名称	(1)	(2)	(3)	(4)	(5)
	短期	中短期	中长期	长期	意外时期
宅基地流转	-0.091	0.051	0.691**	0.380***	0.473
	(0.290)	(0.069)	(0.350)	(0.140)	(0.319)
户主性别	-0.278	0.158***	-0.174	-0.194	-0.110
	(0.261)	(0.057)	(0.332)	(0.137)	(0.299)
户主年龄	0.009	0.010	0.087	0.048	0.117*
	(0.058)	(0.012)	(0.069)	(0.031)	(0.062)
户主年龄的平方	0.011	-0.013	-0.030	-0.040	-0.146**
	(0.056)	(0.012)	(0.064)	(0.029)	(0.061)
户主受教育程度	0.700***	0.190***	0.413***	0.362***	1.006***
	(0.091)	(0.022)	(0.124)	(0.047)	(0.106)
户主健康状况	0.214**	0.095***	0.561***	0.304***	1.303***
	(0.098)	(0.021)	(0.119)	(0.053)	(0.116)
户主养老保障	0.356	0.129***	0.277	-0.041	0.168
	(0.251)	(0.050)	(0.302)	(0.118)	(0.258)
户主医疗保障	0.005	0.111	-0.502	0.084	0.695
	(0.458)	(0.116)	(0.610)	(0.379)	(0.625)
家庭人口规模	0.417***	-0.031**	0.093	0.042	-0.012
	(0.066)	(0.014)	(0.083)	(0.040)	(0.080)
少儿抚养比	-4.042***	-0.480***	-2.912***	-0.884**	-1.840**
	(0.775)	(0.153)	(0.952)	(0.406)	(0.774)

---

① 此处对被解释变量的原始数据进行加1取对数处理。

表 6-5(续)

变量名称	(1)	(2)	(3)	(4)	(5)
	短期	中短期	中长期	长期	意外时期
老年抚养比	−0.726*	0.189*	0.648	0.109	−0.917*
	(0.397)	(0.104)	(0.461)	(0.221)	(0.548)
幸福感	0.305***	0.139***	0.627***	0.316***	0.651***
	(0.110)	(0.024)	(0.141)	(0.071)	(0.129)
汽车拥有情况	−0.603**	0.434***	−0.106	1.182***	2.390***
	(0.239)	(0.050)	(0.304)	(0.112)	(0.229)
地区	−0.730***	−0.208***	−1.103***	−0.376***	−1.060***
	(0.117)	(0.028)	(0.144)	(0.056)	(0.133)
常数项	3.131*	0.507	0.611	8.262***	−5.283***
	(1.655)	(0.368)	(2.076)	(1.052)	(1.863)
年份	控制	控制	控制	控制	控制
样本量	4 894				

注:括号内为稳健标准误;*、**、***分别表示在10%、5%、1%的水平上显著。

从控制变量来看,在户主特征方面,户主的受教育程度与身体健康状况对任意时期下的金融脆弱性均具有缓解效应,可能的原因是,受教育程度越高越能找到稳定有保障的工作,并且更具有资产配置的管理能力,而身体健康也意味着有更多的机会去务工提高家庭收入,并且受到意外冲击的概率也比较小,这也与表 6-4 中的估计结果具有一致性。在家庭特征方面,少儿抚养比在不同程度上增加了各个时期金融脆弱性,且均具有显著性,老年抚养比仅增加了短期的金融脆弱性,对与负债相关的脆弱性没有显著影响,这也表明,人口负担是影响家庭金融脆弱性的重要因素,在推动人口增长的过程中,要关注农户未来发展所面临的经济困难,降低其陷入金融脆弱性的概率。

第三节　稳健性检验与内生性处理

为确保上述基准回归结果的稳健性,本部分采用替换计量模型与被解释变量测度方法的形式进行稳健性检验。具体地,首先,利用倾向得分匹配法来克服模型因自选择所导致的估计偏差,得到宅基地流转对农户家庭金融脆弱性的平均处理效应;其次,将金融脆弱性指数按均值划分为离散型变量,赋值 0~2,分别代表低度脆弱、中度脆弱与高度脆弱,然后以低度脆弱为基期,并利用面板多值 Logit 模型进行稳健性检验;最后,考虑模型可能存在内生性,从而给估计结果带来偏误,本章同样对内生性问题进行检验,并引入工具变量对内生性问题进行解决,进一步保证估计结果的可靠性。

一、稳健性检验

(一)更换计量模型:倾向得分匹配

在计算出农户的倾向得分后,为保障样本数据的匹配质量,进一步绘制了本书绘制了样本匹配前(图 6-1)和匹配后(图 6-2)的密度函数图,以此来检验样本的共同支撑域。可以发现,在倾向得分匹配前,图 6-1 的左端有部分样本未在共同取值范围内,经过倾向得分匹配后,图 6-2 中两条曲线存在较大范围的重叠,这充分确保了匹配后的样本具有良好可比性。

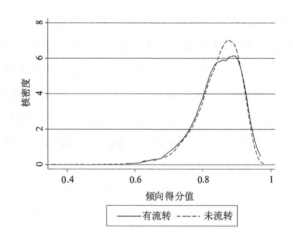

图 6-1　匹配前核密度图

借鉴 Rubin(2001)的方法,下面主要从三个维度进行平衡性检验,一是对比匹配前后标准偏差的大小,若偏差在匹配后明显减小则代表着处理组与对照组的差异减小;二是协变量的均值差异,通过 t 检验进行显著性判断,

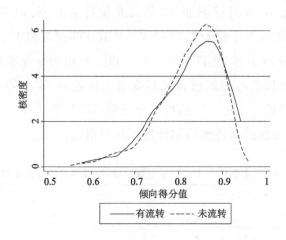

图 6-2　匹配后核密度图

比较处理组与对照组的协变量在匹配后是否存在差异;三是从整体上考察样本匹配的平衡性,主要通过观察伪 R^2(Pseudo-R^2)、LR 统计量、偏差均值(mean bias)、B 值和 R 值①的具体变化。

　　表 6-6 报告了前两种方法的检验结果,具体来看,匹配前,有部分变量处理组与对照组的标准偏差比较高,在经过倾向得分匹配后,所有控制变量的标准偏差均在 10% 以下,标准偏差减少幅度在 82%~100%,意味着总偏误得到有效降低,样本匹配比较成功。其次,由 T 检验中的 p 值可以发现,宅基地流转户与未流转户在匹配前存在显著差异,但经过倾向得分匹配后,t 值出现明显下降,说明在经过倾向得分匹配后,宅基地流转户与未流转户间的系统性差异得到完全消除或显著缩小。

　　最后,从整体上对平衡性进行检验,检验结果如表 6-7 所示,表中主要报告了匹配前以及利用四种匹配方法后得到的伪 R^2、LR 统计量、偏差均值、B 值与 R 值。通过对比各数值的变化可以发现,各检验指标在匹配后均呈下

---

①　偏差均值(mean bias)为标准化偏差的均值。B 值即 Rubin's B,为处理组与控制组之间倾向得分(PS)均值的标准化差异;R 值为 Rubin's R,为处理组与控制组的倾向得分方差之比。根据 Rubin(2001)的观点,当 $B<25\%$,并且 R 在[0.5,2]内,可认为匹配平衡性假设条件得到了充分满足。

降趋势,其中,伪 R^2 缩小了接近 10 倍,LR 统计量由 39.61 下降到 $0.25\sim$ 6.87,偏差均值由 6.8 下降为 $0.5\sim3.2$。B 值在匹配之前大于临界值,匹配后最大值也仅为 14.4%,显著小于 25%。以上数值的变化说明倾向得分匹配有效减小了处理组与对照组在控制变量上的差异,样本的选择性偏误得到较大程度的降低。上述检验结果充分证明了匹配后的样本满足条件独立分布假设,样本自选择所导致的估计偏误得到消除。

表 6-6 全部样本卡尺匹配变量均值、标准偏差的检验结果

变量名称	匹配前/后	均值		标准偏差/%	标准偏差减少/%	T 检验	
		处理组	对照组			t	$p>\lvert t\rvert$
户主性别	匹配前	0.832	0.849	−4.6	85.9	−1.110	0.267
	匹配后	0.833	0.831	0.6		0.110	0.909
户主年龄	匹配前	51.932	53.720	−14.0	94.7	−3.380	0.001
	匹配后	51.970	52.065	−0.7		−0.130	0.893
户主年龄的平方	匹配前	28.623	30.451	−13.4	93.9	−3.220	0.001
	匹配后	28.656	28.767	−0.8		−0.150	0.881
户主受教育程度	匹配前	2.973	2.795	15.5	99.9	3.910	0.000
	匹配后	2.968	2.968	0		0.000	0.998
户主健康状况	匹配前	3.241	3.282	−4.0	98.8	−0.980	0.329
	匹配后	3.242	3.242	0		0.010	0.993
户主养老保障	匹配前	0.793	0.795	−0.7	82.0	−0.160	0.874
	匹配后	0.794	0.794	−0.1		−0.020	0.983
户主医疗保障	匹配前	0.974	0.970	2.3	86.3	0.540	0.587
	匹配后	0.974	0.974	0.3		0.060	0.953
家庭人口规模	匹配前	3.819	3.797	1.3	84.9	0.310	0.755
	匹配后	3.821	3.818	0.2		0.040	0.971
少儿抚养比	匹配前	0.136	0.127	5.8	83.0	1.400	0.163
	匹配后	0.136	0.135	1.0		0.180	0.859
老年抚养比	匹配前	0.178	0.183	−1.9	100.0	−0.460	0.648
	匹配后	0.178	0.178	0		0.000	1.000
幸福感	匹配前	3.704	3.758	−6.2	99.8	−1.490	0.136
	匹配后	3.706	3.706	0		0.000	0.998

表 6-6(续)

变量名称	匹配前/后	均值		标准偏差/%	标准偏差减少/%	T 检验	
		处理组	对照组			t	p>|t|
汽车拥有情况	匹配前	0.340	0.269	15.5	87.2	3.810	0.000
	匹配后	0.339	0.330	2.0		0.350	0.725
地域	匹配前	1.992	2.024	−3.6	95.0	−0.880	0.379
	匹配后	1.994	1.996	−0.2		−0.030	0.974

表 6-7　匹配平衡性假定检验结果

匹配方法	伪 R^2	LR 统计量	偏差均值 Mean Bias	B 值/%	R 值
匹配前	0.010	39.61	6.8	25.9	1.2
匹配后					
K 近邻匹配($k=4$)	0.001	1.75	1.1	7.3	0.83
卡尺匹配($r=0.008$)	0.000	0.25	0.5	2.7	1.01
核匹配	0.003	4.91	3.2	12.2	1.29
局部线性回归匹配	0.004	6.87	3.0	14.4	0.83

注:$B>25\%$或者 R 在区间$[0.5,2]$外者均标注*,未标注*代表匹配比较成功。

在第二节基准回归时发现,宅基地流转能够显著缓解农户的家庭金融脆弱性,为进一步保证基准回归结果的可靠性,此处根据倾向得分匹配中不同处理效应的计算公式得到宅基地流转对农户金融脆弱性的平均处理效应,具体包括 ATT、ATU 和 ATE,计算结果如表 6-8 所示。初步分析可以发现,四种匹配方法得到的处理效应数值差距并不大,也从侧面说明样本的匹配质量较好,为便于后文分析,依然通过均值来表征处理效应。

具体来看,经过反事实的 PSM 估计后,宅基地流转对金融脆弱性的处理效应为负值,且均在 1% 的统计水平上显著,表明宅基地流转能够显著缓解家庭金融脆弱性,假说 H3-1 得到进一步验证。其中,处理组的净效应为 −0.112,说明在解决样本选择性偏差后,宅基地流转户的家庭金融脆弱性显著下降了 11.2%;对照组的平均处理效应为 −0.093,说明当前宅基地未流转的农户若选择流转,将减缓 9.3% 的家庭金融脆弱性;最后,总样本的平均处理效应为 −0.096,四种匹配方法得到的结果均在 1% 水平上显著,充分表明本书基准回归的结果是可靠的。

表 6-8　宅基地流转对农户金融脆弱性的平均处理效应

处理效应类型	K 近邻匹配 (k=4)	卡尺匹配 (r=0.016)	核匹配	局部线性 回归匹配	均值
ATT	−0.104***	−0.112***	−0.133***	−0.100***	−0.112
	(0.035)	(0.029)	(0.030)	(0.029)	
ATU	−0.094***	−0.092***	−0.094***	−0.091***	−0.093
	(0.034)	(0.028)	(0.029)	(0.028)	
ATE	−0.095***	−0.094***	−0.100***	−0.093***	−0.096
	(0.032)	(0.028)	(0.028)	(0.028)	

注:括号内为标准误;*、**、***分别表示在10%、5%、1%的水平上显著。

在第二节基准回归中,宅基地流转对不同时期金融脆弱性的影响存在差异,主要对中长期和长期的影响较为显著,为保证结果的可靠性,此处同样利用倾向得分匹配法进行稳健性检验。表 6-9 报告了具体估计结果,首先,从整体来看,宅基地流转依然仅对中长期和长期的家庭金融脆弱性具有显著影响,在排除其他影响因素后,处理效应分别为 0.778 和 0.332。也就是说宅基地流转对不同时期金融脆弱性的影响存在差异,对中长期与长期,即负债方面的缓解效应更明显。

表 6-9　宅基地流转对不同时期金融脆弱性的平均处理效应(ATT)

匹配方法	短期	中短期	中长期	长期	意外时期
K 近邻匹配 (k=4)	0.029	0.059	1.049**	0.281*	0.539
	(0.324)	(0.079)	(0.431)	(0.154)	(0.463)
卡尺匹配 (r=0.016)	−0.073	0.018	0.666**	0.333***	0.442
	(0.222)	(0.062)	(0.333)	(0.127)	(0.308)
核匹配	−0.003	0.054	0.699**	0.408***	0.643**
	(0.221)	(0.063)	(0.324)	(0.127)	(0.314)
局部线性 回归匹配	−0.079	0.013	0.698**	0.306**	0.365
	(0.226)	(0.062)	(0.327)	(0.126)	(0.308)
均值	−0.032	0.036	0.778	0.332	0.497

注:括号内为标准误;*、**、***分别表示在10%、5%、1%的水平上显著。

（二）更换被解释变量

除更换计量模型,利用 PSM 计算宅基地流转对农户家庭金融脆弱性的平均处理效应,本书还将金融脆弱性指数按均值划分为离散型变量,赋值 0～2,分别代表低度脆弱、中度脆弱与高度脆弱,然后以低度脆弱为基期,利用面板多值 Logit 模型进行实证检验,结果如表 6-10 所示。由于 Logit 模型估计系数不具有直接可比性,对经济含义解释不够直观,而只能反映变量的影响方向,所以表 6-10 中进一步报告了几率比(Odds ratio)对估计结果进行解释。可以发现,在更换家庭金融脆弱性的测度方法后,宅基地流转对家庭金融脆弱性依然具有负向影响。具体来看,宅基地流转户陷入中度与高度金融脆弱的概率分别是未流转户的 0.636 倍和 0.729 倍,即宅基地流转能够缓解家庭金融脆弱性,并且相对于高度脆弱,宅基地流转对于降低家庭中度脆弱的效果更好;但从控制变量上来看,户主受教育程度、健康状况对减缓高度脆弱的效应更大,少儿抚养比对高度脆弱的影响效应远大于中度脆弱,这说明抚养子女所带来的负担更容易使家庭陷入高度金融脆弱的状况。

表 6-10　替换金融脆弱性测度方法的稳健性检验

变量名称	(1)中度脆弱		(2)高度脆弱	
	估计系数	几率比	估计系数	几率比
宅基地流转	−0.374***	0.636***	−0.243**	0.729**
	(0.113)	(0.085)	(0.119)	(0.137)
户主性别	0.083	1.081	0.249**	1.359**
	(0.112)	(0.137)	(0.119)	(0.222)
户主年龄	−0.006	0.982	0.017	1.011
	(0.023)	(0.025)	(0.026)	(0.036)
户主年龄的平方	0.003	1.012	−0.015	0.991
	(0.022)	(0.026)	(0.025)	(0.034)
户主受教育程度	−0.299***	0.723***	−0.656***	0.409***
	(0.040)	(0.034)	(0.045)	(0.029)
户主健康状况	−0.166***	0.835***	−0.362***	0.637***
	(0.042)	(0.040)	(0.044)	(0.039)

表 6-10(续)

变量名称	(1)中度脆弱		(2)高度脆弱	
	估计系数	几率比	估计系数	几率比
户主养老保障	−0.115	0.882	−0.240**	0.766**
	(0.101)	(0.100)	(0.105)	(0.110)
户主医疗保障	0.241	1.337	0.258	1.408
	(0.227)	(0.334)	(0.241)	(0.454)
家庭人口规模	−0.050*	0.961*	−0.254***	0.692***
	(0.027)	(0.030)	(0.030)	(0.031)
少儿抚养比	1.047***	2.845***	2.359***	20.112***
	(0.299)	(0.971)	(0.322)	(9.253)
老年抚养比	−0.023	0.919	0.338*	1.592*
	(0.193)	(0.201)	(0.192)	(0.430)
幸福感	−0.161***	0.833***	−0.320***	0.660***
	(0.048)	(0.046)	(0.051)	(0.045)
汽车拥有情况	−0.935***	0.358***	−1.696***	0.113***
	(0.085)	(0.035)	(0.103)	(0.017)
地区	0.443***	1.588***	0.718***	2.575***
	(0.047)	(0.086)	(0.050)	(0.204)
常数项	1.909***	9.284***	3.523***	93.035***
	(0.690)	(7.290)	(0.773)	(101.416)
年份	控制			

二、内生性检验与处理

在本书研究中,我们假设解释变量"宅基地是否流转"是严格外生的,然而事实上这并不是一个随机发生的外生事件。虽然在模型设定中从多维度对控制变量进行了选择,以期减少内生性的干扰,但影响家庭金融脆弱性的因素是多方面的,比如政策环境等外在因素是本书控制变量所不能涵盖的,但这些因素还可能与宅基地流转的决策相关,因此,基准回归中的线性模型可能存在因遗漏变量而导致的内生性问题,给估计结果带来偏误。目前,寻找满足相关性与外生性要求的工具变量是解决模型内生性的有效方法,本书借鉴已有研究(易行健等,2017),选择农户所在村庄(社区)中有宅基地流转农户的占比作为"是否有宅基地流转"的工具变量。从理论上来讲,农户是否进行宅基地流转受到社区内其他农户宅基地流转的影响,而其他农户宅基地的流转又不会对本农户的家庭金融脆弱性产生影响,所以这一工具变量满足了相关性与外生性的要求。

除了从理论上分析模型的内生性与工具变量的适用性外,本书还利用Hausman检验与异方差稳健的DWH检验法在统计上做进一步验证,上述两种检验方法的原假设均为"所有解释变量均为外生,即不存在内生变量"具体检验结果如表6-11的下半部分所示,可以发现,模型的Hausman检验结果为14.09,并且在1%显著水平上拒绝原假设,即认为宅基地流转是内生变量,为确保检验结果的可靠性,我们进一步报告了异方差稳健的DWH检验,结果与Hausman检验具有一致性,综上所述,宅基地流转是模型的内生性解释变量。

表 6-11 宅基地流转农户金融脆弱性影响的内生性处理

变量名称	(1)	(2)
	OLS	IV-2SLS
宅基地流转	−0.108***	−0.380***
	(0.024)	(0.077)
户主性别	0.045**	0.041*
	(0.023)	(0.023)
户主年龄	−0.005	−0.005
	(0.005)	(0.005)
户主年龄的平方	0.003	0.003
	(0.005)	(0.005)
户主受教育程度	−0.106***	−0.103***
	(0.008)	(0.009)
户主健康状况	−0.057***	−0.060***
	(0.009)	(0.009)
户主养老保障	−0.067***	−0.067***
	(0.021)	(0.021)

表 6-11(续)

变量名称	(1) OLS	(2) IV-2SLS
户主医疗保障	0.130***	0.134***
	(0.048)	(0.049)
家庭人口规模	−0.030***	−0.030***
	(0.006)	(0.006)
少儿抚养比	0.254***	0.261***
	(0.061)	(0.061)
老年抚养比	0.032	0.045
	(0.038)	(0.038)
幸福感	−0.055***	−0.057***
	(0.010)	(0.010)
汽车拥有情况	−0.379***	−0.369***
	(0.019)	(0.020)
地区	0.153***	0.153***
	(0.010)	(0.010)
常数项	9.164***	9.214***
	(0.148)	(0.150)
样本量	4 894	4 894

诊断检验

Hausman 检验	chi²(1)=14.09***
DWH 检验	Durbin (score) chi²(2)=14.130*** Wu-Hausman F(2,5472)=7.061***
不可识别检验	Kleibergen-Paap rk LM statistic=147.987***
弱工具变量检验	Cragg-Donald Wald F statistic=516.941 Kleibergen-Paap rk Wald F statistic=448.220 Stock-Yogo weak ID test critical values(10% maximal IV size)=16.38

注:括号内为稳健标准误;*、**、***分别表示在10%、5%、1%的水平上显著。

　　在使用工具变量进行内生性分析之前,需要对村庄(社区)有宅基地流转的农户占比的有效性进行检验,具体包括不可识别检验(Underidentifica-tion test)以及弱工具变量检验(Weak identification test)等(陈强,2014)。通过 Stata 软件进行检验得到结果如表 6-11 下半部分所示,其中,不可识别

检验的 Kleibergen-Paap rk LM statistic 统计量为 147.987,对应 P 值接近于
0,在 1% 水平上显著;弱工具变量的 Cragg-Donald Wald F 统计量与
Kleibergen－Paap rk Wald F 统计量分别为 516.941 和 448.220,远大于
Stock－Yogo weak ID test critical values 中 10% 偏误的临界值 16.38,即拒
绝村庄(社区)有宅基地流转的农户占比"存在弱工具变量"原假设。综上表
明,本书选定的工具变量不存在不可识别以及弱工具变量问题,进一步佐证
了工具变量的合理性。

　　在使用工具变量后,得到的估计结果如表 6-11 上半部分所示,宅基地流
转与家庭金融脆弱性仍为负相关关系,第(2)列的估计系数为－0.38 且在
1% 统计水平上显著,证明宅基地流转有效降低了家庭金融脆弱性,H3-1 得
到进一步验证,同样,控制变量的影响方向与基准回归结果仍保持一致,也
说明在克服内生性后,本书的研究结果依然准确可靠。

第四节　宅基地流转对农户家庭金融脆弱性
影响的异质性

　　宅基地流转对家庭金融脆弱性的影响效应在不同特征的群体间可能存
在一定的差别。根据研究样本的家庭特征,本书按照代际分别、收入水平以
及经济区域的划分方式对农户进行分组回归。

　　在第四章与第五章的异质性分析中,宅基地流转对"农一代"和"农二
代"收入与消费的影响上存在显著差异,为全面剖析宅基地流转对不同代际
农户在生计影响方面的差异,表 6-12 进一步报告了宅基地流转对不同代际
的金融脆弱性的影响,具体来看,宅基地流转对两代农户的家庭金融脆弱性
都具有显著的负向效应,平均处理效应分别为－0.107 和－0.207,明显对
"农二代"家庭的缓解作用更大。产生该结果的可能原因有两个方面,一是
"农二代"正处中年状态,需要承担抚育子女和赡养老人的双重责任,并且是
家庭社会关系的主要维系者,宅基地流转所带来的收入能够更有效地改善
家庭短期与中短期的金融脆弱状况;二是宅基地流转虽然能同样改善"农一
代"的收入状况,但相比于"农二代","农一代"因身体状况所面临意外冲击

的概率更高,由此抵消了部分宅基地流转所带来的缓解效应。

表 6-12　宅基地流转对农户金融脆弱性影响效应的代际差异(ATT)

划分标准	K 近邻匹配 ($k=4$)	卡尺匹配 ($r=0.016$)	核匹配	局部线性回归匹配	均值
农一代	-0.089 **	-0.113 ***	-0.124 ***	-0.103 ***	-0.107
	(0.038)	(0.029)	(0.032)	(0.029)	
农二代	-0.226 *	-0.221 **	-0.186 **	-0.193 **	-0.207
	(0.122)	(0.112)	(0.093)	(0.092)	

注:括号内为标准误;*、**、*** 分别表示在 10%、5%、1% 的水平上显著。

　　家庭金融脆弱性受到收入的直接影响,在控制其他影响因素不变的条件下,进一步探讨宅基地流转对不同收入水平农户的家庭金融脆弱性影响,估计结果如表 6-13 所示。宅基地流转对中、高收入组家庭金融脆弱性的缓解效应分别为 -0.1 和 -0.151,并且均在 1% 水平上具有显著性,对低收入组家庭金融脆弱性的影响效应仅为 -0.027,明显低于其他农户。可能的原因是相对于低收入组农户,中、高收入组的农户在满足生活支出的基础上,有更多灵活的资金进行投资,因此,随着宅基地流转带来的收益,中高收入组农户能够更自由地通过资产优化配置减缓家庭金融脆弱性,即宅基地流转更有利于经营农户实现生计可持续发展,这意味着在宅基地流转中需要对低收入群体的生计资本变动与发展能力给予更多关注和支持。

表 6-13　宅基地流转对农户金融脆弱性影响效应的收入组差异(ATT)

划分标准	K 近邻匹配 ($k=4$)	卡尺匹配 ($r=0.016$)	核匹配	局部线性回归匹配	均值
低收入组	-0.027	-0.029	-0.029	-0.022	-0.027
	(0.047)	(0.040)	(0.039)	(0.038)	
中收入组	-0.094 **	-0.101 ***	-0.103 ***	-0.101 ***	-0.100
	(0.048)	(0.036)	(0.036)	(0.037)	
高收入组	-0.133 *	-0.154 ***	-0.156 ***	-0.159 ***	-0.151
	(0.078)	(0.059)	(0.059)	(0.059)	

注:括号内为标准误;*、**、*** 分别表示在 10%、5%、1% 的水平上显著。

表 6-14 报告了宅基地流转对家庭金融脆弱性在经济区域上的影响差异。宅基地流转对东、中、西地区农户的家庭金融脆弱性均具有缓解效应，其中对东部影响效应最大，其次是西部地区。造成这种差异可能的原因是，东部地区的经济金融发展一直处于领先地位，城市扩张导致宅基地流转的市场需求更多，同时，农民进入城市后的就业机会与收入也大幅增加，所接收到的金融信息也更多，在收入增加的基础上能够更合理地进行资产配置来降低家庭金融脆弱性。此外，通过区域层面与收入层面的分析，也从侧面反映出当前地区间发展不平衡与居民贫富差距明显的问题依然存在，因此，在宅基地流转的过程中，要注重保障"弱势群体"的权益，避免不平衡与贫富差距的扩大。

表 6-14　宅基地流转对农户金融脆弱性影响效应的地域差异(ATT)

划分标准	K 近邻匹配 ($k=4$)	卡尺匹配 ($r=0.016$)	核匹配	局部线性回归匹配	均值
东部	−0.188***	−0.188***	−0.206***	−0.180***	−0.191
	(0.068)	(0.058)	(0.056)	(0.057)	
中部	−0.038	−0.033	−0.040	−0.032	−0.036
	(0.054)	(0.042)	(0.041)	(0.042)	
西部	−0.076*	−0.090**	−0.091**	−0.074*	−0.083
	(0.044)	(0.038)	(0.037)	(0.038)	

注：括号内为标准误；*、**、***分别表示在 10%、5%、1% 的水平上显著。

第五节　宅基地流转影响农户家庭金融脆弱性的机制分析

一、财产性收入的中介效应分析

农户收入是影响家庭金融脆弱性的关键要素。在第四章中，我们证明了宅基地流转对农户收入的提升主要体现在财产性收入上，在宅基地流转对消费的影响中也显示，除了流转给消费带来的直接效应，还存在财产性收入增加所带来的中介效应，基于此，本书进一步检验财产性收入是否在宅基地流转对家庭金融脆弱性中的影响同样具有中介效应。

表 6-15 报告了财产性收入的中介效应检验结果。

表 6-15　财产性收入的中介效应检验结果

检验方法	变量类型	(1)金融脆弱性	(2)财产性收入	(3)金融脆弱性
逐步回归检验	宅基地流转	−0.126***	0.407**	−0.101***
		(0.037)	(0.167)	(0.034)
	财产性收入	—	—	−0.053***
		—	—	(0.003)
	控制变量	Yes	Yes	Yes
	常数项	9.172***	−1.601*	9.104***
		(0.157)	(0.893)	(0.144)

检验方法	类别	估计值	标准误	P 值
Soble 检验法	直接效应	−0.082	0.022	0.000
	间接效应	−0.026	0.009	0.002
	总效应	−0.108	0.024	0.000
	间接效应占总效应的比重	23.9%	—	—

检验方法	类别	估计值	Percentile 95% CI		Bis-corrected 95% CI	
			下限	上限	下限	上限
Bootstrap 检验法	直接效应	−0.082	−0.133	−0.031	−0.134	−0.033
	间接效应	−0.026	−0.043	−0.008	−0.044	−0.009
	总效应	−0.108	−0.163	−0.053	−0.163	−0.054
	间接效应占总效应的比重	23.9%	—	—	—	—

注：括号内为稳健标准误；*、**、***分别表示在10%、5%、1%的水平上显著。

首先，根据逐步回归法检验是否存在中介效应，由(1)～(3)的估计结果可以发现，宅基地流转与财产性收入的估计系数均具有显著性，根据逐步回归法的检验准则，说明模型存在中介效应。其次，利用 Soble 检验法计算不同效应的具体大小，其中，宅基地流转对家庭金融脆弱性的直接效应为−0.082，间接效应为−0.026，均在1%水平上显著(对应 P 值均小于0.01)，并且间接效应占总效应的比重为23.9%。最后，为进一步保证结果的可靠性，利用非参数 Bootstrap 检验法重复抽样 1 000 次进行检验，得到间接效应的置信区间分别为[−0.043，−0.008]和[−0.044，−0.009]，均不包含 0，说明中介效应成立,在具体效应值大小上与 Soble 检验的结果相同,间接效应占总效应的比重为 23.9%,即财产性收入在宅基地流转对农户家庭金融脆弱性的影响中发挥了23.9%的部分中介效应。

二、非农劳动力转移和金融素养的链式多重中介效应分析

基于宅基地流转对家庭金融脆弱性的理论分析与研究假说,表 6-16 报告了以非劳动力转移和金融素养为中介变量的多重中介效应模型检验结果。其中,回归结果(1)是以非农劳动力转移为解释变量,可以看出,宅基地流转系数为 0.045 且在 1% 水平上显著为正,表明宅基地流转能够促进非农劳动力转移;回归结果(2)显示宅基地流转和非农劳动力转移对金融素养的回归系数分别为 0.213 和 0.625,同样在 1% 水平上显著,说明宅基地流转与非农劳动力转移均能显著提升金融素养;回归结果(3)以金融脆弱性指数为被解释变量,宅基地流转、劳动力转移与金融素养的估计系数均显著为负,其中宅基地流转的系数为 −0.078。以上三列的实证结果表明,宅基地流转可以通过单向的促进劳动力转移或提高金融素养间接缓解家庭金融脆弱性,也可通过"促进劳动力转移→提高金融素养"这一链式机制缓解家庭金融脆弱性。

表 6-16　链式多重中介效应模型估计结果(劳动力转移与金融素养)

变量名称	(1)	(2)	(3)
	非农劳动力转移	金融素养	金融脆弱性
宅基地流转	0.045***	0.213***	−0.078***
	(0.009)	(0.074)	(0.028)
非农劳动力转移	—	0.625***	−0.259***
		(0.094)	(0.025)
金融素养	—	—	−0.074***
			(0.006)
常数项	1.000***	2.535***	9.657***
	(0.053)	(0.495)	(0.150)
控制变量	控制	控制	控制
样本量	4 894		

注:括号内为稳健标准误;*、**、***分别表示在10%、5%、1%的水平上显著。

表 6-17 报告了 OLS 模型下链式多重中介效应的 Bootstrap 法检验结果。具体来看,模型总中介效应为-0.03,占总效应的 38.46%,其中,宅基地流转→金融素养→金融脆弱性路径的效应值最高,中介效应为-0.016,95%的置信区间为[-0.017,-0.007],不包含 0,说明金融素养的中介效应显著,并且占总效应的 20.51%。宅基地流转→非农劳动力转移→金融素养路径的中介效应为-0.012,95%的置信区间均不包含 0,同样说明中介效应显著。宅基地流转→非农劳动力转移→金融素养→金融脆弱性的中介效应为-0.002,95%的置信区间为[-0.003,-0.001],依然不含 0,中介效应显著。这意味着从非农劳动力转移到金融素养产生了显著的连续中介效应,即宅基地流转可以通过"促进非农劳动力转移→提升金融素养"的链式中介途径缓解家庭金融脆弱性。

表 6-17 **Bootstrap 链式中介效应检验结果(劳动力转移与金融素养)**

中介效应类型	中介效应值	Percentile 95% CI		Bis-corrected 95% CI	
		下限	上限	下限	上限
宅基地流转→非农劳动力转移→家庭金融脆弱性	-0.012	-0.017	-0.007	-0.017	-0.007
宅基地流转→金融素养→金融脆弱性	-0.016	-0.028	-0.005	-0.029	-0.005
宅基地流转→非农劳动力转移→金融素养→金融脆弱性	-0.002	-0.003	-0.001	-0.003	-0.001
总中介效应	-0.030	-0.043	-0.017	-0.043	-0.017
总效应	-0.078	-0.136	-0.202	-0.137	-0.025

注:括号内为稳健标准误;*、**、***分别表示在 10%、5%、1%的水平上显著。

三、非农劳动力转移与收入的链式多重中介效应分析

在宅基地流转与农户收入的分析中我们发现,宅基地流转能够有效促进非农劳动力转移,并且增加家庭工资性收入,上文分析中财产性收入的增加又能有效缓解家庭金融脆弱性,那么劳动力转移所带来的工资性收入的增加能否在宅基地流转与家庭金融脆弱性之间发挥效应呢?为全面深入剖析宅基地流转对农户生计的影响,此处对非农劳动力转移、农户工资性收入

与金融脆弱性之间的关系进行了探讨。

非农劳动力转移与工资性收入的链式多重中介效应模型的估计结果如表6-18所示。由表中的估计结果可以看出,宅基地流转对非农劳动力转移、工资性收入以及金融脆弱性的估计系数分别是0.045、0.348和−0.082,并且均在1%统计水平上显著,说明宅基地流转对非农劳动力转移和工资性收入具有显著正向影响,对金融脆弱性具有显著负向影响,进一步佐证了前面章节的实证分析结果。同样地,第(2)列结果显示,非农劳动力转移对工资性收入具有显著正向影响,估计系数为0.589,第(3)列中非农劳动力转移与工资性收入对金融脆弱性均具有显著负向影响,说明劳动力转移与工资性收入均能缓解家庭金融脆弱性。此外,估计结果中的常数项均在1%水平上显著,表明模型具有较好的解释力和拟合程度,这为中介效应检验提供了较好的数据基础。

表 6-18 链式多重中介效应模型估计结果(非农劳动力转移与收入)

变量名称	(1)	(2)	(3)
	非农劳动力转移	工资性收入	金融脆弱性
宅基地流转	0.045***	0.348***	−0.082***
	(0.009)	(0.127)	(0.028)
非农劳动力转移	—	0.598***	−0.286***
		(0.120)	(0.025)
工资性收入	—	—	−0.033***
			(0.005)
常数项	1.000***	−1.337*	9.425***
	(0.053)	(0.732)	(0.147)
控制变量	控制	控制	控制
样本量	4894		

注:括号内为稳健标准误;*、**、***分别表示在10%、5%、1%的水平上显著。

为进一步测算不同影响路径的中介效应值,运用Stata 17.0软件对非农劳动力转移与工资性收入的多重间接效应进行检验,设定Bootstrap抽样次数1 000次,并构建95%的置信区间,得到多中介条件的间接效应,具体检验结果如表6-19。

表 6-19　Bootstrap 链式中介效应检验结果(非农劳动力转移与收入)

中介效应类型	中介效应值	Percentile 95% CI		Bis-corrected 95% CI	
		下限	上限	下限	上限
宅基地流转→非农劳动力转移→家庭金融脆弱性	−0.013	−0.019	−0.008	−0.019	−0.008
宅基地流转→工资性收入→金融脆弱性	−0.011	−0.021	−0.003	−0.022	−0.004
宅基地流转→非农劳动力转移→工资性收入→金融脆弱性	−0.001	−0.001	−0.0005	−0.002	−0.0005
总中介效应	−0.025	−0.036	−0.016	−0.037	−0.017
总效应	−0.082	−0.141	−0.026	−0.143	−0.027

注:括号内为稳健标准误;*、**、***分别表示在 10%、5%、1% 的水平上显著。

由表 6-19 的估计结果可知,宅基地流转→非农劳动力转移→金融脆弱性路径的效应值最高,为 −0.013,95% 的置信区间分别为[−0.019,−0.008]和[−0.019,−0.008],不包含 0,说明中介效应显著;同理,宅基地流转→工资性收入→金融脆弱性的中介效应路径也成立。宅基地流转→劳动力转移→工资性收入→金融脆弱性的中介效应为 −0.001,95% 置信区间为[−0.127,−0.0005],不包含 0,表明中介效应显著。这意味着从劳动力转移到工资性收入产生了显著的连续间接效应,同时劳动力转移与工资性收入对家庭金融脆弱性的中介效应也存在。此外,宅基地流转→劳动力转移→工资性收入→金融脆弱性影响路径的总效应值为 −0.082,总间接效应值为 −0.025,占总效应的 30.49%,其中劳动力转移的相对效应值最大,为 15.85%,工资性收入的相对效应值为 13.41%,说明宅基地流转通过促进劳动力转移与工资性收入,进而缓解家庭金融脆弱性的路径较为显著,是宅基地流转缓解家庭金融脆弱性的重要影响机制。

本章小结

基于第二章宅基地流转对农户家庭金融脆弱性影响的理论分析与研究假说,采用中国家庭金融调查(CHFS)2015—2019 年微观面板数据,综合运用随机效应模型、多元 Logit 模型、倾向得分匹配法、工具变量法与多重中介效应检验等剖析了宅基地流转对家庭金融脆弱性的影响。研究发现:

(1) 宅基地流转对家庭金融脆弱性具有显著负向影响,在更换计量模型与金融脆弱性的测度方法后,结果依然具有稳健性;此外,宅基地流转对中长期与长期金融脆弱性的缓解效应优于短期与意外时期,该结果表明宅基地流转能够有效降低家庭金融脆弱性,维护家庭生计的长期稳定。

(2) 宅基地流转对家庭金融脆弱性的影响具有异质性,主要表现为对中、高收入组的影响效应大于低收入组,表明在宅基地流转过程中低收入群体依然处于弱势地位;同时,宅基地流转对"农二代"家庭金融脆弱性的负向影响高于"农一代",对东部地区金融脆弱性的降低效应高于中部与西部地区。

(3) 机制分析发现,财产性收入在宅基地流转对家庭金融脆弱性的影响中发挥了部分中介效应,具体效应值为 23.9%;除此之外,还存在"宅基地流转→非农劳动力转移→金融素养→金融脆弱性""宅基地流转→非农劳动力转移→工资性收入→金融脆弱性"的多重链式中介效应。

第七章　研究结论与政策建议

治国有常，而利民为本。

——《淮南子·氾论训》

　　本书以系统评估宅基地流转对农户生计的影响作为核心研究目标，基于中国家庭金融调查与研究中心 2015—2019 年在全国范围内收集的大规模微观追踪调查数据(CHFS)，综合运用文献研究法、演绎推理法、历史比较法与计量分析法等研究方法，以可持续生计理论、农户行为理论、土地产权理论、制度变迁理论为理论基础，在理论构建宅基地流转对农户生计影响的概念框架基础上，围绕"宅基地流转对农户收入的影响""宅基地流转对农户消费的影响""宅基地流转对农户家庭金融脆弱性的影响"三个具体议题及其内在关联展开实证分析。本部分将回顾总结全书主要研究发现，并凝练提出推动中国宅基地制度改革和促进农户生计发展并最终实现农民农村共同富裕的政策建议；此外，本部分也对宅基地功能定位转换与城乡要素"双向奔赴"等有关问题进行了讨论。

一、主要结论

　　（一）新中国成立以来宅基地流转政策历经了 4 个阶段的迂回演进历程，顺应宅基地功能定位从居住保障功能向财产价值功能转变，是宅基地流转政策变迁的一条内在逻辑主线，更加充分地彰显宅基地财产属性、促进宅基地有序流转是宅基地流转政策的基本走向基于对 102 条有关宅基地流转政策文本的回顾梳理可以发现,从 1949 年新中国成立至今的 70 余年间,宅基地流转政策历经了从自由流转(1949—1957 年)、变相流转(1958—1994 年)到限制流转(1995—2011 年)、放活流转(2012 年至今)的迂回演进历程。这一时间跨度长、涉及主体广的中国特色宅基地流转政策的迂回变迁,是无法运用规范的西方经济学的语言和逻辑予以解释的。究其实质,中国宅基地流转政策的变迁是附着在宅基地上的国家、集体、农民等不同主体产权关系的调整与博弈的结果。顺应宅基地功能定位从居住保障功能向财产价值功能转变,是宅基地流转政策变迁的一条内在逻辑主线。党的二十大强调:"深化农村土地制度改革,赋予农民更加充分的财产权益",这为新时代继续深化农村宅基地制度改革指明了方向、提供了遵循。未来的宅基地流转政策将更加充分地彰显宅基地的"财产属性"与农民的"财产权益",如何深化宅基地"三权分置"改革、促进农村闲置宅基地有序流转是中国新一轮农村土地制度改革的重点任务。

(二)宅基地流转能够有效提高农户财产性收入、非农经营性收入和总收入水平,降低农户收入不平等,而且这种作用很大一部分是通过劳动力转移来实现的

提高收入是农户追求的首要生计目标。本书通过理论分析与克服模型内生性的实证检验结果表明,宅基地流转能够提高农户工资性收入、财产性收入、工商经营性收入和总收入水平(对后三项更具显著性),并有效缓解农户间的收入不平等,缩小农户内部收入差距。机制分析发现,非农劳动力转移在宅基地流转对农户收入的影响中发挥了部分中介效应,尤其对工资性收入的提升作用很大一部分是通过劳动力转移来实现的,中介效应占比达到 36.36%。因此,宅基地流转能够显化宅基地"沉睡"的财产属性,有助于保障农户财产权益,促进全体农民共同富裕,即从收入的角度来看,宅基地流转是提高农户生计发展水平的理想生计策略。

(三)宅基地流转能够有效提升农户发展型消费、享受型消费和总消费水平,促进消费提档升级、降低消费不平等,而且宅基地流转的这种作用不仅通过收入间接传导,还通过"劳动力转移→农户收入"的途径链式传导

"十四五"规划纲要对扩大内需、畅通国内大循环进行了全面的战略部

署,指出要增强消费对经济发展的基础性作用,建设消费需求旺盛的强大国内市场。2021年中央"一号文件"进一步提出,构建新发展格局的潜力后劲在"三农",迫切需要扩大农村需求,畅通城乡经济循环。本书在理论分析的基础上,利用微观追踪数据进行实证分析,在克服模型内生性等问题后发现,宅基地流转对农户家庭总消费具有显著正向影响,并能有效缓解消费不平等,其中对发展型与享受型消费的影响效应更大,说明宅基地流转能够促进农民消费提档升级。机制分析发现,农户收入在宅基地流转对消费的影响中发挥了部分中介效应,除此之外,宅基地流转还能通过影响劳动力转移与农户收入的链式路径提升农户消费。因此,从消费的角度来看,宅基地流转依然是提高农户生计发展水平的理想生计策略。

(四)宅基地流转能够有效缓解农户家庭金融脆弱性,而且这种缓解作用不仅通过收入间接传导,还通过"劳动力转移—金融素养"的途径链式传导

金融脆弱性是分析农户家庭福祉的重要研究视角。在探索宅基地"三权分置"、加快宅基地有序流转的土地制度改革背景下,本书系统研究了宅基地流转对农户家庭金融脆弱性的直接影响和间接作用机制。结果表明,宅基地流转对家庭金融脆弱性具有显著负向影响,并且对中长期与长期金融脆弱性的缓解效应优于短期与意外时期的金融脆弱性,表明宅基地流转有利于维护家庭生计的长期稳定。机制分析发现,农户财产性收入在宅基地流转对金融脆弱性的影响中发挥了部分中介效应,具体效应值为23.9%;除此之外,还存在"宅基地流转→非农劳动力转移→金融素养→金融脆弱性""宅基地流转→非农劳动力转移→农户收入→金融脆弱性"的链式中介机制。综上,宅基地流转作为农户的一种自选择生计策略,能够多渠道实现保障家庭金融安全的目的,这进一步佐证了"农户是理性的"经典理论假设。

(五)宅基地流转对不同代际、不同经济区域、不同收入水平农户生计的影响存在显著差异,即宅基地流转对农户生计的影响具有明显异质性

实证环节的异质性分析发现,宅基地流转对农户生计的影响在不同代际、不同经济区域以及不同收入水平的农户之间存在显著差异,即宅基地流转对农户生计的影响具有明显异质性。具体来看,宅基地流转对"农二代"

生计水平的改善效应优于"农一代",相较于"农一代","农二代"更具年龄优势和学习能力,对新事物接受程度更高,因此宅基地流转对其收入增加、消费升级以及家庭金融脆弱性的缓解更为明显。在区域差异上,宅基地流转对中部地区农户收入与消费水平的提升效应大于东部与西部地区,但对东部与西部地区农户家庭金融脆弱性的缓解效应高于中部地区的农户。最后,宅基地流转对高收入组与低收入组农户消费不平等的影响效应大于中收入组,这也印证结论三中"宅基地流转能够降低消费不平等"的合理性。

(六)人力资本变量对农户生计也具有重要影响

在实证检验宅基地流转对农户生计的影响时,为避免因遗漏变量导致模型估计偏误,本书尽可能地将其他有关控制变量纳入了估计模型。结果发现,控制变量中的部分人力资本变量对农户收入、消费以及家庭金融脆弱性具有显著影响。如表征人力资本质量的户主受教育程度,在收入上能够显著提高非农业经营外的家庭收入,并缓解收入不平等;在消费上可以更好地提升发展型与享受型消费,促进消费升级;在金融脆弱性上应对风险冲击的能力更高,对家庭金融脆弱性具有显著负向影响。此外,表征人力资本数量的家庭人口规模能够在一定程度上提升农户收入与消费,缓解金融脆弱性;但少儿与老年抚养比与农户收入具有显著负向关系,并加剧收入不平等,尤其是少儿抚养比对家庭金融脆弱性具有显著正向影响,即人口负担会增加农户的家庭金融脆弱性。

二、政策建议

(一)多渠道促进宅基地流转

从农户收入、消费与金融脆弱性等方面的指标来看,宅基地流转是提高农户生计发展水平的理想生计策略。宅基地流转不仅能够有效提升农户收入、促进消费升级,还有益于维护家庭生计稳定、缓解家庭金融脆弱性,所以,在新一轮要素市场化改革和宅基地改革试点的背景下,应积极赋予宅基地更加明晰完整的权能体系,探索宅基地"三权分置"及盘活利用模式。在宅基地流转现状分析中发现,当前宅基地的流转交易对象多为村民之间的交易,并且存在闲置宅基地"卖不掉"的问题,即宅基地缺乏专业高效的流转,无法将闲置宅基地或对应的使用权转化为财产性收入。因此,可以进一步探索宅基地通过出租、入股、合作、转让、互换、有偿退出乃至在政策法规允许范围内入市交易等途径,让中国3 000万亩(徐永德,2021)闲置宅基地的财产属性得以显化,有效发挥其资产效应与财富效应,提高农户生计水平。

(二)警惕宅基地流转带来新的发展不平衡问题

区域发展不平衡是制约乡村全面振兴的重要因素,但异质性研究结果发现,宅基地流转会加剧新的发展不平衡问题。其中,相较于年龄较大的"农一代"家庭,"农二代"能够从宅基地流转过程中获得更高的生计水平提升,宅基地流转对东部地区以及高收入组农户消费水平的提高以及金融脆弱性的缓解作用更强。因此,职能部门在推进宅基地流转的过程中,要十分注重保障低收入家庭的生计发展水平不降低,以及东、中、西部地区发展的平衡性,防止不同群体间发展不平衡的加剧。比如实施差别化的宅基地流转政策安排,根据不同农户的年龄与所处地区差异,对年龄较大和经济发展水平较低地区的农户提供更全面的社会养老保障与医疗保障等,降低他们的后顾之忧,从而更大程度地发挥宅基地流转对农户生计的提升作用。

(三)重视农户就业能力培养,增加非农就业岗位,推动农户家庭剩余劳动力的顺利转移

研究结果显示,在宅基地流转对农户生计产生影响的过程中,劳动力转移在整个机制中发挥了重要的中介效应,其对收入的中介效应达到45%,并且能够通过进一步影响农户收入与金融素养来提高农户消费、缓解金融脆弱性,实现链式中介的传导机制。众所周知,劳动力转移主要表现在家庭劳动力从农业部门向非农部门的转移,通过非农收入的提高来实现家庭总收入的增加。因此,对于已经将宅基地流转的农户,可以通过以下两方面措施提升其家庭生计水平:一方面,大力鼓励、引导和扶持乡镇及县域产业的发展和升级,为农户提供更多非农就业机会,通过就地就近就业,实现家庭劳动力的顺利转移。另一方面,实证分析中发现,宅基地流转能够有效提升农户的工商经营性收入,政府部门可以此为契机,联合各创业服务机构开展创业咨询服务,积极搭建创业平台进行资源的整合,提高农户创业就业能力,

通过放低信贷门槛、减免税费等优惠政策鼓励宅基地流转家庭自主创业,实现家庭收入的可持续增长。

(四)多渠道提升人力资本质量,提高农户金融素养

研究发现,农户的家庭人口数量和质量(受教育水平)等人力资本指标对农户家庭收入与消费具有显著正向影响,此外,宅基地流转还通过提升农户的金融素养间接发挥了对金融脆弱性的缓解作用,所以,在推进宅基地流转的同时,也要注重流转户人力资本与金融素养的提升。但是鉴于农户本身知识接受能力较弱等特点,政府和金融机构可以通过培训、讲座、咨询以及充分借助农户易于接受的手机 APP(如快手、抖音)、微信公众号等现代方式,利用非正式教育途径提高人力资本质量,对宅基地流转户开展更多的金融知识普及教育活动。普及的内容包括但不限于贷款过程、贷款利率、贷款条款以及家庭理财策略的风险和收益知识。灵活实用的金融知识培训,可以引导农户利用所学知识促进家庭财务状况安全稳定,保障生计水平不降低。

(五)完善社会保障体系,缓解家庭人口负担对农户生计的影响

从长远来看,农户的家庭人口数量多意味着在未来拥有更多人力资本数量,更具发展潜力,但实证分析中发现,当期的人口负担对农户收入具有显著负向影响,尤其少儿抚养比对家庭金融脆弱性具有显著正向影响。所以,在现阶段国家推行鼓励生育政策的同时,也要关注家庭少儿数量增多给农户家庭生计发展水平带来的负面影响。各级部门要建立完善生育支持政策体系尤其是婴幼儿照护支持体系,努力营造"少儿友好型"的社会发展环境,着力做好促进人口长期均衡发展的一揽子、全过程配套支持措施,让流转户不仅"愿意生",而且"养育得好",确保生计水平不会因少儿抚养比的上升而下降。

三、余论:宅基地功能定位转换与城乡要素双向奔赴

本书基于理论分析与实证检验证实了宅基地流转能够有效提高农户收入和消费并降低家庭金融脆弱性,缓解农户内部贫富不平等,即宅基地流转有助于提高农户生计发展水平,促进农民农村共同富裕。所以,本书的基本

价值判断是强化宅基地财产价值属性、加快推动宅基地有序流转,这是中国宅基地流转政策的基本走向,同时,也符合党的二十大提出的"深化农村土地制度改革,赋予农民更加充分的财产权益"的改革主张。但不可否认的是,本书主要研究结论与基本价值判断仍无法彻底全面消除对宅基地持"禁止或限制流转"观点者的忧虑。农民非理性(孟勤国,2009;桂华和贺雪峰,2014;贺雪峰,2020)、乡土依恋之情浓厚(贺雪峰,2021a;严金海等,2022;Bradfield et al.,2023)以及宅基地居住保障功能还很强势(陈柏峰,2007;于宵,2013;宋志红,2016;刘锐和贺雪峰,2018;贺雪峰,2021b)是"禁止或限制流转"观点者心中所忧,更有甚者作出极为悲观地预测:"农村宅基地交易开禁之日,即中国社会最后一次大规模剥夺农民之潮兴起之时"(孟勤国,2005)。

诚然,历来越是重要领域和关键环节的改革往往争议也就越大,作为最能释放改革红利但改革进程却十分迟缓(刘守英,2015;林津等,2022;乔陆印,2022)的领域,宅基地制度改革亦难逃例外。黄少安和赵海怡(2006)以及刘守英(2021)反驳了反对者之言,旗帜鲜明地指出:"面对市场经济的客观规律……禁止农村宅基地自由流转,必然是螳臂当车","宅基地制度不破,村庄的变化就无解"。当前中国的宅基地制度已经到了不得不改的地步,如何突破不合时宜的宅基地制度束缚与思维枷锁已成为新时代全面推进乡村振兴的一个重要突破口,同时也是"十四五"时期"农村最大的增长点"(郑新立,2021)与增加农民财产权益的当务之急(孔祥智,2022)。首先,就"禁止或限制流转"观点者认为的农民非理性而言,无论是根据前文介绍的理性小农理论(Schultz,1964;Pokin,1979)抑或本书的实证研究结果,都表明在市场经济条件下的农民是理性的,"实际""务实"[①]的他们完全有能力做出对家庭最为有利的行为策略。我们不必过于担心农民会因获得了宅基地流转收入后便去非理性消费或赌博、进而导致家庭陷入贫困乃至赤贫,本书采用包含短期、中长期与意外时期的金融脆弱性指标的回归结果显示,宅

---

① 列宁也曾指出:农民"都是实际主义者,都是务实的人"(参见中国共产党中央委员会关于发展农业生产合作社的决议[N].人民日报,1954-01-09(01))。

基地流转户陷入家庭金融脆弱性的概率更低。再者,倘若因极端的少数农户个案在宅基地处理上的非理性就全面禁止或限制宅基地流转,使绝大多数农户失去党的二十大强调的"更加充分的财产权益",这也显失公平。

其次,就"禁止或限制流转"观点者认为的农民乡土依恋之情浓厚而言,进入 21 世纪后,拥有巨大人口规模的中国经历了人类有史以来最为剧烈的城镇化进程,已经从以农为本、以土为生、以村而治、根植于土的"乡土中国",转变为乡土变故土、告别过密化农业、乡村变故乡、城乡互动的"城乡中国"(刘守英和王一鸽,2018;焦长权,2022),传统小农经济体制趋于解体(朱冬亮,2020;朱战辉,2023),农民与土地、村庄之间的黏度渐趋弱化、渐行渐远(刘守英,2020;刘守英和王宝锦,2020)。尤其是代际分化背景下,年轻的"农二代""农三代"对土地的依赖程度与依恋之情更低(邱幼云和程玥,2011;刘守英,2020;陆铭等,2021;曹守慧等,2023)[①]。本书异质性分析部分的研究结果也从侧面佐证了这一观点。认知决定行动,如果我们不能清醒地认识并理解中国国情的这一变化,仍以乡土中国时期的思维认知和政策措施来应对城乡中国阶段的问题,那么势必影响城乡中国的演化(刘守英和王一鸽,2018)和中国式现代化目标的顺利实现。当然,乡土依恋这一问题并非本书关注重点,接下来将对宅基地功能定位问题予以着重讨论。

准确把握现阶段宅基地的功能定位,是科学制定宅基地流转政策的基础,同时也是本书开展研究、提出对策的前置条件。一直以来,居住保障功能被视为宅基地的主要功能以及"禁止或限制流转"观点者的主要说辞,不可否认,在乡土中国的背景条件下,宅基地是以农为本、以土为生的农民的"命根子",承担了本应由政府、社会提供的农民居住、养老等福利性保障功能(李伟,2010;赵树枫等,2015)。严格的宅基地管理制度在设立初期维护了党的"居者有其屋"的政治承诺,保证了社会的长期平安稳定。但随着市场经济的快速发展,宅基地的居住、养老等福利性保障功能已大为降低,宅基地居住功能的弱化已成为社会发展的重要趋势(林超和郭彦君,2020;张梦琳,2023),继续禁止或限

---

① 笔者在实地调研中也发现,部分年龄较大的"农一代"不流转宅基地的一个重要原因是为了给下一代留个退路与选择,然而,年轻的下一代并不乐意接受。本书第三章部分的描述性统计也发现,"农二代"的宅基地流转率更高。

制宅基地流转已不合时宜(李劲民等,2016;曲颂等,2022)。诚如本书得出的第一条研究结论:"顺应宅基地功能定位从居住保障功能向财产价值功能转变,是宅基地流转政策变迁的一条内在逻辑主线,更加充分地彰显宅基地财产属性、促进宅基地有序流转是宅基地流转政策的基本走向"。"凡益之道,与时偕行",所以,政府应积极有为地承担起构建城乡统一社会保障体系的职责,使宅基地从低水平均衡状态下的农村社会保障中解放出来,并不断强化宅基地的财产价值属性,加快推动宅基地有序流转。

同时,我们也注意到,新冠肺炎(COVID-19,2022 年 12 月更名为新冠感染)疫情发生后,宅基地对于农民尤其是进城农民工的居住保障功能再次引起部分学者(贺雪峰,2020;夏柱智,2022;吕军书和郑弼天,2022)的新一轮关注。从一定程度上来说,疫情之下,宅基地确实成了进城农民工的最后"退路",保证了广大进城农民工也能"居者有其屋"。但我们也不应过分夸大宅基地的"退路"作用,因为这条"退路"在需要启用或踏入之时往往却"禁止通行"。疫情期间,各地客运站场、渡口码头、客运班线紧急停运,驾车被封高速而进退不得等新闻层出不穷,或因没有"绿码"三顾村口而不得进,或一路之隔但因跨县(市、省)而咫尺天涯不得行,或因成为疫情防控重点场所、重点人群而被"千里甩客"不得回等事件屡见不鲜。这些新闻也从侧面表明了我国现行宅基地制度所追求的"居者有其屋",在实质上已然成为一种限制性"居者定其屋",将农民工的"屋""定"在了远在千里之外的"户籍地",而非他们真正需要的"常住地"。

那些"禁止或限制流转"观点者名义上是为了保证"户有所居",但实际效果却扭曲为"户有定居",把农民的宅基地变成了"无法流动的死产",阻碍了城乡要素的双向流动,助推并固化了我国城乡二元体制的形成。城乡二元体制是新发展阶段下构建"双循环"新发展格局的关键堵点,为此,在 2022 年中共中央、国务院印发的《关于加快建设全国统一大市场的意见》中,首当其冲强调了要健全城乡统一的土地市场①。2023 年 3 月,《求是》杂志刊发

---

① 参见中国政府网.中共中央 国务院关于加快建设全国统一大市场的意见[EB/OL]. (2022-04-10]. http://www.gov.cn/zhengce/2022-04/10/content_5684385.htm。

的习近平总书记在中央农村工作会议上的讲话稿,也纲举目张地指出,要顺应城乡融合发展大趋势,破除妨碍城乡要素平等交换、双向流动的制度壁垒[①]。促进农村宅基地能够像城市建设用地一样充分显化其财产属性、有序入市流转交易,不仅可以推动城乡要素的"双向奔赴",增加农户收入、消费,降低农户家庭金融脆弱性,还可以为挖掘农村消费潜力、加快构建新发展格局提供强力引擎(曹守慧等,2023),这已被本书从理论和实证两个层面充分证明。

概言之,破除制度壁垒及观念束缚,让农民有效流转居住保障功能已明显弱化的"命根子"、换为"钱袋子",才能使农民快步摘掉"穷帽子"、走向"共富路"。当然,至于当下如何更好地权衡和协同宅基地的居住保障功能与财产价值功能,基于典型地区、典型农户的案例纵深分析会否得到更为鞭辟入里的研究结果,以及宅基地流转对转入户或对农户生计结果中其他系列指标(详见本书第二章)的影响效应如何,这些都是后续研究仍需进一步探讨的重要议题。

---

① 参见求是网.加快建设农业强国 推进农业农村现代化[EB/OL].(2023-03-15).ht-tp://www.qstheory.cn/dukan/qs/2023-03/15/c_1129432282.htm。

附 录

附录 4-1 宅基地流转对农户总收入及收入不平等影响效应的代际差异

匹配方法	ATU 总收入 农一代	ATU 总收入 农二代	ATU 收入不平等 农一代	ATU 收入不平等 农二代	ATE 总收入 农一代	ATE 总收入 农二代	ATE 收入不平等 农一代	ATE 收入不平等 农二代
K 近邻匹配 ($k=4$)	0.128** (0.061)	0.284 (0.173)	−0.030** (0.013)	−0.071* (0.037)	0.124** (0.056)	0.276* (0.152)	−0.029** (0.012)	−0.068** (0.033)
卡尺匹配 ($r=0.007$)	0.114** (0.051)	0.316 (0.197)	−0.026** (0.011)	−0.079* (0.043)	0.112** (0.051)	0.316* (0.172)	−0.026** (0.011)	−0.078** (0.038)
核匹配	0.115** (0.054)	0.321** (0.151)	−0.026** (0.012)	−0.077** (0.032)	0.115** (0.054)	0.311** (0.138)	−0.026** (0.012)	−0.074** (0.029)
局部线性回归匹配	0.107** (0.052)	0.348** (0.156)	−0.024** (0.011)	−0.084** (0.034)	0.105* (0.052)	0.327** (0.144)	−0.024** (0.011)	−0.078** (0.032)
均值	0.116	0.317	−0.027	−0.078	0.456	1.23	−0.105	−0.298

附录 4-2　宅基地流转对农户总收入及收入不平等影响效应的地域差异

匹配方法	ATU						ATE					
	总收入			收入不平等			总收入			收入不平等		
	东部	中部	西部	东部	中部	西部	东部	中部	西部	东部	中部	西部
K近邻匹配	0.055	0.230**	0.072	-0.010	-0.051*	-0.013	0.062	0.220**	0.077	-0.012	-0.049*	-0.014
	(0.096)	(0.109)	(0.111)	(0.022)	(0.027)	(0.023)	(0.090)	(0.102)	(0.105)	(0.021)	(0.025)	(0.023)
卡尺匹配	0.064	0.216**	0.087	-0.017	-0.047*	-0.015	0.071	0.206**	0.089	-0.018	-0.045**	-0.016
	(0.082)	(0.090)	(0.094)	(0.018)	(0.024)	(0.019)	(0.080)	(0.085)	(0.092)	(0.018)	(0.023)	(0.019)
核匹配	0.078	0.200**	0.120	-0.020	-0.047**	-0.023	0.088	0.194**	0.116	-0.022	-0.046**	-0.022
	(0.081)	(0.083)	(0.088)	(0.019)	(0.021)	(0.020)	(0.079)	(0.082)	(0.087)	(0.019)	(0.020)	(0.020)
线性回归匹配	0.097	0.226**	0.040	-0.026	-0.050**	-0.007	0.098	0.214**	0.052	-0.026	-0.048**	-0.010
	(0.078)	(0.089)	(0.097)	(0.018)	(0.023)	(0.020)	(0.077)	(0.086)	(0.093)	(0.018)	(0.022)	(0.020)
均值	0.074	0.218	0.080	-0.018	-0.049	-0.015	0.080	0.209	0.084	-0.020	-0.047	-0.016

附录 4-3　宅基地流转对农户分项收入影响效应的代际差异

收入类型		K近邻匹配(k=4)		卡尺匹配(r=0.007)		核匹配		局部线性回归匹配	
		ATU	ATE	ATU	ATE	ATU	ATE	ATU	ATE
财产性	农一代	0.400**	0.394***	0.447***	0.451***	0.445***	0.450***	0.433***	0.438***
		(0.159)	(0.152)	(0.142)	(0.141)	(0.142)	(0.141)	(0.149)	(0.147)
	农二代	0.601	0.576	0.683	0.677	0.729	0.759	0.606	0.665
		(0.553)	(0.514)	(0.573)	(0.538)	(0.485)	(0.467)	(0.480)	(0.461)

附录4-3(续)

收入类型		K近邻匹配(k=4)		卡尺匹配(r=0.007)		核匹配		局部线性回归匹配	
		ATU	ATE	ATU	ATE	ATU	ATE	ATU	ATE
经营性	农一代	-0.303	-0.325	-0.350*	-0.346*	-0.347*	-0.354*	-0.360**	-0.355*
		(0.215)	(0.208)	(0.182)	(0.181)	(0.185)	(0.185)	(0.183)	(0.182)
	农二代	0.886	0.841	0.671	0.615	0.616	0.580	1.201*	1.086*
		(0.706)	(0.665)	(0.699)	(0.652)	(0.675)	(0.645)	(0.682)	(0.647)
工资性	农一代	0.057	0.060	0.074	0.072	0.092*	0.089*	0.064	0.063
		(0.067)	(0.065)	(0.059)	(0.058)	(0.054)	(0.054)	(0.059)	(0.058)
	农二代	0.143	0.122	0.168	0.138	0.147	0.125	0.085	0.072
		(0.152)	(0.136)	(0.155)	(0.141)	(0.135)	(0.122)	(0.140)	(0.126)
转移性	农一代	0.090	0.120	0.125	0.127	0.154	0.154	0.142	0.142
		(0.196)	(0.187)	(0.163)	(0.160)	(0.171)	(0.169)	(0.163)	(0.161)
	农二代	0.501	0.621	0.844	0.926*	0.871*	0.956*	0.806	0.892*
		(0.555)	(0.517)	(0.581)	(0.537)	(0.517)	(0.501)	(0.506)	(0.487)
工商性	农一代	0.358**	0.359***	0.344***	0.347***	0.358***	0.360***	0.336***	0.340***
		(0.146)	(0.137)	(0.131)	(0.130)	(0.130)	(0.130)	(0.129)	(0.129)
	农二代	1.241*	1.196**	1.015*	0.989*	0.784	0.830	1.406**	1.352**
		(0.650)	(0.595)	(0.578)	(0.531)	(0.570)	(0.540)	(0.622)	(0.586)
农业性	农一代	-0.575***	-0.592***	-0.573***	-0.571***	-0.588***	-0.596***	-0.575***	-0.574***
		(0.221)	(0.213)	(0.188)	(0.186)	(0.187)	(0.186)	(0.188)	(0.187)
	农二代	-0.253	-0.295	-0.240	-0.310	-0.181	-0.267	-0.188	-0.259
		(0.546)	(0.504)	(0.595)	(0.550)	(0.533)	(0.500)	(0.541)	(0.506)

附录 5-1　宅基地流转对农户总消费及消费不平等影响效应的代际差异

匹配方法	ATU				ATE			
	总消费		消费不平等		总消费		消费不平等	
	农一代	农二代	农一代	农二代	农一代	农二代	农一代	农二代
K 近邻匹配 (k=4)	0.177*** (0.040)	0.288*** (0.098)	-0.050*** (0.011)	-0.087*** (0.022)	0.171*** (0.037)	0.273*** (0.090)	-0.050*** (0.011)	-0.083*** (0.020)
卡尺匹配 (r=0.008)	0.150*** (0.031)	0.340*** (0.097)	-0.045*** (0.009)	-0.100*** (0.021)	0.149*** (0.031)	0.314*** (0.090)	-0.045*** (0.009)	-0.093*** (0.019)
核匹配	0.138*** (0.033)	0.311*** (0.081)	-0.042*** (0.010)	-0.094*** (0.019)	0.142*** (0.032)	0.298*** (0.075)	-0.044*** (0.010)	-0.090*** (0.018)
局部线性回归匹配	0.141*** (0.031)	0.315*** (0.083)	-0.043*** (0.009)	-0.096*** (0.020)	0.140*** (0.030)	0.303*** (0.077)	-0.043*** (0.009)	-0.092*** (0.019)
均值	0.152	0.314	-0.045	-0.094	0.151	0.297	-0.046	-0.090

附录 5-2　宅基地流转对农户消费升级影响效应的代际差异

匹配方法	生存型消费				发展型消费				享受型消费			
	ATU		ATE		ATU		ATE		ATU		ATE	
	农一代	农二代	农一代	农二代	农一代	农二代	农一代	农二代	农一代	农二代	农一代	农二代
K 近邻匹配 (k=4)	0.182*** (0.035)	0.244** (0.097)	0.180*** (0.034)	0.223** (0.092)	0.169** (0.072)	0.263* (0.139)	0.167** (0.069)	0.258** (0.125)	0.137* (0.072)	0.534** (0.187)	0.132* (0.071)	0.523*** (0.176)
卡尺匹配 (r=0.008)	0.161*** (0.031)	0.300*** (0.099)	0.160*** (0.030)	0.268*** (0.094)	0.135** (0.059)	0.287** (0.131)	0.134** (0.059)	0.280** (0.122)	0.131** (0.062)	0.563*** (0.197)	0.128** (0.061)	0.528*** (0.179)

附录 5-2（续）

匹配方法	生存型消费 ATU				发展型消费 ATU				享受型消费 ATU			
	农一代	农二代	农一代	农二代	农一代	农二代	农一代	农二代	农一代	农二代	农一代	农二代
	ATU		ATE		ATU		ATE		ATU		ATE	
核匹配	0.249*** (0.029)	0.153** (0.091)	0.235*** (0.029)	0.132** (0.087)	0.311** (0.061)	0.137** (0.125)	0.307*** (0.060)	0.112* (0.118)	0.555*** (0.063)	0.118* (0.182)	0.520*** (0.063)	0.118* (0.170)
局部线性回归匹配	0.155*** (0.031)	0.279*** (0.096)	0.154*** (0.030)	0.262*** (0.091)	0.123* (0.062)	0.262* (0.129)	0.122* (0.061)	0.268** (0.120)	0.119* (0.061)	0.514*** (0.185)	0.117* (0.061)	0.487*** (0.172)
均值	0.162	0.268	0.162	0.247	0.140	0.281	0.140	0.278	0.125	0.542	0.124	0.515

附录 5-3　宅基地流转对农户总消费及消费不平等影响效应的地域差异

匹配方法	ATU 总消费			ATU 消费不平等			ATE 总消费			ATE 消费不平等		
	东部	中部	西部	东部	中部	西部	东部	中部	西部	东部	中部	西部
K 近邻匹配 (k=4)	0.131** (0.060)	0.263*** (0.077)	0.074 (0.065)	-0.039** (0.018)	-0.080*** (0.022)	-0.020 (0.019)	0.132** (0.056)	0.253*** (0.071)	0.068 (0.063)	-0.039** (0.016)	-0.077*** (0.021)	-0.018 (0.018)
卡尺匹配 (r=0.008)	0.112** (0.051)	0.255*** (0.071)	0.053 (0.060)	-0.034** (0.015)	-0.081*** (0.021)	-0.014 (0.018)	0.116** (0.050)	0.246*** (0.067)	0.058 (0.058)	-0.035** (0.015)	-0.077*** (0.020)	-0.016 (0.017)
核匹配	0.119** (0.051)	0.239*** (0.067)	0.087 (0.057)	-0.036** (0.015)	-0.075*** (0.020)	-0.025 (0.017)	0.128*** (0.049)	0.232*** (0.064)	0.091 (0.056)	-0.039*** (0.015)	-0.073*** (0.019)	-0.026 (0.016)
局部线性回归匹配	0.135*** (0.049)	0.265*** (0.067)	0.026 (0.064)	-0.040** (0.015)	-0.083*** (0.020)	-0.006 (0.019)	0.136*** (0.048)	0.254*** (0.063)	0.036 (0.061)	-0.041*** (0.014)	-0.080*** (0.019)	-0.009 (0.018)
均值	0.124	0.256	0.060	-0.037	-0.080	-0.016	0.128	0.246	0.063	-0.039	-0.077	-0.017

附录 5-4　宅基地流转对农户消费升级影响效应的地域差异

变量	分类标准	K近邻匹配(k=4)		卡尺匹配(r=0.008)		核匹配		局部线性回归匹配	
		ATU	ATE	ATU	ATE	ATU	ATE	ATU	ATE
生存型消费	东部	0.130** (0.060)	0.131** (0.058)	0.119** (0.053)	0.122** (0.051)	0.127** (0.053)	0.133*** (0.051)	0.130*** (0.050)	0.131*** (0.049)
	中部	0.262*** (0.078)	0.251*** (0.075)	0.247*** (0.071)	0.240*** (0.069)	0.229*** (0.073)	0.225*** (0.072)	0.258*** (0.076)	0.249*** (0.074)
	西部	0.081 (0.062)	0.077 (0.059)	0.064 (0.054)	0.070 (0.053)	0.094* (0.056)	0.097* (0.055)	0.040 (0.057)	0.049 (0.055)
发展型消费	东部	0.061 (0.123)	0.074 (0.117)	0.041 (0.110)	0.050 (0.106)	0.049 (0.113)	0.065 (0.108)	0.097 (0.097)	0.100 (0.095)
	中部	0.256* (0.132)	0.248** (0.125)	0.259** (0.114)	0.248** (0.108)	0.251** (0.105)	0.241** (0.101)	0.261** (0.116)	0.250** (0.111)
	西部	0.107 (0.095)	0.100 (0.089)	0.086 (0.079)	0.090 (0.077)	0.146* (0.082)	0.146* (0.079)	0.041 (0.081)	0.052 (0.078)
享受型消费	东部	0.335*** (0.089)	0.325*** (0.101)	0.289*** (0.088)	0.288*** (0.085)	0.286*** (0.087)	0.305*** (0.085)	0.326*** (0.107)	0.329*** (0.087)
	中部	0.046 (0.138)	0.149 (0.161)	0.073 (0.128)	0.101 (0.134)	0.120 (0.140)	0.062 (0.124)	0.178 (0.171)	0.037 (0.132)
	西部	−0.081 (0.106)	0.006 (0.105)	−0.008 (0.101)	−0.038 (0.097)	−0.044 (0.100)	−0.000 (0.099)	0.004 (0.109)	−0.069 (0.103)

附录5-5 宅基地流转对农户总消费及消费不平等影响效应的收入组差异

匹配方法	ATU						ATE					
	总消费			消费不平等			总消费			消费不平等		
	东部	中部	西部	东部	中部	西部	东部	中部	西部	东部	中部	西部
K近邻匹配 (k=4)	0.107 (0.078)	0.082 (0.061)	0.168*** (0.062)	−0.036 (0.023)	−0.023 (0.019)	−0.048*** (0.018)	0.105 (0.072)	0.082 (0.058)	0.169*** (0.058)	−0.035* (0.021)	−0.024 (0.018)	−0.049*** (0.017)
卡尺匹配 (r=0.008)	0.142** (0.064)	0.072 (0.060)	0.162*** (0.054)	−0.046** (0.019)	−0.021 (0.019)	−0.046*** (0.015)	0.138** (0.061)	0.075 (0.058)	0.164*** (0.052)	−0.044** (0.018)	−0.022 (0.018)	−0.047*** (0.015)
核匹配	0.119** (0.058)	0.094* (0.054)	0.196*** (0.053)	−0.038** (0.018)	−0.030* (0.017)	−0.056*** (0.014)	0.119** (0.056)	0.095* (0.052)	0.196*** (0.051)	−0.038* (0.017)	−0.030* (0.016)	−0.056*** (0.014)
局部线性回归匹配	0.136** (0.059)	0.072 (0.059)	0.137* (0.055)	−0.043** (0.017)	−0.024 (0.018)	−0.039*** (0.015)	0.133** (0.056)	0.073 (0.057)	0.146*** (0.053)	−0.042** (0.017)	−0.024 (0.017)	−0.042*** (0.015)
均值	0.126	0.080	0.166	−0.041	−0.025	−0.047	0.124	0.081	0.169	−0.040	−0.025	−0.049

附录 5-6　宅基地流转对农户消费升级影响效应的收入组组差异

变量	分类标准	ATU				ATE			
		K 近邻匹配(k=4)	卡尺匹配(r=0.008)	核匹配	局部线性回归匹配	K 近邻匹配(k=4)	卡尺匹配(r=0.008)	核匹配	局部线性回归匹配
生存型消费	低收入组	0.113* (0.067)	0.114* (0.063)	0.154** (0.062)	0.151** (0.060)	0.135** (0.057)	0.134** (0.056)	0.145** (0.060)	0.142** (0.058)
	中收入组	0.099 (0.062)	0.098* (0.056)	0.090 (0.056)	0.093* (0.053)	0.105** (0.052)	0.105** (0.050)	0.092 (0.056)	0.093* (0.054)
	高收入组	0.166** (0.066)	0.166*** (0.061)	0.154*** (0.058)	0.158*** (0.055)	0.184*** (0.053)	0.185*** (0.052)	0.137** (0.059)	0.145*** (0.056)
发展型消费	低收入组	−0.012 (0.153)	−0.020 (0.144)	0.055 (0.143)	0.048 (0.138)	0.025 (0.138)	0.025 (0.135)	0.038 (0.138)	0.009 (0.113)
	中收入组	0.008 (0.098)	0.011 (0.091)	0.011 (0.086)	0.016 (0.082)	0.057 (0.072)	0.058 (0.071)	−0.017 (0.084)	0.040 (0.072)
	高收入组	0.228*** (0.083)	0.229*** (0.079)	0.244*** (0.077)	0.244*** (0.075)	0.278*** (0.069)	0.277*** (0.068)	0.199*** (0.075)	0.280*** (0.071)
享受型消费	低收入组	0.180 (0.142)	0.172 (0.135)	0.247* (0.127)	0.243** (0.123)	0.228** (0.110)	0.227** (0.107)	0.256* (0.131)	0.250** (0.126)
	中收入组	0.061 (0.113)	0.069 (0.109)	0.085 (0.099)	0.085 (0.097)	0.070 (0.102)	0.072 (0.101)	0.084 (0.110)	0.082 (0.108)
	高收入组	0.058 (0.111)	0.055 (0.105)	0.041 (0.096)	0.042 (0.094)	0.102 (0.093)	0.103 (0.092)	0.010 (0.095)	0.019 (0.091)

附录 6-1　宅基地流转对不同时期金融脆弱性的处理效应

匹配方法	ATU					ATE				
	短期	中短期	中长期	长期	意外时期	短期	中短期	中长期	长期	意外时期
K 近邻匹配(k=4)	0.118 (0.266)	-0.015 (0.072)	0.803** (0.355)	0.257* (0.152)	0.245 (0.354)	0.106 (0.254)	-0.005 (0.067)	0.836** (0.340)	0.260* (0.148)	0.285 (0.333)
卡尺匹配(r=0.016)	0.022 (0.215)	-0.002 (0.061)	0.690** (0.316)	0.275** (0.138)	0.328 (0.296)	0.009 (0.213)	0.001 (0.060)	0.687** (0.316)	0.282** (0.135)	0.343 (0.295)
核匹配	0.022 (0.222)	0.010 (0.064)	0.706** (0.325)	0.291** (0.137)	0.375 (0.319)	0.018 (0.219)	0.016 (0.063)	0.705** (0.323)	0.306** (0.135)	0.411 (0.316)
局部线性回归匹配	0.033 (0.223)	-0.001 (0.062)	0.740** (0.314)	0.285** (0.142)	0.335 (0.298)	0.018 (0.219)	0.001 (0.061)	0.734** (0.313)	0.288** (0.139)	0.339 (0.295)
均值	0.049	-0.002	0.735	0.277	0.321	0.038	0.003	0.741	0.284	0.345

附录 6-2　宅基地流转对家庭金融脆弱性影响效应的代际差异

处理效应	匹配方法	K 近邻匹配(k=4)	卡尺匹配(r=0.016)	核匹配	局部线性回归匹配	均值
ATU	农一代	-0.109*** (0.036)	-0.095*** (0.027)	-0.100*** (0.028)	-0.100*** (0.028)	-0.101
	农二代	-0.104 (0.105)	-0.159 (0.104)	-0.189** (0.089)	-0.180* (0.092)	-0.158
ATE	农一代	-0.106*** (0.034)	-0.098*** (0.027)	-0.103*** (0.028)	-0.100*** (0.028)	-0.102
	农二代	-0.125 (0.098)	-0.169* (0.095)	-0.189** (0.083)	-0.182** (0.086)	-0.166

附录 6-3　宅基地流转对家庭金融脆弱性影响效应的地域差异

处理效应	匹配方法	K 近邻匹配($k=4$)	卡尺匹配($r=0.016$)	核匹配	局部线性回归匹配	均值
ATU	东部	-0.162** (0.078)	-0.145** (0.061)	-0.170*** (0.062)	-0.138** (0.059)	-0.154
	中部	-0.056 (0.052)	-0.035 (0.041)	-0.043 (0.042)	-0.035 (0.044)	-0.042
	西部	-0.061* (0.036)	-0.060* (0.033)	-0.074** (0.033)	-0.028 (0.034)	-0.056
ATE	东部	-0.165** (0.072)	-0.151** (0.059)	-0.175*** (0.060)	-0.144** (0.057)	-0.159
	中部	-0.054 (0.048)	-0.035 (0.039)	-0.042 (0.041)	-0.034 (0.043)	-0.041
	西部	-0.063* (0.035)	-0.064** (0.033)	-0.076** (0.033)	-0.035 (0.033)	-0.060

附录 6-4 宅基地流转对家庭金融脆弱性影响效应的收入组差异

处理效应	匹配方法	K 近邻匹配(k=4)	卡尺匹配(r=0.016)	核匹配	局部线性回归匹配	均值
ATU	低收入组	-0.024 (0.041)	-0.021 (0.034)	-0.028 (0.035)	-0.017 (0.034)	-0.023
	中收入组	-0.069* (0.036)	-0.081** (0.032)	-0.079** (0.033)	-0.086*** (0.032)	-0.079
	高收入组	-0.132* (0.075)	-0.119* (0.063)	-0.155** (0.063)	-0.097 (0.062)	-0.126
ATE	低收入组	-0.024 (0.040)	-0.022 (0.034)	-0.028 (0.035)	-0.018 (0.034)	-0.023
	中收入组	-0.073** (0.035)	-0.084*** (0.031)	-0.083*** (0.032)	-0.088*** (0.031)	-0.082
	高收入组	-0.132* (0.070)	-0.124** (0.062)	-0.155** (0.062)	-0.107* (0.061)	-0.130

参考文献

[1] 阿马蒂亚·森,玛莎·努斯鲍姆.生活质量[M].龚群,聂敏里,王文东,等,译,北京:社会科学文献出版社,2008.

[2] 阿马蒂亚·森,杰弗里·霍索恩,沈国华译.生活水平[M].北京:机械工业出版社,2015.

[3] 白描,苑鹏.农民社会关系的现状及影响因素分析[J].中国农村观察,2014(1):40-49.

[4] 蔡继明,高宏,熊柴.深化土地制度改革,扩大居民消费需求[J].河北学刊,2018,38(6):140-148.

[5] 蔡继明.以土地制度改革红利支撑农民消费水平提升[J].人民论坛,2019(28):52-53.

[6] 曹守慧,丁士军,孙飞.宅基地流转对居民家庭消费的影响研究[J].农业技术经济,2023(1):17-31.

[7] 曹守慧,孙飞,丁士军.宅基地流转如何影响家庭金融脆弱性[J].农村经济,2023(4):73-82.

[8] 曹益凤,耿卓.共同富裕目标下宅基地财产价值显化的制度路径[J].社会科学动态,2022(08):28-33.

[9] 柴国俊.房屋拆迁能够提高家庭消费水平吗?:基于中国家庭金融调查数据的实证分析[J].经济评论,2014(2):41-51.

[10] 常钦.让闲置农房成为促农增收的"黄金屋"[N].人民日报,2018-07-08(10).

[11] 车裕斌.中国农地流转机制研究[M].北京:中国农业出版社,2004.

[12] 陈柏峰.农村宅基地限制交易的正当性[J].中国土地科学,2007,21(4):44-48.

[13] 陈斌开,陈琳,谭安邦.理解中国消费不足:基于文献的评述[J].世界经济,2014,37(7):3-22.

[14] 陈池波,龚政.数字普惠金融能缓解农村家庭金融脆弱性吗[J].中南财经政法大学学报,2021(4):132-143.

[15] 陈强.高级计量经济学及 Stata 应用[M].2 版.北京:高等教育出版社,2014.

[16] 陈杨,汪莉霞.土地流转促进农村劳动力转移的机制、问题与对策[J].农村金融研究,2017(10):63-66.

[17] 陈治国,李成友,辛冲冲.农户土地流转决策行为及其福利效应检验:基于 CHIP2013 数据的实证研究[J].商业研究,2018(5):163-171.

[18] 成程.宅基地置换补偿政策优化研究:基于农户福利视角[M].北京:知识产权出版社,2019.

[19] 程同顺,郭鑫.我国农村宅基地制度改革的演进历程、基本逻辑及推进原则[J].学习论坛,2022,38(1):116-123.

[20] 程秀建.宅基地资格权的权属定位与法律制度供给[J].政治与法律,2018(8):29-41.

[21] 戴序,董亚文.农村金融发展对农村居民消费影响的实证分析[J].税务与经济,2019(2):29-36.

[22] 邓大松,杨晶,孙飞.收入流动、社会资本与农村居民收入不平等:来自中国家庭追踪调查(CFPS)的证据[J].武汉大学学报(哲学社会科学版),2020,73(03):103-114.

[23] 邓远远,郭焱,朱俊峰.土地流转、农户增收与收入不平等:基于“反事实”框架的实证分析[J].农村经济,2021(6):33-40.

[24] 董新辉.新中国 70 年宅基地使用权流转:制度变迁、现实困境、改革方向[J].中国农村经济,2019(6):2-27.

[25] 范传棋,毛运意.农村宅基地产权制度的动态演进及其理论逻辑[J].四川师范大学学报(社会科学版),2020,47(3):44-50.

[26] 冯淑怡,鲁力翡,王博. 城乡经济循环下我国农村宅基地制度改革研究[J]. 农业经济问题,2021(4):4-12.

[27] 弗兰克·艾利思,胡景北译. 农民经济学:农民家庭农业和农业发展[M]. 上海:上海人民出版社,2006.

[28] 复兴网. 贺雪峰:农民收入太低,并不是当前农村最严重的问题[EB/OL]. (2020-11-15). https://www.mzfxw.com/e/action/ShowInfo.php? classid=8&id=144350.

[29] 高圣平. 宅基地制度改革与民法典物权编编纂:兼评《民法典物权编(草案二次审议稿)》[J]. 法学评论,2019,37(4):108-117.

[30] 高圣平,刘守英. 宅基地使用权初始取得制度研究[J]. 中国土地科学,2007,21(2):31-37.

[31] 公茂刚,吕淑玉. 中国共产党农村宅基地政策变革及产权结构细分研究[J]. 经济问题,2021(7):13-22.

[32] 关江华,黄朝禧,胡银根. 基于 Logistic 回归模型的农户宅基地流转意愿研究:以微观福利为视角[J]. 经济地理,2013,33(8):128-133.

[33] 广西创新发展研究院网站. 中央政策:十四五期间,宅基地改革是乡村振兴最大红利[EB/OL]. (2021-04-22). https://cfy.gxu.edu.cn/info/1301/2574.htm.

[34] 桂华,贺雪峰. 宅基地管理与物权法的适用限度[J]. 法学研究,2014,36(4):26-46.

[35] 郭贯成,韩小二. 宅基地征收对农户就业及福利的影响:基于 CHIP 数据的实证分析[J]. 资源开发与市场,2021,37(4):385-392.

[36] 郭忠兴,王燕楠,王明生. 基于"人-地"二分视角的宅基地资格权探析[J]. 中国农村观察,2022(1):2-15.

[37] 韩松涛. 生计资本及社会保障对农民工消费的影响研究:收入的中介作用[J]. 学理论,2018(12):116-118.

[38] 韩颖,孙早. 代际收入转移、教育与收入不平等[J]. 现代经济探讨,2022(06):70-79

[39] 何芳. 土地经济与利用[M]. 3 版. 上海:同济大学出版社,2020.

[40] 贺雪峰.从新冠肺炎疫情防控认识中国国情[J].社会发展研究,2020,7(2):18-28.

[41] 贺雪峰.农村宅基地"三权分置"改革能收获什么[J].决策,2018(7):13.

[42] 贺雪峰 a.农村宅基地缘何不能轻易"折腾"[J].人民论坛,2021(1):90-92.

[43] 贺雪峰 b.宅基地、乡村振兴与城市化[J].南京农业大学学报(社会科学版),2021,21(4):1-8.

[44] 洪名勇.论马克思的土地产权理论[J].经济学家,1998(1):28-33.

[45] 胡霞,丁浩.土地流转对农户消费异质性影响研究[J].华南农业大学学报(社会科学版),2016,15(5):55-64.

[46] 胡银根,王聪,廖成泉,等.不同治理结构下农村宅基地有偿退出模式探析:以金寨、蓟州、义乌 3 个典型试点为例[J].资源开发与市场,2017,33(12):1411-1416.

[47] 胡银根,吴欣,王聪,等.农户宅基地有偿退出与有偿使用决策行为影响因素研究:基于传统农区宜城市的实证[J].中国土地科学,2018,32(11):22-29.

[48] 黄承伟,刘欣,周晶.鉴往知来—十八世纪以来国际贫困与反贫困理论评述[M].南宁:广西人民出版社,2017.

[49] 黄建伟,张兆亮.农户行为理论分析框架下宅基地流转主体特征与影响因素的实证研究[J].农村经济,2022(1):39-51.

[50] 黄少安,赵海怡.物权法开禁农村宅基地交易再辩[C]// 浙江大学经济学院、山东大学经济研究院(中心)、《经济研究》编辑部.2006 年度(第四届)中国法经济学论坛会议论文集.2006:153-162.

[51] 黄宗智.华北的小农经济与社会变迁[M].北京:中华书局,2000.

[52] 黄祖辉,胡豹,黄莉莉.谁是农业结构调整的主体?:农户行为及决策分析[M].北京:中国农业出版社,2005.

[53] 蒋明琪.金融素养对城镇居民家庭经济脆弱性的影响研究[D].杨凌:西北农林科技大学,2022.

[54] 焦长权.从乡土中国到城乡中国:上半程与下半程[J].中国农业大学学报(社会科学版),2022,39(2):22-39.

[55] 柯炼,汪小勤,陈地强.土地流转与农户收入增长:基于收入结构的视角[J].中国人口·资源与环境,2022,32(1):127-137.

[56] 孔祥智.宅基地改革:政策沿革和发展方向[J].农村金融研究,2018(11):6-11.

[57] 孔祥智.深化农村土地制度改革赋予农民更加充分的财产权益[J].农村工作通讯,2022(21):37-39.

[58] 拉坦·弗农.诱制性制度变迁理论,载《财产权利与制度变迁》[M].格致出版社、上海三联书店、上海人民出版社,1978.

[59] 兰斯·戴维斯,诺思·道格拉斯.制度变迁的理论:概念与原因,载《财产权利与制度变迁》[M].格致出版社、上海三联书店、上海人民出版社,1971.

[60] 李夯,黎鹏展.城乡制度变革背景下的乡村规划理论与实践[M].成都:电子科技大学出版社,2019:59.

[61] 李慧,刘志有,肖含松,等.基于乡村振兴视角下西部绿洲流转农户生计脆弱性影响因素研究[J].中国农业资源与区划,2020,41(11):234-242.

[62] 李建勇,彭倩,黄宇虹.金融素养视角下家庭财务脆弱性问题研究[J].社会科学研究,2021(5):24-32.

[63] 李江风.土地管理教程[M].武汉:中国地质大学出版社,2017.

[64] 李江一,李涵.城乡收入差距与居民消费结构:基于相对收入理论的视角[J].数量经济技术经济研究,2016,33(8):97-112.

[65] 李劲民等.山西农村集体产权制度改革研究[M].北京:中国社会出版社,2016:169-170.

[66] 李井奎.凯恩斯革命的前世今生:约翰·梅纳德·凯恩斯及其《就业、利息和货币通论》[M].2版.大连:东北财经大学出版社,2018.

[67] 李靖.基于SL拓展框架的贫困农户生计空间差异与影响因素研究[D].重庆:西南大学,2018.

[68] 李玲玲,周宗熙,崔彩贤.新生代农民工宅基地资格权保障的法理逻辑与优化路径[J].西北农林科技大学学报(社会科学版),2023,23(1):77-85.

[69] 李谦.宅基地资格权:内涵重塑、功能演绎与内容阐述[J].中国土地科学,2021,35(1):26-32.

[70] 李实,TERRY SICULAR,FINN TARP.中国收入不平等:发展、转型和政策[J].北京工商大学学报(社会科学版),2020,35(4):21-31.

[71] 李树,于文超.幸福的社会网络效应:基于中国居民消费的经验研究[J].经济研究,2020,55(6):172-188.

[72] 李涛,陈斌开.家庭固定资产、财富效应与居民消费:来自中国城镇家庭的经验证据[J].经济研究,2014,49(3):62-75.

[73] 李伟.国人生计问题:源于中国人社会经济发展史的另类思考[M].北京:中国经济出版社,2010:74-77.

[74] 李玉山,卢敏,朱冰洁.多元精准扶贫政策实施与脱贫农户生计脆弱性:基于湘鄂渝黔毗邻民族地区的经验分析[J].中国农村经济,2021(5):60-82.

[75] 梁慧星.中国物权法研究[M].北京:法律出版社,1998.

[76] 廖理,初众,张伟强.中国居民金融素养与活动的定量测度分析[J].数量经济技术经济研究,2021,38(7):43-64.

[77] 廖明球,李雪等.计量经济学简明教程[M].3版.北京:首都经济贸易大学出版社,2018.

[78] 林超,郭彦君.农村宅基地功能研究述评及对乡村振兴启示[J].经济体制改革,2020(04):194-199.

[79] 林津,吴群,刘向南.宅基地"三权分置"制度改革的潜在风险及其管控[J].华中农业大学学报(社会科学版),2022(1):183-192.

[80] 刘波,王修华,胡宗义.金融素养是否降低了家庭金融脆弱性?[J].南方经济,2020(10):76-91.

[81] 刘工践.精准扶贫脱贫的好路子:《创新之路》简评[N].人民日报,2017-12-15(07).

[82] 刘浩. 我国退耕还林工程对农户收入、消费及其不平等的影响研究
[D]. 北京:北京林业大学,2021

[84] 刘锐,贺雪峰. 从嵌入式治理到分类管理:宅基地制度变迁回顾与展望
[J]. 四川大学学报(哲学社会科学版),2018(3):47-56.

[85] 刘守英,王宝锦. 中国小农的特征与演变[J]. 社会科学战线,2020(1):
63-78.

[86] 刘守英,王一鸽. 从乡土中国到城乡中国:中国转型的乡村变迁视角
[J]. 管理世界,2018,34(10):128-146.

[87] 刘守英,熊雪锋. 产权与管制:中国宅基地制度演进与改革[J]. 中国经
济问题,2019(6):17-27.

[88] 刘守英. 理解中国的历史转型[J]. 民主与科学,2020(1):13-16.

[89] 刘守英. 农村宅基地制度的特殊性与出路[J]. 国家行政学院学报,
2015(3):18-24,43.

[90] 刘卫柏,贺海波. 农村宅基地流转的模式与路径研究[J]. 经济地理,
2012,32(2):127-132.

[91] 刘雅慧,沈月琴,李博伟,等. 义乌市农村宅基地流转对农民福利的影响
[J]. 浙江农业科学,2020,61(3):584-588.

[92] 刘彦随. 中国新时代城乡融合与乡村振兴[J]. 地理学报,2018,73(4):
637-650.

[93] 刘子兰,刘辉,袁礼. 人力资本与家庭消费:基于 CFPS 数据的实证分析
[J]. 山西财经大学学报,2018,40(4):17-35.

[94] 卢建新. 农村家庭资产与消费:来自微观调查数据的证据[J]. 农业技术
经济,2015(1):84-92.

[95] 陆铭,贾宁,郑怡林. 有效利用农村宅基地:基于山西省吕梁市调研的理
论和政策分析[J]. 农业经济问题,2021,42(4):13-24.

[96] 罗娟,李宝珍. 数字普惠金融对我国消费不平等的影响研究:来自中国
家庭金融调查及县级数据的证据[J]. 消费经济,2021,37(4):75-83.

[97] 吕军书,郑弼天. 农村宅基地"三权分置"的政策意蕴及实现路向[J].
西北农林科技大学学报(社会科学版),2022,22(4):44-51.

[98] 罗永明,陈秋红.家庭生命周期、收入质量与农村家庭消费结构:基于子女异质视角下的家庭生命周期模型[J].中国农村经济,2020(8):85-105.

[99] 中共中央马克思恩格斯列宁斯大林著作编译局译.马克思恩格斯全集-第二十八卷[M].北京:人民出版社,1973.

[100] 中共中央马克思恩格斯列宁斯大林著作编译局译.马克思恩格斯全集-第四十六卷,下册[M].北京:人民出版社,1980.

[101] 马克思,北京大学《数学手稿》编译组编译.数学手稿[M].北京:人民出版社,1975.

[102] 马乾."三权分置"背景下农村土地流转对农民收入的影响及对策研究[J].税务与经济,2021(6):69-75.

[103] 马小勇.理性农民所面临的制度约束及其改革[J].中国软科学,2003(7):26-33.

[104] 冒佩华,徐骥.农地制度、土地经营权流转与农民收入增长[J].管理世界,2015(5):63-74.

[105] 孟德锋,严伟祥,刘志友.金融素养与家庭金融脆弱性[J].上海金融,2019(8):1-13.

[106] 孟勤国.禁止宅基地转让的正当性和必要性[J].农村工作通讯,2009(12):18-19.

[107] 孟勤国.物权法开禁农村宅基地交易之辩[J].法学评论,2005,23(4):25-30.

[108] 穆亚茹.乡村振兴背景下农村宅基地权利制度的反思与重构[J].农业经济,2022(12):90-92.

[109] 聂瑞华,石洪波,米子川.家庭资产选择行为研究评述与展望[J].经济问题,2018(11):41-47.

[110] 欧胜彬,苏雪晨.土地征收的福利效应与政策优化研究:以农户分化为视角[M].北京:中国经济出版社,2019.

[111] 潘华英.生计资本结构形塑"生产—消费"策略组合[D].武汉:华中师范大学,2017.

[112] 彭开丽,张安录.土地利用变化中农户脆弱性研究:一个理论分析框架及基于中国中部五省的调研实证[J].自然资源学报,2015,30(11):1798-1810.

[113] 彭澎,徐志刚.数字普惠金融能降低农户的脆弱性吗?[J].经济评论,2021(1):82-95.

[114] 恰亚诺夫,萧正洪译.农民经济组织[M].北京:中央编译出版社,1996.

[115] 钱忠好,王兴稳.农地流转何以促进农户收入增加:基于苏、桂、鄂、黑四省(区)农户调查数据的实证分析[J].中国农村经济,2016(10):39-50.

[116] 乔陆印.农村宅基地制度改革的理论逻辑与深化路径:基于农民权益的分析视角[J].农业经济问题,2022,43(3):97-108.

[117] 邱幼云,程玥.新生代农民工的乡土情结:基于杭州和宁波的实证调查[J].中国青年研究,2011(7):51-55.

[118] 瞿理铜,朱道林.基于功能变迁视角的宅基地管理制度研究[J].国家行政学院学报,2015(5):99-103.

[119] 曲颂,仲鹭勃,郭君平.宅基地制度改革的关键问题:实践解析与理论探释[J].中国农村经济,2022(12):73-89.

[120] 冉成洋,赵新."三权分置"视阈下宅基地管理制度研究[J].青岛农业大学学报(社会科学版),2020,32(3):9-14.

[121] 任保平,魏婕,郭晗,等.中国特色发展的政治经济学[M].北京:中国经济出版社,2019.

[122] 史常亮,栾江,朱俊峰.土地经营权流转、耕地配置与农民收入增长[J].南方经济,2017(10):36-58.

[123] 史磊,朱孔将.土地转出能否提升农户消费?[J].消费经济,2021,37(3):47-56.

[124] 宋志红.宅基地使用权流转的困境与出路[J].中国土地科学,2016,30(05):13-20.

[125] 时磊,赵姚阳.结构、历史与前瞻:我国农村宅基地制度变迁的三维考察[J].改革与战略,2021,37(2):23-34.

[126] 史洋洋,郭贯成,吴群,等.乡村振兴背景下宅基地利用转型逻辑机理与实证[J].经济地理,2023,43(1):148-158.

[127] 孙飞,陈玉萍.中国农民发展水平模糊评价[J].华南农业大学学报(社会科学版),2019,18(5):45-58.

[128] 孙飞.农作物生产专业化对农户生计的影响研究[D].武汉:中南财经政法大学,2020.

[129] 孙鹏飞,高原,赵凯.宅基地退出对农户收入的影响:基于倾向得分匹配(PSM)的反事实估计[J].西北农林科技大学学报(社会科学版),2020,20(2):69-78.

[130] 孙鹏飞,张仁慧,赵凯.宅基地退出加剧了农村劳动力非农转移吗?:来自安徽省金寨县农户的证据[J].干旱区资源与环境,2021,35(2):65-72.

[131] 孙鹏飞.农户分化视角下宅基地退出对农户福利影响研究[D].杨凌:西北农林科技大学,2021.

[132] 孙晓勇.宅基地改革:制度逻辑、价值发现与价值实现[J].管理世界,2023,39(01):116-127.

[133] 孙小宇,郑逸芳,许佳贤.外出从业经历、农地流转行为与农村劳动力转移:基于CHIP2013数据的实证分析.农业技术经济,2021(3):20-35.

[134] 孙雪峰.农村宅基地退出:主要模式、驱动机理与政策设计[D].南京:南京农业大学,2016.

[135] 孙志燕,侯永志.对我国区域不平衡发展的多视角观察和政策应对[J].管理世界,2019,35(8):1-8.

[136] 唐丽霞.穷人的生计资产:特征、获得和利用[M].北京:中国农业大学出版社,2013.

[137] 唐仁健a.百年伟业"三农"华章:中国共产党在"三农"领域的百年成就及其历史经验[J].中共党史研究,2021(5):5-18.

[138] 唐仁健.扎实推进乡村全面振兴[J].农村工作通讯,2021(20):7-10.

[139] 唐文浩.普惠金融背景下农户脆弱性研究[D].南京:南京农业大

学,2017.

[140] 唐在富.新型城镇化与土地变革[M].广州:广东经济出版社,2014.

[141] 陶祥兴,何嘉禾.居民受教育水平与家庭金融脆弱性实证研究[J].浙江科技学院学报,2021,33(4):261-266.

[142] 田逸飘,刘明月.宅基地使用权流转对农户生计策略的影响:基于宅基地制度改革试点的实证研究[J].大理大学学报,2023,8(1):35-41.

[143] 田庆刚.农户家庭资产金融价值转化机理与实证研究[D].重庆:重庆大学,2016.

[144] 王晶.数字金融发展对农村家庭生计影响研究[D].北京:中国农业科学院,2021.

[145] 王玉庭,李哲敏,任育锋,等.中国农村宅基地管理的历史演变及未来改革趋势[J].农业展望,2019,15(1):34-38.

[146] 魏程琳.非财产性权利:农村宅基地的属性与价值辨析[J].山西农业大学学报(社会科学版),2016,15(4):229-236.

[147] 温忠麟,叶宝娟.中介效应分析:方法和模型发展[J].心理科学进展,2014,22(5):731-745.

[148] 吴光俊.要素扭曲、制度环境与科技金融脆弱性研究[J].北京邮电大学学报(社会科学版),2019,21(2):49-59.

[149] 吴海涛,丁士军.贫困动态性:理论与实证[M].武汉:武汉大学出版社,2013.

[150] 吴赛尔,陈云松,贺光烨.走出定量社会学双重危机[J].中国社会科学评价,2017(3):15-27.

[151] 吴郁玲,吴少伟.乡村振兴背景下宅基地流转与农户生计资本积累[J].贵州社会科学,2021,383(11):154-160.

[152] 吴郁玲,于亿亿,王梅.农户对宅基地退出的福利增进需求研究:基于余江、金寨、宜城三地的农户调查[J].中国土地科学,2021,35(7):61-70.

[153] 西奥多·舒尔茨.改造传统农业[M].梁小民,译,北京:商务印书馆,1999.

[154] 夏沁. 论宅基地制度有偿改革的基础权利构造[J]. 农业经济问题,2023,44(2):50-65.

[155] 夏柱智. 论宅基地管理的自治模式:治理视角下的宅基地制度改革研究[J]. 甘肃行政学院学报,2019(5):85-93.

[156] 夏柱智. 有进有退:中国城镇化进程中的农民工[J]. 文化纵横,2022(4):81-90.

[157] 谢伏瞻. 新中国70年经济与经济学发展[J]. 中国社会科学,2019(10):4-22.

[158] 谢伏瞻. 中国经济学的形成发展与经济学人的使命:《中国经济学手册·导言》[J]. 经济研究,2022,57(1):4-15.

[159] 谢臻,沈梓睿,范胜龙. 农业需求侧视角下宅基地"一户多宅"分类退出及其整治效应[J]. 资源科学,2022,44(11):2276-2289.

[160] 邢大伟,管志豪. 普惠金融、金融素养降低家庭金融脆弱性了吗?——基于CHFS2015数据的实证[Z]. 产业经济评论(山东大学),2021:151-175.

[161] 邢泷,陈雪梅. 农村土地租赁与农户消费率关系的实证研究:基于CHFS调查数据的有序probit模型分析[J]. 消费经济,2014,30(4):20-24.

[162] 徐荣贞,何婷婷,王森. 房价波动对城市家庭金融脆弱性的影响:基于认知能力的调节效应[C]//天津市社会科学界第十六届学术年会优秀论文集 中国特色社会主义制度和国家治理体系显著优势(上),天津:天津人民出版社,2020:212-224.

[163] 徐永德. 以农村宅基地改革推动乡村振兴[N]. 光明日报,2021-01-18(02).

[164] 许恒周,牛坤在. 基于CiteSpace的农村宅基地退出研究进展与热点分析[J]. 天津商业大学学报,2019,39(6):12-21.

[165] 严金海,王彬,郑文博. 乡土依恋、城市融入与乡城移民宅基地退出意愿:基于福建厦门的调查[J]. 中国土地科学,2022,36(1):20-29.

[166] 闫琳琳,程显扬. 农户生计策略影响因素分析[J]. 党政干部学刊,2018

(12)：58-62.

[167] 杨晶，邓大松，申云，等．社会资本、农地流转与农户消费扩张[J]．南方经济，2020(8)：65-81.

[168] 杨庆媛，陈鸿基，苏康传，等．中国农村宅基地资产化研究进展与展望[J]．中国土地科学，2022，36(07)：116-126.

[169] 杨亚楠．农村宅基地闲置状况研究综述[J]．现代农业科技，2008(14)：281-282

[170] 杨英法．中国农村宅基地产权制度研究[J]．社会科学家，2016(2)：65-69.

[171] 杨永恒，等．中国人类发展报告特别版：历史转型中的中国人类发展40年[R]．北京：中译出版社，2019.

[172] 杨友智．消费信贷对家庭金融脆弱性影响研究[D]．南京：东南大学，2021.

[173] 姚明明，李华．财富结构、消费结构与扩大内需[J]．消费经济，2014，30(5)：28-33.

[174] 姚树荣，熊雪锋．宅基地权利分置的制度结构与农户福利[J]．中国土地科学，2018，32(4)：16-23.

[175] 叶春兰．中国家庭房产投资对城镇家庭金融脆弱性影响的实证研究[D]．北京：对外经济贸易大学，2021.

[176] 易行健，莫宁，周聪，等．消费信贷对居民消费影响研究：基于家庭微观数据的实证估计[J]．山东大学学报（哲学社会科学版），2017(5)：93-100.

[177] 殷一博．新一轮农村土地制度改革的逻辑解析[J]．兰州学刊，2019(9)：190-197.

[178] 尹志超，张栋浩．金融普惠、家庭贫困及脆弱性[J]．经济学（季刊），2020，20(5)：153-172.

[179] 于凤瑞．以增加农民财产性收入促进农村共同富裕[N]．南方日报，2022-07-04(12).

[180] 于伟，刘本城，宋金平．城镇化进程中农户宅基地退出的决策行为及影

响因素[J].地理研究,2016,35(3):551-560.

[181] 于霄.中英比较视野下的宅基地法律改革[M].上海:上海人民出版社,2013:5.

[182] 岳崴,王雄,张强.健康风险、医疗保险与家庭财务脆弱性[J].中国工业经济,2021(10):175-192.

[183] 詹姆斯·斯科特,程立显,刘建等译.农民的道义经济学:东南亚的反叛与生存[M].南京:译林出版社,2001.

[184] 张车伟,王德文.农民收入问题性质的根本转变:分地区对农民收入结构和增长变化的考察[J].中国农村观察,2004(1):2-13.

[185] 张恩碧,徐杰.宅基地置换对上海市郊农民消费生活的影响分析[J].消费经济,2008,24(4):3-6.

[186] 张公望,朱明芬.农村宅基地制度改革与农民增收:基于6个试点县(市、区)面板数据的双重差分分析[J].浙江农业学报,2020,32(8):1475-1484.

[187] 张广辉,张建.宅基地"三权分置"改革与农民收入增长[J].改革,2021(10):41-56.

[188] 张华新.个体决策行为的经济和心理学分析:2017年诺贝尔经济学奖获得者研究成果述评[J].上海经济研究,2017,29(12):116-124.

[189] 张慧利,夏显力.宅基地退出对农户家庭劳动生产率的影响研究[J].商业研究,2021(2):80-87.

[190] 张冀,于梦迪,曹杨.金融素养与中国家庭金融脆弱性[J].吉林大学社会科学学报,2020,60(4):140-150.

[191] 张冀,祝伟,王亚柯.家庭经济脆弱性与居民消费关系研究动态[J].经济学动态,2016(8):126-135.

[192] 张建华.发展经济学:原理与政策[M].武汉:华中科技大学出版社,2019.

[193] 张军涛,张世政.中国农村宅基地管理政策扩散特征及其效应:基于379份政策文本的量化分析[J].世界农业,2021(1):88-98.

[194] 张凯,李容.债务杠杆、数字金融与家庭财务脆弱性[J].现代经济探

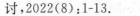

讨,2022(8):1-13.

[195] 张梦琳.农村宅基地产权制度变迁的经验研究:从"增减挂钩"到"三权分置"[J].现代经济探讨,2023(2):116-121.

[196] 张清勇,刘守英.宅基地的生产资料属性及其政策意义:兼论宅基地制度变迁的过程和逻辑[J].中国农村经济,2021(8):2-23.

[197] 张学博,丁卉.新中国70年视野下的农村土地制度新一轮改革与创新[J].党政研究,2019(3):15-27.

[198] 张亚洲,杨俊孝.土地流转的农户减贫效应研究:基于绝对贫困和相对贫困的双重视角[J].资源开发与市场,2021,37(9):1066-1072.

[199] 张银银,马志雄,丁士军.失地农户生计转型的影响因素及其效应分析[J].农业技术经济,2017(6):42-51.

[200] 张勇,江学祺,李忠林.试点地区宅基地流转的实践探索与推进路径:基于安徽省东至县的考察[J/OL].农业经济问题:1-12[2023-03-05].

[201] 赵光南.中国农地制度改革研究[M].北京:经济日报出版社,2012.

[202] 赵剑治,陆铭.关系对农村收入差距的贡献及其地区差异:一项基于回归的分解分析.经济学(季刊),2010,9(1):363-390.

[203] 赵立娟,康晓虹,史俊宏.耕地转出对农民家庭贫困脆弱性的影响及其区域差异分析[J].自然资源学报,2021,36(12):3099-3113.

[204] 赵树枫等.农村宅基地制度与城乡一体化[M].北京:中国经济出版社,2015.

[205] 赵意焕.恩格斯《论住宅问题》对我国农村宅基地权利制度创新的启示[J].改革与战略,2022,38(1):75-86.

[206] 郑新曼,董瑜.政策文本量化研究的综述与展望[J].现代情报,2021,41(2):168-177.

[207] 郑有贵.新中国土地改革开辟现代化通途[J].历史评论,2020(4):36-41.

[208] 中国人民大学中国经济改革与发展研究院网站.刘守英:"十四五"期间土地上特别要防的一件事[EB/OL].(2021-08-19). http://www.yjy.

ruc. edu. cn/zkcg2/mtjj/480be19fce30493c9fc454b66e8d0ca3. htm.

[209] 钟林. 基于产权约束的农地流转市场定价研究[D]. 成都:电子科技大学,2009.

[210] 周江梅,黄启才. 改革开放 40 年农户宅基地管理制度变迁及思考[J]. 经济问题,2019(2):69-75.

[211] 周小平,高远瞩. 改革开放 40 年中国农村宅基地管理政策演进与前瞻:基于宅基地相关政策的文本分析[J]. 河海大学学报(哲学社会科学版),2018,20(5):1-7.

[212] 周约三. 土地改革对消灭封建关系及发展生产力的意义:纪念《中华人民共和国土地改革法》公布三十二周年[J]. 史学月刊,1982(4):57-63.

[213] 周振. 新时代我国城乡要素配置改革:实践成效、理论逻辑和未来展望[J]. 经济纵横,2023(01):61-72.

[214] 周洲,陈曦. 非农就业对农村家庭风险性金融市场参与的影响研究:基于中国家庭金融调查数据的分析[J]. 中国地质大学学报(社会科学版),2022,22(04):98-111.

[215] 朱冬亮. 农民与土地渐行渐远:土地流转与"三权分置"制度实践[J]. 中国社会科学,2020(7):123-144.

[216] 朱豆豆. 金融素养对家庭负债及财务脆弱性的影响研究[D]. 无锡:江南大学,2021.

[217] 朱文珏,罗必良. 行为能力、要素匹配与规模农户生成:基于全国农户抽样调查的实证分析[J]. 学术研究,2016(8):83-92,177.

[218] 朱战辉. 生活治理视域下农村人居环境治理路径与机制分析[J]. 地方治理研究,2023,25(1):65-77.

[219] 庄晋财,齐佈云. 前景理论视角下不同类型农户的宅基地退出行为决策研究[J]. 农林经济管理学报,2022,21(1):87-94.

[220] ALBERT A, FRANCO M. The "life cycle" hypothesis of saving: Aggregate implications and tests[J]. American Economic Review, 1963,53(1):55-84.

[221] ALI L,KHAN M K N,AHMAD H. Education of the head and finan-
cial vulnerability of households:evidence from a household's survey
data in Pakistan [J]. Social Indicators Research, 2020, 147 (2):
439-463.

[222] ALLEN D G,GRIFFETH R W. Test of a mediated performance-
turnover relationship highlighting the moderating roles of visibility
and reward contingency [J]. The Journal of Applied Psychology,
2001,86(5):1014-1021.

[223] AMPUDIA M,VAN VLOKHOVEN H,? OCHOWSKI D. Financial
fragility of euro area households[J]. Journal of Financial Stability,
2016,27:250-262.

[224] ANDERLONI L,BACCHIOCCHI E,VANDONE D. Household fi-
nancial vulnerability:an empirical analysis[J]. Research in Econom-
ics,2012,66(3):284-296.

[225] ANSARI Y,ALBARRAK M S,SHERFUDEEN N,et al. A study of
financial literacy of investors—a bibliometric analysis [J]. Interna-
tional Journal of Financial Studies,2022,10(2):36.

[226] ATKINSON A,MESSY F A. Assessing financial literacy in 12 coun-
tries:an OECD/INFE international pilot exercise[J]. Journal of Pen-
sion Economics and Finance,2011,10(4):657-665.

[227] BAO H X H,ROBINSON G M. Behavioural land use policy studies:
past,present,and future[J]. Land Use Policy,2022,115:106013.

[228] BARBER B M, ODEAN T. The behavior of individual investors
[M]//Handbook of the Economics of Finance. Amsterdam:Elsevier,
2013:1533-1570.

[229] BARON R M,KENNY D A. The moderator-mediator variable dis-
tinction in social psychological research: conceptual, strategic, and
statistical considerations[J]. Journal of Personality and Social Psy-
chology,1986,51(6):1173-1182.

[230] BARON R M,KENNY D A. The moderator-mediator variable distinction in social psychological research:conceptual,strategic,and statistical considerations[J]. Journal of Personality and Social Psychology,1986,51(6):1173-1182.

[231] BOGAN V. Stock market participation and the Internet[J]. Journal of Financial and Quantitative Analysis,2008,43(1):191-211.

[232] BRADFIELD T,BUTLER R,DILLON E J,et al. Attachment to land and its downfalls:can policy encourage land mobility? [J]. Journal of Rural Studies,2023,97:192-201.

[233] BROWN S,TAYLOR K. Household debt and financial assets:evidence from Germany,great Britain and the USA[J]. Journal of the Royal Statistical Society Series A:Statistics in Society,2008,171(3):615-643.

[234] BRUNETTI M,GIARDA E,TORRICELLI C. Is financial fragility a matter of illiquidity? an appraisal for Italian households[J]. Review of Income and Wealth,2016,62(4):628-649.

[235] LA CAVA G,SIMON J. Household debt and financial constraints in Australia[J]. Australian Economic Review,2005,38(1):40-60.

[236] CHEN G M,KIM K A,NOFSINGER J R,et al. Trading performance,disposition effect,overconfidence,representativeness bias,and experience of emerging market investors[J]. Journal of Behavioral Decision Making,2007,20(4):425-451.

[237] CHHATWANI M,MISHRA S K. Does financial literacy reduce financial fragility during COVID-19? The moderation effect of psychological,economic and social factors[J]. International Journal of Bank Marketing,2021,39(7):1114-1133.

[238] CHOWDHURY T A. Applying and extending the sustainable livelihoods approach:identifying the livelihood capitals and well-being achievements of indigenous people in Bangladesh[J]. Journal of Social

and Economic Development,2021,23(2):302-320.

[239] COASE R H. The problem of social cost[J]. The Journal of Law and Economics,1960,3:1-44.

[240]Consumer Financial Protection Bureau (CFPB). Measuring financial well-being: A guide to using the CFPB financial well-being scale[R]. Consumer Financial Protection Bureau, Research Report, 2017.

[241] DENG W,ZHANG S Y,ZHOU P,et al. Spatiotemporal characteristics of rural labor migration in China: evidence from the migration stability under new-type urbanization[J]. Chinese Geographical Science,2020,30(5):749-764.

[242] Department for International Development (DFID). Sustainable livelihoods guidance sheets[R]. London: DFID, 1999.

[243] DONG G L,GE Y B,CAO H M,et al. Withdrawal and transformation of rural homesteads in traditional agricultural areas of China based on supply-demand balance analysis[J]. Frontiers in Environmental Science,2022,10:897514.

[244] DEY S,HALOI R. Assets,rural livelihood strategies and welfare outcomes:a case study from South Assam,India[J]. The Indian Journal of Labour Economics,2019,62(4):595-620.

[245] ERIC R. WOLF. Peasants[M]. Englewood: Prentice Hall, 1965.

[246] FAN L X,DANG X H,TONG Y,et al. Functions,motives and barriers of homestead vegetable production in rural areas in ageing China[J]. Journal of Rural Studies,2019,67:12-24.

[247] FUENZALIDA M, RUIZ-TAGLE J. Household financial vulnerability[C]// Alfaro R. Financial stability, monetary policy, and central banking. Central Bank of Chile: Santiago, Republic of Chile, 2011 (15): 299-326.

[248] GIARDA E. Persistency of financial distress amongst Italian households:evidence from dynamic models for binary panel data[J]. Jour-

nal of Banking & Finance,2013,37(9):3425-3434.

[249] GROHMANN A. Financial literacy and financial behavior: evidence from the emerging Asian middle class[J]. Pacific-Basin Finance Journal,2018,48:129-143.

[250] GU H Y,LING Y K,SHEN T Y,et al. How does rural homestead influence the Hukou transfer intention of rural-urban migrants in China? [J]. Habitat International,2020,105:102267.

[251] GUO Y Z,WANG J Y. Poverty alleviation through labor transfer in rural China:evidence from Hualong County[J]. Habitat International,2021,116:102402.

[252] HAMID F S,LOKE Y J. Financial literacy,money management skill and credit card repayments[J]. International Journal of Consumer Studies,2021,45(2):235-247.

[253] HE L,ZHOU S Y. Household financial vulnerability to income and medical expenditure shocks:measurement and determinants[J]. International Journal of Environmental Research and Public Health,2022,19(8):4480.

[254] HE Q,DENG X,LI C,et al. Does land transfer improve farmers' quality of life? evidence from rural China[J]. Land,2021,11(1):15.

[255] HSU Y L,CHEN H L,HUANG P K,et al. Does financial literacy mitigate gender differences in investment behavioral bias? [J]. Finance Research Letters,2021,41:101789.

[256] HU J H,HAN H F,ZHANG Z N,et al. Impact of homestead housing on the allocation of financial assets of Chinese rural households[J]. Journal of the Asia Pacific Economy,2023,28(1):330-349.

[257] HUANG Z H,DU X J. Farmers' attitudes toward land titling and its potential effects on rural development in China[J]. China Agricultural Economic Review,2018,10(3):425-442.

[258] TULLIO J,MARCO P,MARCO D M. Households' indebtedness and

financial fragility[J]. Journal of Financial Management, Markets and Institutions, 2013, I(1): 23-46.

[259] JIANG G H, HE X, QU Y B, et al. Functional evolution of rural housing land: a comparative analysis across four typical areas representing different stages of industrialization in China[J]. Land Use Policy, 2016, 57: 645-654.

[260] JIANG M, PAUDEL K, MI Y S. Rural land transfer and financial impact: Evidence from China[C]// 2017 Annual Meeting of Alabama Southern Agricultural Economics Association, Mobile, USA, 4 February 2017.

[261] JONES C I, KLENOW P J. Beyond GDP? welfare across countries and time[J]. American Economic Review, 2016, 106(9): 2426-2457.

[262] KAKWANI N. The relative deprivation curve and its applications[J]. Journal of Business & Economic Statistics, 1984, 2(4): 384-394.

[263] KITAMURA T, NAKASHIMA K. An investigation of policy incentives for delaying public pension benefit claims[J]. Review of Behavioral Finance, 2021, 13(2): 109-124.

[264] KONG X S, LIU Y L, JIANG P, et al. A novel framework for rural homestead land transfer under collective ownership in China[J]. Land Use Policy, 2018, 78: 138-146.

[265] LI H B, YUAN Y, ZHANG X L, et al. Evolution and transformation mechanism of the spatial structure of rural settlements from the perspective of long-term economic and social change: a case study of the Sunan region, China[J]. Journal of Rural Studies, 2022, 93: 234-243.

[266] LI H, ZHANG X L, LI H. Has farmer welfare improved after rural residential land circulation? [J]. Journal of Rural Studies, 2022, 93: 479-486.

[267] LIN J Y. An economic theory of institutional change: Induced and imposed change[J]. Cato Journal, 1989, 9(1): 1-33.

[268] LIPION M. The theory of the optimising peasant 1[J]. Journal of Development Studies,1968,4(3):327-351.

[269] LIU H, LIU C, WANG K, et. al. A study on the dynamic change and driving forces of rural homestead utilization in metropolitan suburbs, also on the multi-functionization of rural homestead and its innovation in Shanghai, China[J]. Urban Studies, 2018(25): 74-83.

[270] LIU R Q,JIANG J,YU C,et al. The endowment effect accompanying villagers' withdrawal from rural homesteads: field evidence from Chengdu,China[J]. Land Use Policy,2021,101:105107.

[271] LIU W W,LIU Z W,WANG L,et al. Regional social development gap and regional coordinated development based on mixed-methods research:evidence from China[J]. Frontiers in Psychology, 2022, 13:927011.

[272] LONG H L,LI T T. The coupling characteristics and mechanism of farmland and rural housing land transition in China[J]. Journal of Geographical Sciences,2012,22(3):548-562.

[273] LONG X Y,GUO Y K. Research on the function evolution and driving mechanism of rural homestead in Luxian County under the "Rural Revitalization"[J]. Procedia Computer Science,2022,199:969-976.

[274] LU X,PENG W L,HUANG X J,et al. Homestead management in China from the "separation of two rights" to the "separation of three rights":Visualization and analysis of hot topics and trends by mapping knowledge domains of academic papers in China National Knowledge Infrastructure (CNKI) [J]. Land Use Policy, 2020, 97:104670.

[275] LUSARDI A, MITCHELL O S. Financial literacy and planning: Implications for retirement well-being[R]. DNB Working Papers, 2006

[276] MAKATE C,WANG R C,MAKATE M,et al. Crop diversification and livelihoods of smallholder farmers in Zimbabwe:adaptive man-

agement for environmental change [J]. SpringerPlus, 2016, 5
(1):1135.

[277] MICHELANGELI V,PIETRUNTI M. A Microsimulation Model to
evaluate Italian Households' Financial Vulnerability[J]. Internation-
al Journal of Microsimulation,2013,7(3):53-79.

[278] MINCER J. Schooling,experience,and earnings[M]. New York,Na-
tional Bureau of Economic Research;distributed by Columbia Univer-
sity Press:1974.

[279] MINSKY H P. The financial instability hypothesis[M]. Cambridge:
Cambridge University Press, 1982.

[280] MOFYA-MUKUKA R, HICHAAMBWA M. Livelihood effects of
crop diversification:a panel data analysis of rural farm households in
Zambia[J]. Food Security,2018,10(6):1449-1462.

[281] Noerhidajati S, Purwoko A B, Werdaningtyas H, Kamil A I, Dart-
anto T. Household financial vulnerability in Indonesia: Measurement
and determinants[J]. Economic Modelling, 2021(96): 433-444.

[282] NOERHIDAJATI S,PURWOKO A B,WERDANINGTYAS H,et
al. Household financial vulnerability in Indonesia:measurement and
determinants[J]. Economic Modelling,2021,96:433-444.

[283] PREACHER K J,HAYES A F. Asymptotic and resampling strate-
gies for assessing and comparing indirect effects in multiple mediator
models[J]. Behavior Research Methods,2008,40(3):879-891.

[284] POPKIN S L. The rational peasant: The political economy of rural
society in Vietnam [M]. Los Angeles: University of California
Press, 1979.

[285] POTRICH A C G,VIEIRA K M,MENDES-DA-SILVA W. Develop-
ment of a financial literacy model for university students[J]. Manage-
ment Research Review,2016,39(3):356-376.

[286] RAMLI Z,ANAK NYIROP H B,MD SUM S,et al. The impact of fi-

nancial shock, behavior, and knowledge on the financial fragility of single youth[J]. Sustainability,2022,14(8):4836.

[287] ROOM T, MERIKULL J. The financial fragility of Estonian households: Evidence from stress tests on the HFCS microdata[R]. Bank of Estonia Working Papers, 2017.

[288] ROSENBAUM P R,RUBIN D B. The central role of the propensity score in observational studies for causal effects[J]. Biometrika,1983, 70(1):41-55.

[289] RUBIN D B. Using propensity scores to help design observational studies:application to the tobacco litigation[J]. Health Services and Outcomes Research Methodology,2001,2(3):169-188.

[290] SCHULTZ T W. Transforming traditional agriculture[M]. New Haven:Yale University Press,1964.

[291] SCOONES I. Sustainable rural livelihoods: A framework for analysis [R]. The Institute of Development Studies (IDS) Working Paper, No. 72, 1998.

[292] NAESER SELDAL M M,NYHUS E K. Financial vulnerability, financial literacy,and the use of digital payment technologies[J]. Journal of Consumer Policy,2022,45(2):281-306.

[293] SEN A K, FOSTER J E. On economic inequality[M]. Oxford: Oxford University Press, 1997.

[294] SHU B R,QU Y. Impact mechanism of the three pilot reforms of the rural land system on rural residential land use transition:a regime shifts perspective[J]. Land,2022,11(12):2215.

[295] SI W T,JIANG C,MENG L. Leaving the homestead:examining the role of relative deprivation,social trust,and urban integration among rural farmers in China[J]. International Journal of Environmental Research and Public Health,2022,19(19):12658.

[296] SIVARAMAKRISHNAN S,SRIVASTAVA M,RASTOGI A. Atti-

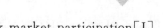

tudinal factors, financial literacy, and stock market participation[J].
International Journal of Bank Marketing,2017,35(5):818-841.

[297] SONG L,LYU P,CAO Y G. Multi-party game and simulation in the
withdrawal of rural homestead:evidence from China[J]. China Agri-
cultural Economic Review,2021,13(3):614-638.

[298] NOERHIDAJATI S,PURWOKO A B,WERDANINGTYAS H,et
al. Household financial vulnerability in Indonesia:measurement and
determinants[J]. Economic Modelling,2021,96:433-444.

[299] STIGLITZ J E. The price of inequality:[how today's divided society
endangers our future][M]. 1st ed. New York:W. W. Norton &
Co. ,2012

[300] SU K C,HU B Q,SHI K F,et al. The structural and functional evolu-
tion of rural homesteads in mountainous areas:a case study of Sujiay-
ing Village in Yunnan Province,China[J]. Land Use Policy,2019,88:
104100.

[301] SU K C,WU J,YAN Y,et al. The functional value evolution of rural
homesteads in different types of villages:evidence from a Chinese tra-
ditional agricultural village and homestay village[J]. Land,2022,11
(6):903.

[302] SU K C,WU J,ZHOU L L,et al. The functional evolution and dy-
namic mechanism of rural homesteads under the background of socio-
economic transition:an empirical study on macro- and microscales in
China[J]. Land,2022,11(8):1143.

[303] WANG J,ZHAO K,CUI Y,et al. Formal and informal institutions in
farmers' withdrawal from rural homesteads in China:heterogeneity
analysis based on the village location[J]. Land,2022,11(10):1844.

[304] WU Y Z,MO Z B,PENG Y,et al. Market-driven land nationalization
in China:a new system for the capitalization of rural homesteads[J].
Land Use Policy,2018,70:559-569.

[305] XU Z G,ZHUO Y F,LI G,et al. An LADM-based model to facilitate land tenure reform of rural homesteads in China[J]. Land Use Policy,2022,120:106271.

[306] YAN Y,YANG Q Y,SU K C,et al. Farmers' willingness to gather homesteads and the influencing factors-an empirical study of different geomorphic areas in Chongqing[J]. International Journal of Environmental Research and Public Health,2022,19(9):5252.

[307] YAN Y,YANG Q Y,SU K C,et al. Farmers' willingness to gather homesteads and the influencing factors-an empirical study of different geomorphic areas in Chongqing[J]. International Journal of Environmental Research and Public Health,2022,19(9):5252.

[308] YUAN Z Y,FU C C,KONG S J,et al. Citizenship ability,homestead utility,and rural homestead transfer of "amphibious" farmers[J]. Sustainability,2022,14(4):2067.

[309]TAYLOR L D, HOUTHAKKER H S. Consumer demand in the united states: prices, income, and consumption behavior (third edition) [M]. Berlin: Springer Science & Business Media, 2010.

[310] ZHANG J,LIU S P,ZHAO Z J,et al. Spatio-temporal features and influencing factors of homesteads expansion at village scale[J]. Land, 2022,11(10):1706.

[311] TERRANEO M. Households' financial vulnerability in Southern Europe[J]. Journal of Economic Studies,2018,45(3):521-542.

[312] TIAN C H,FANG L. The impossible in China's homestead management:free access,marketization and settlement containment[J]. Sustainability,2018,10(3):798.

[313] TAN J,CAI D L,HAN K F,et al. Understanding peasant household's land transfer decision-making:a perspective of financial literacy[J]. Land Use Policy,2022,119:106189.

[314] WANG X J,KANG J F. Decision making and influencing factors in

withdrawal of rural residential land-use rights in Suzhou, Anhui Province,China[J]. Land,2023,12(2):479.

[315] WORTHINGTON A C. Debt as a source of financial stress in Australian households[J]. International Journal of Consumer Studies, 2006,30(1):2-15.

[316] ABDULLAH YUSOF S,ABD ROKIS R,WAN JUSOH W J. Financial fragility of urban households in Malaysia[J]. Jurnal Ekonomi Malaysia,2015,49(1):15-24.

[317] ZHANG T L,HUANG X W,ZHANG L N,et al. The evolution of China's rural labor market in the 21st century:an empirical study based on nationally representative survey data at the household level [J]. China Agricultural Economic Review,2021,13(2):349-366.

[318] ZHAO Q L,JIANG G H,MA W Q,et al. Social security or profitability? Understanding multifunction of rural housing land from farmers' needs:spatial differentiation and formation mechanism—based on a survey of 613 typical farmers in Pinggu District[J]. Land Use Policy,2019,86:91-103.

[319] ZHAO X S,LYNCH J G,CHEN Q M. Reconsidering baron and Kenny:myths and truths about mediation analysis[J]. Journal of Consumer Research,2010,37(2):197-206.

[320] ZHOU Y,ZHONG Z,CHENG G Q. Cultivated land loss and construction land expansion in China:evidence from national land surveys in 1996,2009 and 2019[J]. Land Use Policy,2023,125:106496.

[321] ZHU F K,ZHANG F R,LI C,et al. Functional transition of the rural settlement:analysis of land-use differentiation in a transect of Beijing,China[J]. Habitat International,2014,41:262-271.

[322] ZHU J M,HU T T. Disordered land-rent competition in China's peri-urbanization:case study of beiqijia township,Beijing[J]. Environment and Planning A:Economy and Space,2009,41(7):1629-1646.